갈라파고스 총서 1

융합과 상상의 인문콘텐츠

접속-혼종-창의

갈라파고스 총서 1

융합과 상상의 인문콘텐츠

접속-혼종-창의

2017년 9월 10일 초판 인쇄
2017년 9월 15일 초판 발행

지은이 | 갈라파고스 포럼
교정교열 | 정난진
펴낸이 | 이찬규
펴낸곳 | 북코리아
등록번호 | 제03-01240호
주소 | 13209 경기도 성남시 중원구 사기막골로 45번길 14
우림2차 A동 1007호
전화 | 02-704-7840
팩스 | 02-704-7848
이메일 | sunhaksa@korea.com
홈페이지 | www.북코리아.kr
ISBN | 978-89-6324-569-0(94300)
978-89-6324-568-3(세트)

값 18,000원

* 이 도서의 국립중앙도서관 출판예정도서목록(CIP)은 서지정보유통지원시스템 홈페이지(http://seoji.nl.go.kr)와 국가자료공동목록시스템(http://www.nl.go.kr/kolisnet)에서 이용하실 수 있습니다. (CIP제어번호 : CIP2017022938)

라파고스는
지털 혁명으로 날로 복잡다기해지는 콘텐츠 분야에서 현장과 이론에 대한 소통과 공감,
리고 상생을 위한 실천의 생태계를 꿈꾼다.

갈라파고스 총서1

접속 — 혼종 — 창의

융합과 상상의 인문콘텐츠

갈라파고스 포럼 지음

북코리아

책 머리에

문턱 없는 모임, 갈라파고스

2011년 11월 처음 문을 연 갈라파고스 콘텐츠 포럼은 디지털시대의 소통 코드인 콘텐츠와 관련하여 횡단적 나눔을 실천해 온 모임이다. 모임의 명칭을 갈라파고스로 정한 까닭은 '갈라파고스 섬'을 '고립된 섬'으로만 인식하는 사회의 고정관념을 바꾸고 싶었기 때문이다. 찰스 다윈(Charles Darwin)이 진화론을 발견한 갈라파고스 섬은 생성과 변이에 따른 창조적 진화가 자유롭게 이루어지는 공간이었다. 그런데 오늘날 갈라파고스는 정반대로 고립과 낙오라는 부정적 의미로만 통용되고 있다. 만일 가능하다면, 생성과 변이를 통해 창조적 진화를 이룬 갈라파고스 본래의 의미를 넘어 우리의 현실에서 그와 같은 학문적 공동체를 실현하고자 하였다. 갈라파고스의 탄생은 이렇게 시작되었다.

그동안 매달 한 차례씩 포럼(두 차례를 제외)을 꾸준히 개최한 결과, 2017년 8월 현재 모두 68회째 모임을 이어 오고 있다. 6년 가까이 갈라파고스를 유지할 수 있었던 데에는 매달 재능기부에 기꺼이 동참해 주신 회원 한분 한분의 관심과 애정이 깔려 있었기 때문에 가능했다. 그동안 포럼에서 발표해 주신 분들을 소개하면 다음과 같다.

첫 발제로 나선 문현주 · 전윤경, 장규수 · 이상빈(2회), 김희경 · 김혜

숙(3회), 장효진 · 김진규(4회), 김효은 · 김영욱(5회), 김광신 · 이기현(6회), 김원중 · 김하늘(7회), 김후련 · 김하동(8회), 류은영(9회), 이상빈(10회), 조관연 · 안태근(11회), 염유희 · 심승구(12회), 박은정 · 곽내영(13회), 김진택(14회), 문병호 · 탁슬(15회), 이동주 · 양승권(16회), 최희수 · 김원(17회), 지국현 · 강정규(18회), 김재현 · 최무영(19회), 안동답사(20회), 조관연(21회), 이상빈(22회), 로버트 파우저(Robert J. Fouser) · 김민옥(23회), 심승구(24회), 이기상(25회), 기시카와 히데미(岸川秀実)(26회), 최인령(27회), 이기상(28회), 곽정연 · 양승권(29회), 심승구(30회), 문병호(31회), 조관연(32회), 정중호 · 김정욱 · 전윤경(33회), 리강 · 황치석(34회), 양승권 · 박홍식(35회), 양승권 · 박홍식(36회), 양승권 · 최인령(37회), 양승권 · 심승구(38회), 양승권 · 심승구(39회), 박은정 · 이기상(40회), 김인희 · 조관연(41회), 이하배 · 전윤경(42회), 석향란(石香兰)(43회), 이영재 · 문병호(44회), 기시카와 히데미(岸川秀実) · 문병호(45회), 신홍주 · 이하배(46회), 심승구 · 문병호(47회), 문병호 · 윤지영(48회), 이창남(49회), 황철민(50회), 김효은 · 김정웅 · 박성희 · 김민옥(51회), 전윤경 · 윤지영(52회), 최여미 · 조관연(53회), 조관연 · 최봉영(54회), 조관연 · 문현주(55회), 이창후 · 문혜진(56회), 심예인 · 안효성(57회), 양승권 · 이창후(58회), 이창일 · 강영철(59회), 정희태(60회), 석향란(石香兰) · 양승권(61회), 김진택(62회), 남정민 · 주영중(63회), 이상빈 · 심승구(64회), 유재상 · 소진형(65회), 박유미 · 김효은(66회), 신홍주 · 심승구(67회), 안효성 · 이병건(68회) 선생님이다.

이 자리를 빌려 함께해 주신 모든 분들께 고마움을 전하고 싶다. 특별히 초청 강의에 응해 주신 한국외대 이기상, 서울대 최무영, 한양대 이창남, 동덕여대 곽정연, 세종대 황철민, 항공대 최봉영 교수님께도 깊이 감사를 드린다.

갈라파고스는 디지털 혁명으로 날로 복잡다기해지는 콘텐츠 분야에서 현장과 이론에 대한 소통과 공감, 그리고 상생을 위한 실천의 생태계를 꿈꾼다. 시공간 속에서 변이하고 생동하는 객체성과 마주치며 생성해가는 자기 만들기도 빼놓을 수 없다. 출발할 때부터 고민했던 재미 속에서 의미 찾기와 의미 속에서 재미 찾기라는 시소게임에서 균형을 잡으려 했지만, 후자에 기운 감이 크다. 앞으로 더 보완해야 할 부분이다.

『접속-혼종-창의』라는 책은 포럼의 운영진인 문병호, 이상빈, 조관연, 최인령, 양승권, 전윤경, 심승구가 주축이 되어 회원들의 뜻을 모아 만든 첫 성과이다. 많은 분들이 함께하기를 원했으나, 부득이 열세 분의 글로 한정하였다. 원고에서 간행까지 오랜 시간이 걸렸지만 묵묵히 기다려 주신 필자들께 고마움을 전하며, 특별히 총론을 써 주신 이기상 교수님께 감사를 드린다.

문턱 없는 모임을 위해 조직과 회비 없이 매달 한 차례씩 재능기부로 갈라파고스 포럼을 운영하는 것은 결코 쉬운 일이 아니었다. 그렇다고 현실적인 어려움을 핑계로 횡단적 사유의 경계 넘기를 멈출 수는 없다. 포럼을 통해 모아진 성과도 갈라파고스 총서를 통해 계속 이어나갈 생각이다.

늘 편안한 장소로 재능기부 해 주신 송석문화재단 박민정 전무이사님과 유명희 선생님을 비롯한 문래동 청소년수련관 관계자께 감사드린다. 오랜 기간 묵묵히 간사를 맡아 온 김민옥 박사와 이 책의 편찬 과정에 애쓰신 신홍주 선생님, 흔쾌히 간행을 맡아 주신 북코리아 이찬규 사장님과 송새롬 선생님께도 각별히 고마움을 전한다.

2017년 8월 21일

갈라파고스 포럼을 대표하여 심승구 씀

갈라파고스 콘텐츠 포럼

(2011. 11. ~2017. 8.)

제1회(2011. 11. 4. 한국체대): Convergence와 Storytelling

제2회(2011. 12. 2. 홍대 카페): K-Pop과 대안연구공동체

제3회(2012. 1. 13. 서울연극센터): 트랜스미디어 콘텐츠와 공연(바비레따)

제4회(2012. 2. 4. 서울연극센터): 나꼼수와 애플 스티브 잡사史에서 한 수 배우기

제5회(2012. 3. 10. 서울연극센터): 코무니콜로기와 폴라 익스프레스

제6회(2012. 4. 7. 서울연극센터): 콘텐츠포맷과 내 고민을 말해봐

제7회(2012. 5. 12. 한국체대): 다큐멘터리와 저작권

제8회(2012. 6. 9. 서울연극센터): 일본문화와 CT 기술

제9회(2012. 7. 21.~22. 도봉숲속마을): 하계워크샵 '프랑스와 한류'

제10회(2012. 8. 18. 서울연극센터): 영화와 여행 콘텐츠

제11회(2012. 9. 1. 서울연극센터): 베를린 도시사와 한국합작영화

제12회(2012. 10. 6. 서울연극센터): 인터랙티브 미디어와 무형문화의 재현

제13회(2012. 11. 3. 서울연극센터): 인지과학과 어린이콘텐츠

제14회(2012. 12. 15. 서울연극센터): 트랜스휴먼과 문화콘텐츠

제15회(2013. 1. 12. 서울연극센터): 자연-인간-사회관계의 구조화된 체계로서의 기술과 미디어 트

제16회(2013. 2. 2. 서울연극센터): 문화원형과 동서 사유의 비교

제17회(2013. 3. 9. 서울연극센터): 디지털의 버섯구름과 TV Format 창작

제18회(2013. 4. 13. 서울연극센터): K-pop의 생산과 유통과 공연문화

제19회(2013. 5. 8. 서울연극센터): 과학과 예술, 그리고 영화산업의 미래

제20회(2013. 6. 20~21. 국학진흥원): 하계워크샵 '안동의 선비문화와 전통문화 체험'

제21회(2013. 7. 20. 서울연극센터): 문화다큐에서의 참여관찰과 상호작용

제22회(2013. 8. 10. 한국체대): 프랑스 뮤지컬의 이해와 감상

제23회(2013. 9. 14. 서울연극센터): 서촌에서 본 주민활동의 가능성 및 과제

제24회(2013. 10. 19. 서울연극센터): Faction 창작을 위한 원천 스토리 개발

제25회(2013. 11. 23. 서울연극센터): 영화를 통해 본 소통 방법론

제26회(2013. 12. 28. 성균관대): 쿠로사와 아키라의 영화와 Mantality

제27회(2014. 1. 18. 서울연극센터): 인지이론과 환기시학

제28회(2014. 2. 15~16. 괴산 비학봉마을): 동계워크샵 '하이데거의 예술철학'

제29회(2014. 3. 22. 서울연극센터): 영화로 본 정신분석학

제30회(2014. 4. 19. 한국체대): 콘텐츠, 스포츠를 말하다

제31회(2014. 5. 24. 서울연극센터): 아도르노의 미학/예술이론

제32회(2014. 6. 21. 서울연극센터): 장 루슈(Jean Rouch)의 시네마 베리떼 운동

제33회(2014. 7. 26. 서울연극센터): 웹진의 진화를 말하다

제34회(2014. 8. 30. 서울연극센터): 중국 근현대 미술과 친잠의례

제35회(2014. 9. 20. 서울시청): 도가철학과 발터 벤야민

제36회(2014. 10. 18. 서울시청): 장자철학과 박흥식의 영화이야기

제37회(2014. 11. 29. 한국체대): 유가철학의 세 가지 사유와 언어전쟁

제38회(2014. 12. 20. 한국체대): 성리학/양명학과 한국의 무(武) 문화

제39회(2015. 1. 17. 한국체대): 묵가와 법가, 그리고 서울의 정체성

제40회(2015. 2. 28. 한국체대): 스토리텔링 아키텍처와 하이데거의 기술철학

제41회(2015. 3. 28. 한국체대): 디아스포라와 영상인류학

제42회(2015. 4. 18. 서교예술실험센터): 소통의 변증법과 원령공주의 신 해석

제43회(2015. 5. 16. 서교예술실험센터): 현대미술과 만화・애니메이션과의 만남

제44회(2015. 6. 20. 한국체대): 동서양의 패션과 아도르노의 사회이론 1

제45회(2015. 7. 18. 문래동청소년수련원): 미야자키 하야오 작가정신과 아도르노 사회이론 2

제46회(2015. 8. 22. 문래동청소년수련원): 문화콘텐츠의 메타성과 유교적 예의 사회화

제47회(2015. 9. 19. 문래동청소년수련원): 지구촌 역사학과 한국사회의 해부

제48회(2015. 10. 17. 문래동청소년수련원): 아도르노의 문화산업론과 하이브리드 주체화

제49회(2015. 11. 21. 문래동청소년수련원): 발터 벤야민의 사상과 현실인식

제50회(2015. 12. 19. 문래동청소년수련원): 베르톨트 브레히트의 영화미학

제51회(2016. 1. 16. 문래동청소년수련원): 영성・축제・지식맵・스토리테마파크

제52회(2016. 2. 27. 문래동청소년수련원): 메갈리안 논쟁과 전시공연 트렌드

제53회(2016. 3. 19. 문래동청소년수련원): 인종화된 남성성과 네트워크사회의 도래

제54회(2016. 4. 23. 문래동청소년수련원): 지구 신경계와 한국인의 생각하는 힘

제55회(2016. 5. 21. 문래동청소년수련원): 신 중국견문록과 정보화 경제

제56회(2016. 6. 18. 문래동청소년수련원): 재미론과 무속(巫俗)

제57회(2016. 7. 16. 문래동청소년수련원): 퇴계의 만매(晩梅)와 공존의 철학

제58회(2016. 8. 27. 한국체대): 킬러콘텐츠의 재미구조

제59회(2016. 9. 24. 문래동청소년수련원): 주역의 점괘와 불교의 탱화

제60회(2016. 11. 19. 문래동청소년수련원): 빅데이터의 활용과 잠재성

제61회(2016. 12. 17. 문래동청소년수련원):중국의 ACGN과 일본의 근대성

제62회(2017. 1. 21. 문래동청소년수련원): Crowdsourcing기반 Value Design

제63회(2017. 2. 18. 문래동청소년수련원): 3D 그래픽 기술의 전망과 김수영 시의 숭고미

제64회(2017. 3. 18. 문래동청소년수련원): 나폴레옹과 간신의 평가

제65회(2017. 4. 22. 문래동청소년수련원): 원형 담론과 서양 기하학의 수용

제66회(2017. 6. 17. 문래동청소년수련원): 고구려 음식사와 코무니케메 원망법

제67회(2017. 7. 15. 문래동청소년수련원): VR 스토리텔링과 서울의 세계유산 전략

제68회(2017. 8. 19. 문래동청소년수련원): 음양이론의 상상력과 건축문화로 본 남북국시대

CONTENTS

책 머리에: 문턱 없는 모임, 갈라파고스 5

갈라파고스 콘텐츠 포럼(2011. 11.~2017. 8.) 8

총론

01. 지구촌 시대 문화 사이의 만남과 어울림, 그리고 아름다운 새로 남 _ 이기상 15

접속과 생성

02. 지구촌 사유의 탄생: 성호 이익, 서구를 만나다 _ 심승구 47

03. 교차된 시선, 환상과 현실 사이 _ 이상빈 68

04. 일본의 '심정'이 서구를 만났을 때: 일본 '국학(國學)' 이념의 본질 _ 양승권 87

05. 프랑크푸르트에서 온 편지 _ 문병호 112

혼종과 융합

06. 독일 난민과 이주민 문제, 그리고 실천적 상상력 _ 조관연 143

07. 접속, 변용 그리고 창조: 「살인의 추억」 _ 전윤경 173

08. 시뮬라시옹과 실존, 그리고 융합적 세계: 「매트릭스」 _ 안효성 196

09. 패러다임으로서의 창조와 융합 그리고 미래 교육 _ 김진택 216

CONTENTS

상상과 창의

10. ACGN 시장과 중국 2차원문화 _ 석향란 235
11. 만화 레터링의 미학: 글씨는 어떻게 번역되는가? _ 신흥주 253
12. 18세기 동서 패션의 동시성: 한양과 파리의 풍경 _ 이영재 269
13. 드라마가 담은 조선의 풍속화: 「바람의 화원」 _ 김민옥 297

저자소개 339

총론

01. 지구촌 시대 문화 사이의 만남과 어울림, 그리고 아름다운 새로 남
 - 이기상(철학)

01
지구촌 시대 문화 사이의 만남과 어울림, 그리고 아름다운 새로 남

이기상

나는 해방 직후 격동의 시기에 태어났다. 동서 문화가 충돌하는 한가운데 남북 이데올로기 대립의 격돌 속에서 근대와 탈근대의 세계사의 변혁을 몸과 마음, 정신과 영혼으로 겪으며 70년을 살았다. 나의 삶과 학술활동의 이력은 곧 이러한 격변 속에서 배워 물은 알음알이의 흔적들이다. 아래에서 이러한 나의 이야기를 펼쳐 보이며 내 삶 속에서 전개된 문화의 접속과 교류, 혼종과 융합, 창의적 변형과 이론 모색 등을 기술하고자 한다. 13년간 내가 겪으며 산 유럽에서의 서양문화의 만남과 배워 익힘, 현대 유럽의 시대정신 탐구, 그리고 귀국 후 서양에서 배운 것을 우리말로 번역하고 정리하며 학생들에게 전달하며 느낀 우리 사상(철학)의 필요성, 그래서 전개한 "이 땅에서 우리말로 철학(또는 학문)하기" 운동, 더 나아가 지구촌 시대 서양 지식인들의 문화의 새틀짜기에 우리도 적극적으로 동참해야 할 사명감을 깨닫고 그 일환으로 한국발(發) 인문학의 태동을 위해 전개한 '글로벌 생명학', '글로벌 인문학', '글로벌 소통학' 등 나의 지난날의 학술활동이 곧 지구촌 문화들의 만남과 어울림, 그리고 아름다운 새로 남이다.

1. 새로운 문화 접속에 따른 충격

1972년 25세의 나이로 유럽(벨기에)에서 유학생활을 시작한 나의 눈에 유럽의 모든 것은 낯섦 그 자체였다. 무엇보다 말이 안 통하니 상황을, 사람을 제대로 이해할 수 없었다. 거리에서, 식당에서, 학교에서, 방송에서 들려오는 대부분의 소리들은 이해되지 않은 채 귓전을 때리는 소음들이었다. 나는 나만의 섬에 갇힌 이방인이었다. 조금씩 말을 배우며 대화를 알아듣고 일상의 규칙을 배워가며 차츰차츰 그곳의 삶에 익숙해져가면서 비로소 사물과 상황, 사람이 보이기 시작했다. 그러면서도 여전히 내가 보는 사물, 상황, 사람은 예전에 내가 보아온 사물, 상황, 사람이 아니었다. 그야말로 나는 다른 세상에 떨어진 존재, 던져진 존재였다. 나는 여기 사람들이 나와는 다른 방식으로 세상을 본다는 것을 느꼈다. 그것이 신기했다. 비록 눈의 색은 다르지만 똑같이 눈을 가지고 있고 그 같은 눈으로 같은 사물, 상황, 사람을 보는데, 실제로 보는 내용이 다르다니. 똑같은 삶의 공간에 놓여 있지만 거기 사는 사람들과 내가 보는 세상(실재)은 다른 세상(실재)이었다.

일 년이 지나 어느 정도 그곳에서의 생활에 익숙해져가기 시작했을 때, 나는 나의 생각과 삶을 되돌아보며 새롭게 미래를 계획해야 함을 느꼈다.

나는 신학을 공부하러 벨기에 루벵대학교에 등록했다. 대학원에서 기초신학을 공부하고 있었다. 나는 고등학교 때부터 가톨릭 신부가 되기 위한 수업을 받아왔다. 나의 가족은 독실한 가톨릭 집안이다. 부모님은 내가 신부 되기를 바라셔서 고등학교부터 신학교에 보냈다. 서울 혜화동에 있는 소위 '소신학교'라는 성신고등학교에서 기본적인 교리와 교과목을 배우고 '대신학교'인 혜화동의 가톨릭대학 신학부에 입학했다. 4년의 신학과정을 마치고 학부를 졸업한 뒤 더 공부해서 신학을 가르치는 교수가 되기 위해 이곳 벨기에 루벵대학교로 유학한 것이다.

여기에 오기까지 나의 삶은 아무런 어려움이 없었다. 물론 고등학교 2학년 때 대수술을 받아 약간의 곤란을 겪긴 했지만, 그것은 충분히 감당할 수 있는 일이었다. 집안이 풍요롭지는 못했지만 먹고살 만은 했기에 평범한 일반학생으로서 가르치는 것을 잘 이해하고 문제를 일으키지 않으면서 시키는 대로 잘 따라 하는 모범생이었다. 잘 짜인 규칙과 규범을 따르기만 하면 모든 게 다 순조롭게 풀려가는 삶이었다. 당시 국내도 갓 전쟁을 치르고 살길을 찾아가느라 국민을 국가적인 이데올로기로 무장시켜 어려움을 극복해나가던 시기였다.

이렇게 나는 개인적으로는 가톨릭 신앙과 교리라는 도그마에 의해 무장되었고, 사회적으로는 반공을 국시로 삼는 국가적 이데올로기에 의해 훈육된 젊은 학도였던 셈이다. 이런 식으로 잘 다듬어진 내가 완전히 다른 세상에 내던져진 것이다. 우선 내가 체화한 국가적 이데올로기가 여기서는 전혀 먹히지 않았다. 그리고 내가 신앙으로 돈독히 쌓아온 교리라는 것이 신앙의 본산지인 유럽에 와서 보니 문제점이 많다는 것이 드러났다.

서양의 새로운 생활문화에 접속되면서 나는 나 자신을 재정비해야 했다. 우선 나 자신의 정체성이 흔들렸다. 낯선 이국땅에서 나는 그저 황색 피부의 아시아인이었다. 몇몇 친절한 본토인은 내게 대화를 걸어온다. "어디에서 왔나요?" "제가 맞춰볼게요. 일본이지요?" "아닌데요." "그럼, 베트남?" "……." "그럼, 인도네시아? 아니면 중국?" "아닌데요." "그럼 어디지요?" "한국에서 왔는데요." "한국요? 그게 어딘데요?" 대개 이런 식으로 대화가 전개된다. 1970년대 초 대한민국은 대부분의 서양인에게 전혀 알려지지 않은 나라였다. 국가적 배경이 없는 나에게 나란 누구인가? 외국에 온 지 얼마 되지 않는 사람에게 국가의 존재는 그의 정체성을 확인해주는 절대적인 척도다. 그래서 여권이라는 종이에 의해 나의 존재와 신분이 확인된다. 나의 존재를 확실히 하기 위해서라도 내가 속한 나라의 존재를 알려야 했다. 그러기 위해 내 나라의 역사와 문화, 사상을 설명해주어야 했다. 그러나 그럴수록 나의 그런 노력은 꼬여만 갔다. 유교적 유산을 설명하다 보면 그것은 중국 것이 아니냐는 말에 말문이 막히고, 불교적 문화를 이야기하다 보면 그것은 인도 것이 아니냐는 반문에 할 말을 잃게 된다. 나는 누구인가? 나를 나이게끔 하는 정체성의 근거는 어디에 있는가?

그다음으로는 그리스도교 신앙의 본산지인 이곳 사람들의 신앙 활동이 나를 놀라게 했다. 서울 명동대성당만 한 크기의 큰 성당이 루벵 시 한가운데 있는데, 평일 미사에는 앞줄을 간신히 채울 정도다. 일요일에는 신자가 좀 붐비는 수준이다. 보통은 관광객이 성당 안팎을 둘러보며 사진을 찍는다. 기도를 위한 성당이 관광을 위한 명소로 전락해버린 것이다. 이것은 굳이 그곳만의 이야기가 아니다. 신자들의 신앙을 이끌어 줄 신부가 없다. 신부 지망생도 없다. 신부를 외국에서 수입(?)해 와야 할 판이다. 태어나서 평생 세 번 교회에 간다는 농담 섞인 말이 거의 사실이다. 태어나서 나도 모르게 세례받기 위해 가고, 결혼하기 위해 가고, 죽어서 장례식을 치르기 위해 간다고. 그리스도교의 교리가 더 이상 유럽인의 삶을 붙잡아주지 못하고 있음을 확인하며 내가 여기에 온 이유가 무너져내리기 시작했다.

이러한 문화적 충격 속에 1년을 방황하며 소설을 사서 읽고, 영화를 보러 다녔고, 식당에 마련돼 있는 오락기에 빠져들어 시간을 죽이며 살았다. 그러다가 이렇게 살면 안 되겠구나 하며 깨닫고 기왕 여기에 온 것이니 제대로 이 세상과 맞닥뜨려보자 결심했다. 진리란 무엇인가? 나란 누구인가? 이것을 알아보기 위해 철학을 공부하자는 결단을 내렸다. 그러기 위해 철학의 본산지인 독일로 갔다.

2. 유럽의 현장문화(시대정신) 탐구

3년 동안 루벵대학교에서 공부하면서 한국의 대학에서 배운 것이 아무런 도움이 안 된다는 것을 깨달았다. 가톨릭대학에서 배운 신학이라는 것도 철 지난 교과과정과 교재에 의한 한물간 신학이었다. 몇몇 갓 귀국한 젊은 교수 신부의 신선한 신학교육이 없지는 않았지만. 그래서 유학에 대한 꿈을 키웠던 것인데. 그것도 여기 와서 보니 여러 수많은 신학적 해석의 하나일 뿐이었다. 종국에는 진리 자체에 대한 물음이 핵심인 듯싶었다. 그런데 그리스도교에서는 성서적 계시에 의한 진리를 절대적인 것으로 전제하니 문제가 해결되지 않았다. 전제가 없는 진리에 대한 논의가 필요했다.

철학으로 전공을 바꾸면서 뮌헨에 있는 예수회 철학대학에 입학하니 그동안 배운 신학과정의 학점을 인정하지 못하겠다는 것이다. 그래서 철학공부를 학부부터 시작하게 되었다. 그것이 나에게는 차라리 잘 된 셈이었다. 신학은 부전공의 하나로 택하고 다른 하나는 교육학을 택했다. 처음부터 시작하는 것이니 제대로 철저하게 하자고 다짐했다. 철학의 어느 분야를 택할 것인가 고민했다. 먼저 온 선배들과 이야기도 나누고 나름대로 여기저기서 정보를 취합했다. 독일에 왔으니 정통 독일철학을 해야 한다고 생각했다. 그러면 칸트, 헤겔, 하이데거 세 명의 사상가가 강력한 유력 후보자가 된다. 그런데 철학 하는 선배들이 뒤띔하기를 헤겔과 하이데거는 독일학생들도 이해하기 힘든 사상가라 외국학생들에게는 논문주제로 주지 않는다고 했다. 그런데 나는 기왕이면 지금 가장 영향력을 미치고 있는 사상가로 해야 하지 않나 생각했고, 그렇다면 하이데거가 적격이었다. 그래서 나는 누가 뭐래도 속으로 하이데거로 정하고 그에 관한 강의들을 찾아서 듣기 시작했다.

철학을 하면서 내가 나 자신에게 대답해주어야 할 첫 번째 물음은 철학이 지금 이 시대를 살아가는 나(우리)에게 무슨 의미가 있는가 하는 것이었다.

그 당시 언어분석철학에 대한 강의에서 "철학은 언어비판일 뿐이다"라는 주장을 들으면서 나는 이 흐름의 철학적 논변에 대해 나름대로의 대답을 할 수 없다면 철학을 계속할 수 없을 것이라는 도전을 받았다.

철학은 있지도 않은 문제, 언어의 문법을 제대로 지키지 못해서 생긴 문제, 순전한 언어사용규칙의 위반에서 태어난 잘못된 문제를 마치 그 문제가 해결되지 않으면 세상이 멸망할 것같이 호들갑을 떨며 만들어낸 철학자들의 상상력의 산물이라는 것이다. 그래서 철학의 문제는 '해결'될 것이 아니라 '해소'되어야 한다는 것이다.*

'존재'라는 낱말이 순전히 말뿐이라면 그 '존재'의 탐구에 인생을 건다는 것은 정말 무용한 짓이 아닌가? 더욱이 독일어의 'Sein'이 우리말의 '존재'와 정확하게 딱 맞아떨어지지도 않는 판국에 도대체 언어의 문법이라는 것은 무엇을 말하며, 그 문법은 우리말의 문법과는 어떤 연관이 있는가? 우리말로는 철학을 할 수도 없다는 말인가?

이러저러한 많은 의심을 잠재울 수 없었지만, 무엇보다 걸리는 것은 과학의 명제만이 참된 명제라며 진리의 독점을 주장하는 점이었다. 내가 찾는 진리는 "2+2=4"라든가 "물은 H_2O로 이뤄졌다"라는 식의 과학적 진리가 아니라 그야말로 나의 인생을 걸 수 있는, 그래서 그것을 위해 목숨까지도 던질 수 있는 그런 진리인데, 감각적 경험에 의해 확인되고 검증될 수 있는 것만이 진리라고 한다면, 그러한 실증적 진리의 테두리 밖에 놓여 있는 그 밖의 '진리'란 무엇이란 말인가?

그렇다면 철학에서 하는 연구활동도 더 이상 진리탐구일 수 없지 않는가? 그래서 그들은 철학은 그저 개념해명의 작업일 뿐이라고 말하고 철학은 과학의 선발대나 후발대이지 과학과 어깨를 나란히 할 수 있는 학문도 아니라고 말한다. 이렇듯 언어분석철학과의 논쟁은 결국 철학 자체의 정체성**에 대한 싸움이었다. 그리고 이것은 진리에 대한 이해와 규

* 이기상, 『철학노트』, 까치, 2002, 307쪽 이하.

** '철학이란 무엇인가', '철학에 독특한 주제와 방법이 따로 있는가?', '철학과 과학의 관계는 어떠한가?' 등의 문제.

정, 거기에 이르는 방법론의 문제 등 모든 중요한 현안을 다 건드리고 있었다. 그리고 이 모든 문제들은 우리가 몸담고 살고 있는 이 현실이란 무엇이며, 우리는 그 현실에 어떻게 접근할 수 있는가 하는 문제와 연관되었다.

이러한 현실에 대한 학문적 탐구방법으로 과학적 방법만을 주장하게 되면 결국 논리실증주의자들처럼 과학의 진리만이 유일한 진리이고 현실에 대한 발언권은 자기들에게만 있다고 외치게 되며, 과학적으로 풀 수 없는 수수께끼란 이 세상에 없다고 오만을 떨게 된다.

사회현실에 대한 탐구방법을 놓고 학계에서 거창한 한판 승부가 벌어졌는데, 그것이 소위 사회과학의 방법론 논쟁*이다. 자연현상이고 사회현상이고 할 것 없이 모든 것을 똑같은 탐구의 논리로 접근해야 한다는 포퍼 계열의 비판적 합리주의, 주객도식으로 설명이 가능한 자연현상과는 다른 사회현상의 독자적인 탐구의 논리를 인정해야 한다는 호르크하이머/아도르노 계열의 사회비판이론이 맞붙은 흥미진진한 "실증주의 논쟁"이었다.

이것은 더 심화되어 하버마스 측과 가다머 측이 격돌하게 된 "해석학 또는 이데올로기 비판 논쟁"으로 확대되어 사회과학뿐 아니라 인문과학의 방법론 문제로까지 비화되었다. 나는 이 모든 논쟁의 쟁점들을 뒤따라서 읽어가면서 끓어오르는 앎에의 열정을 간직한 채 뜨거운 마음이 인도하는 대로 학문의 방향을 맡겼다.

---

* 1961년 독일 사회학회에서 벌어진, 사회과학의 연구대상과 그 대상을 다루는 방법을 둘러싼 학술논쟁.

3. 생활세계에 바탕을 둔 학문 찾기: 문화융합 모색

나는 이 모든 논쟁에 대한 해답의 가능성을 하이데거 철학, 특히 그의 대표작인 『존재와 시간』에서 발견할 수 있었다. 석사학위 논문은 "『존재와 시간』에서의 언어문제"를 주제로 삼아 쓰면서 나름대로 언어분석철학과의 논쟁을 벌였다. 박사학위 논문은 철학의 정체성에 대한 하이데거의 현상학적 대답을 주제로 택해 실존철학자가 아닌 현상학자로서의 하이데거를 부각시켰다. 1984년 학위 논문을 제출하고 한국외국어대학교 철학과에서 강의를 하기 위해 귀국했다. 13년 만에 밟아보는 조국 땅이었다.

13년 동안 유럽 유학에서 내가 배운 것은 한마디로 "존재는 시간 속에서 주어진다"는 것이었다. 고정되고 확정된 존재의 진리가 어느 날 유럽인에게만 유럽인의 언어인 그리스어나 라틴어로 계시되어 주어진 것이 아니라, 존재를 이해하는 인간이 존재하는 곳에서는 어디에서나 존재자 전체에 대한 침입사건이 일어나며 그러한 존재사건*이 일어나고 있는 곳에서는 어디에서건 존재의 진리가 발생했으며 발생하고 있다는 깨달음이었다.

이렇게 나는 하이데거의 철학을 통해 '자아 찾기'와 '진리 찾기'의 과정에 일단락의 막을 내렸다. 이제부터 내가 해야 할 일은 여기서 배우고 깨달은 '철학 함'을 나의 생활세계에서 생활화하는 것이다.

귀국해서 대학의 강단에 서서 대학생들과 대학원생들을 가르치면서부터 나는 크게 두 방향의 공세에 나 자신을 방어해야 했다. 그 하나는

* 존재사건: 각 시대 각 문화권마다 인간은 각기 다른 존재에 대한 시각을 갖고 있다. 이것은 존재가 스스로를 내어주고 인간이 거기에 응답하는 과정에서 생기는 존재사건의 결과다.

부패한 사회현실을 개혁 또는 혁명해야 한다는 사회주의 노선의 학생들이 그 한 부류이고, 다른 한 부류는 철학은 곧 언어비판이라는 언어분석철학의 주장에 모든 것을 건 학생들이다.

나는 자신이 겪은 고뇌와 회의에 바탕을 두어 설명하고 설득하려고 노력했지만 이 땅의 학생들은 설득당하는 것을 싫어했다. 설득당하는 것을 마치 패배를 자인하는 것으로 알고 차라리 자기의 주장과 더불어 장렬하게 전사하는 길을 택하는 것을 더 자랑스럽게 여기는 것 같았다. 경직된 학생들의 사유태도를 보면서 내가 절감한 것은 철학에 대한 잘못된 이해였다. 한국의 철학계는 '철학 함'은 없고 온갖 '철학이론'만이 난무하는 대리 전쟁터를 방불케 했다.

마르크스의 사회철학이 그가 살던 시대와 사회에 대한 분석과 비판에서 나온 것이며, 그의 철학이 주장하듯이 이론보다는 삶(실천) 자체가 우위이고 이론은 결국 삶에 뿌리를 박고 있는 것이라고 한다면, 우리의 사회를 혁명하고 개혁해야 할 이론적 지표는 우리의 생활세계에서 얻어진 것이어야 하지 않는가? 왜 이른바 우리의 지성인들은 한결같이 마르크스나 레닌의 이론을 한국사회에 적용시켜보지 못해 안달이 나 있는가? 그들이 해야 할 일은 우리 시대, 우리 사회에 맞는 『자본론』을 쓰는 것이 아닌가?

언어분석철학을 주장하는 사람들에게도 똑같은 질문의 화살이 향한다. 언어의 문법을 지키며 알아들을 수 있는 일상언어로 철학 해야 함을 주장하는 그들의 발표논문들을 들으면 어디 딴 나라에 와 있는 것 아닌가 하는 착각이 들 정도다. 언어분석적 '철학 함'을 제대로 배웠다면 정말로 우리의 일상언어인 '우리말'을 바탕으로 삼아 언어분석도 하고 심층문법도 찾아내야 하는 것 아닌가? '영어'의 심층문법을 찾아내어 우리말의 문법에 심어보겠다는 의도라면 이보다 더한 식민지행위가 또 있겠는가?

현상학 또는 실존철학을 전파하고 있는 독일철학 전공자들에게도 비슷한 질문이 제기된다. 인간이 어차피 시간 속의 존재이며 세계 속의 존재로서 선택의 여지없이 주어진 시간과 세계 속에서 존재할 수밖에 없으며, 따라서 어느 시대, 어느 세계, 어느 민족에게나 모두 통용될 수 있는 그러한 "초월론적(선험적) 자아 그 자체"란 없다고 한다면, '철학 함'에 충실한 한국의 현상학자들에게 주어진 과제는 이 땅에서의 해석학적 상황을 받아들여 그 주체인 초월론적 자아*가 되는 것 아니겠는가?

유럽인이 처한 실존적 현상들인 '불안', '구토', '권태' 등에 대한 현상학적 탐구에만 눈을 돌릴 것이 아니라 여기 이 땅에서 살면서 우리가 느끼고 경험하는 독특한 실존적 현상들은 무엇인지 한번 진지하게 물어봐야 하지 않는가?

우리는 그동안 철학은 하지 않고 철학이론들만 전파하고 다녔다. "스스로 사유해야 한다"는 '철학 함'의 제일원칙을 항상 입에 달고 다니며 가르치고 있으면서도 정작 우리 자신은 스스로 사유하지 않았다. 철학은 그 시대를 사상으로 잡는 것이라고 하지 않던가?

이 땅에 사는 한국의 철학자들이 잡은 시대란 어떤 것인가? 우리가 주체적으로 스스로 사유하여 잡은, 우리의 삶과 시대를 반영하고 있는 '우리의 철학'이라는 것이 있기나 한가? 충실한 세계시민이고 보편만을 강조하는 진지한 철학자들이기에 우리에게는 '세계 철학' 또는 '동양 철학'만 있을 뿐 '한국 철학'은 없으며 있어서는 안 된다고 주장하고 있는 것은 아닌가?

---

* 초월론적 자아: 특정한 시대, 특정한 문화권에서 현실을 인식하는 공통의 독특한 방식을 주관하고 규제하는 인식의 주체를 지칭한다.

지구촌시대이며 곧 문화다양성의 시대인 현재를 살고 있는 우리는 이제라도 정말로 겸손하게 지난 백 년을 반성해보아야 한다. 우리는 과연 '우리의' 시대를 사상으로 잡아냈는가 하고. 이 땅에 과연 철학은 있었는가 하고.

4. 주체적인 자리매김 시도. 학문은 "학문하기"다: 학문의 주체 · 대상 · 실천 · 방법 연관

'학문' 하면 흔히 '보편성'에만 초점을 맞추고 거기에 매달린다. 그런데 이것은 사실 크게 '상식'을 벗어난 태도다. 일반인이 활용하는 사전에서는 '학문'을 어떻게 정의하고 있는지 보자.

> "학문(學問): ('배우고 물음'의 뜻에서) 지식을 배워 익힘, 또는 그 일. 일정한 이론에 따라 체계화된 지식. (사회에 유용한 학문) 배워서 익힌 지식, 학식(學識). (학문이 높은 사람)"*

여기서 일차적으로 강조하고 있는 것은 학문이 '행위'라는 것이고, 그다음 그런 행위에 의해 얻어진 결과물로서 '지식'이나 '학식'이라는 것이다. 따라서 일차적으로 '학문'은 인간의 활동으로서 '학문 하기'다. 그리고 이차적으로 거기서 생성된 체계화된 '지식'이다. 그런데 이러한 생성과

* 남영신 엮음, 『국어사전』, 성안당, 1999. "학문(學問): 어떤 분야를 체계적으로 배워서 익힘. 또는 그런 지식."(네이버 국어사전)

정에서의 주체적 활동이 생략되고 오직 결과물로서 '지식'이 보편성이라는 가면을 쓰고 모든 시대, 모든 문화권을 넘나들고 있다.

이렇게 학문을 좀 더 깊이 들여다보면 거기에는 체계화된 지식 이외에도 그것을 그렇게 배태시킨 중요한 차원들이 있음을 알게 된다. 그 중 중요한 것이 학문하는 사람의 주체적 활동으로서의 '학문행위'다. 이것을 우리는 간단하게 '학문 하기'라고 이름하자. 그런데 이러한 '학문 하기'는 그것이 전개되는 상황을 도외시하고는 생각할 수 없다. 인간의 모든 행위는 특정한 삶의 시간과 공간에서 벌어지는 사건의 하나이기 때문이다. 행위하는 사람의 문화적 맥락과 사회적 연관을 고려에 넣어야 한다. 학문은 시간과 공간을 초월한 진공 속에서 만들어지는 것이 아니다. 이것을 우리는 학문의 '실천적 연관'이라고 할 수 있다.

이로써 우리는 벌써 학문이 걸쳐 있는 세 차원을 확인한 셈이다. 첫째, 학문이 다루고 있는 주제로서 '대상적 차원'이 그 하나이고, 그다음 학문 하는 사람의 '주체적 차원', 그리고 그가 몸담고 있는 생활세계로서 '실천적 차원'이 그것이다. 여기에 더하여 학문은 이론적이고 체계적인 참된 지식으로서의 자신의 위상을 입증해 보여야 한다. 이를 위해 자신의 관점과 전개방식, 결과물로서의 이론이 이치에 맞는지를 논증해 보여야 한다. 이것이 바로 '방법론적 차원'이다. 그래서 학문을 '시대의 자식이며 문화의 산물'이라고 한다.

이런 큰 틀을 고려에 넣고 학문 하기로서의 학문의 본질적인 차원들을 좀 더 상세하게 살펴보자.

많은 학자들이 주장하듯이 학문의 본질은 '대상화'에 있다.* 학문의

* 얼추 이렇게 이야기할 수 있다. 자연과학은 자연현실의 대상화, 인문과학은 인간현실의 대상화, 사회과학은 사회현실의 대상화, 정신과학은 정신현실의 대상화, 역사과학은 역사현실의

주제는 해당 현실을 대상화하면서 얻는 이론적 · 체계적 논의들이다. '방법론'은 제반 현실(각각의 현실)에 이르기 위한 방법적 조치다. 이를 위해서는 경험과 인식, 반성과 성찰이 요구된다. 그런데 대상이 되는 각각의 현실은 주제와 방법, 학문(과학)과 대상화가 있기 이전에 이미 삶의 장에 특정한 소통거리로서 주어져 있다. 그래서 생활세계를 학문의 토대와 근원이라고 한다.

인간은 현실 속에 생활하면서 자연, 사물, 사회, 문화, 역사관계가 일정한 원리원칙과 법칙 속에서 전개됨을 알게 된다. 이를 바탕으로 한 현실에서의 실천적 대응들이 축적되어 이론이 되고, 그로부터 기술(도구)적 합리성과 목적적 합리성이 형성된다. 삶의 현실들이 추상화되고, 이론화되고, 체계화되어 학문(과학)화되기에 이른다.

이와 같은 간단한 논의에서 얻은 귀결을 정리하면 아래와 같다.

학문에는 주체가 있다. 학문에는 대상이 있다. 학문에는 방법이 있다. 학문에는 경험(인식)이 있다. 그리고 인식(이론)을 주도하는 관심(실천)이 있다. 학문에는 추상화가 있다. 학문에는 원리원칙과 법칙 발견이 있다. 학문에는 논리에 따른 이론화가 있다. 학문에는 체계적인 사고와 그것으로 구축된 포괄적인 체계가 있다.

학문에는 그것이 태동된 역사(문화)적 현실이 있고, 그것이 적용되어 활용되는 지금의 현실이 있고, 그것이 지향하는 내일의 현실이 있다. 학문은 현실에 뿌리를 내리고 거기에서 자양분을 얻어 태동되며, 현실을 잘 인식하여 개선해서 인간에게 더 나은 현실을 제공하기 위한 인간의 노력으로서의 활동이며 그 결과물이다.

대상화, 심리학은 심리현실의 대상화, 문화과학은 문화현실의 대상화, 행정학은 행정현실의 대상화에 대한 성과물이라고.

현실을 떠난 학문은 없다. 그 현실을 살고 있는 인간주체가 빠진 학문은 상상할 수 없다. 학문은 현실 속 인간주체의 활동이며 그 성과물이다. 그러므로 모든 학문은 시대의 자식이며 문화의 산물이다. 학문을 구성하는 모든 원리원칙과 법칙, 이론성과 체계성, 목적성과 합리성은 그 생활세계를 살아가며 삶의 문제들을 풀기 위해 벌이는 인간 노력의 산물들이다. 따라서 그 생활세계와 그 주민을 배제하고서는 제대로 이해될 수 없다.

학문의 보편성은 생활세계의 지평 안에서만 의미를 갖는다. 학문의 (보편적) 합리성은 생활세계에 뿌리를 두고 있는 생활세계를 위한, 생활세계에 의해 형성된 생활세계의 합리성이다. 그래서 하버마스는 이성은 곧 의사소통적 이성이며 생활세계적 이성이라고 규정했다.

현대가 지구(세계)화된 시대로서 지구 전체가 지구인을 위한 생활세계가 된 것은 사실이지만, 이 지구 속에는 역사와 문화, 언어와 사고방식, 의식과 행동방식이 다른 다양한 지구인이 함께 어울려 살고 있다. 지구인에게 서양의 생활세계에서 태동되어 거기에서 통용되던 '서구적 합리성'만을 따르라고 하는 것은 독재적 발상이다.

각 문화권이 그들의 역사와 문화 속에 간직해서 아직도 그들의 언어와 사고방식 속에서 무의식적으로 드러내 보이는 행동방식들을 이해하고, 그것들을 그것들로 살려 풍요롭게 할 때, 지구촌 시대 서로를 껴안는 소통과 공감의 문화는 꽃을 피울 것이다. "모든 인간은 같지만 다르다", "모든 인간은 다르지만 같다"는 사실을 잊지 말아야 한다. 학문의 대상성과 주체성을 잊지 말아야 한다.

5. 동서양은 자연에 대한 관계 맺음의 방식이 다르다

독일에서 공부할 당시 나는 독일의 녹색당 활동에 깊은 관심을 가졌고 거기에서 활동하는 몇몇 독일인 친구도 사귀었다. 그 당시 독일에서의 환경운동은 그 누구도 예기치 못한 대단한 성과를 거뒀고, 누구보다도 젊은 층에게 대단한 호응을 얻었다. 뮌헨 대학 내에 녹색당원 친구들이 있었는데, 그들과 대화를 나누다 보면 이런 질문을 던지며 반문하곤 한다. "너희들은 도대체 무엇을 배우러 유럽으로 오는 거냐? 우리가 너희에게 가르쳐줄 만한 것은 없다"는 것이다.

요즘에 와서는 많은 사람이 이들의 이런 이야기에 공감할 수 있을 것이다. 생명운동이니 민중운동이니 해방운동이니 하는 것들이 어떻게 보면 다 서구적인 것이 아니라 동양적인 것이거나 제3세계적인 것이다. 그리하여 그 당시 독일의 의식 있는 학생들은 그렇게 이야기할 수 있었다. 너희들이 배워 가려는 것은 결국은 서구 문명화, 소위 말하는 근대화·산업화인데, 근대화·산업화가 되어 육체적·물질적으로 풍요롭고 편안한 삶을 살지는 몰라도 그것이 너희들의 삶 자체를, 너희들의 후손들에게서 삶의 자리를 빼어가는 결과가 되는 것을 모르느냐는 식으로 이야기하고 있다.

그 당시 나는 하이데거의 현대기술비판에 대해 공부하는 중이었다. 그 공부를 하면서 동서양이 무엇보다 자연에 대해 가지는 시각이 크게 다르다는 것을 깨달았다. 인간은 동양에서나 서양에서나 처음에는 동물과 같이 자연 속에 던져져 있으면서 주위 환경을 자기 것으로 만들면서 살아나갔다. 어느 순간부터 자연에 대한 인간의 관계 맺음 방식이 조금씩 달라지게 된다. 인간이 자연 속에, 현실 속에 살면서 자연과 관계 맺은 이런 양상들을 언제부터인가 기록에 남기기 시작했다. 인간의 언어가 문자화되고 그것이 문서로 기록 가능하게 됐을 때, 인간의 자연과의 관계가 기록으로 남아 후대에까지 전해지게 되었다. 우리는 이런 기록들을 연구 · 조사 · 비교하여 동서양에서의 서로 다른 자연에 대한 관계를 알아볼 수 있을 것이다. 동양과 서양, 동양의 문서와 서양의 문서를 조사하여 각기 거기에서 인간이 자연과 맺은 관계에 관한 기록을 비교해볼 수 있을 것이다.

나는 서양에서의 그러한 기록을 대략 기원전 6, 7세기의 「창세기」로 보고, 동양에서의 기록은 『도덕경』으로 봤다. 먼저 「창세기」 1장 28절을 보면 이렇게 기록되어 있다. "하느님께서 당신의 모습대로 아담과 하와를 만들어내시고 복을 내리시면서 이렇게 말씀하셨다. '자식을 낳고 번성하여 온 땅에 퍼져서 땅을 정복하여라. 바다의 고기와 공중의 새와 땅 위를 돌아다니는 모든 짐승을 부려라.'" 이렇게 구약성서는 인간이 하느님께로부터 부여받은 특권을 묘사하고 있다. 그러면 비슷한 시기에 동양에서의 인간과 자연의 관계를 기록한 『도덕경』을 보도록 하자. 『도덕경』 25장 말미에 보면 이렇게 기록되어 있다. 4가지 큰 것이 있으며 그중에 사람도 있는데, "사람은 땅을 본받고 땅은 하늘을 본받으며 하늘은 도(道)를 본받고 도(道)는 스스로 그러함〔자연(自然)〕을 본받는다."

이 두 곳에서 우리는 서로 대조되는 표현을 볼 수 있다. 「창세기」에는 너희는 땅을 정복하여 바다의 고기와 공중의 새, 이 모든 것을 "다스리라"고 기록되어 있다. 그런데 비슷한 시기 같은 자연 속에서 살던 다른 생활권인 동양의 문화권에서는 너희는 땅을 "따르라"고 되어 있다. 이렇게 거의 1만 년에 걸쳐 내려온 서로 다른 이질적인 자연에 대한 태도, 자연에 대한 생각이 결국 현재의 우리 모습까지 바꾸며 영향을 미치고 있는 것이 아닌가 생각해볼 필요가 있다.

그런데 요즘 우리는 반대의 추세를 확인하며 씁쓸한 느낌을 감출 수 없다. 유럽에서는 이제 「창세기」의 이 글귀를 다르게 해석하려 한다.* 여기에서 "정복하여라, 부려라" 하는 것을 인간중심적인 해석으로 받아들여서는 안 된다고 하며 오히려 동양적인 의미로 해석하려고 시도한다. 이제는 생태계, 환경, 자연과의 조화와 일치를 강조하고 있다. 그런데 우리는 정반대다. 우리는 서구적인 기술적 사고방식에 젖어서 자연에 대한 정반대의 태도를 내세우고 있다. 그런 태도를 우리는 어디에서나 쉽게 찾아볼 수 있다.

내가 하이데거의 존재론을 배우면서 느낀 점, 즉 그 존재론이 갖고 있는 큰 흐름이라는 것은 다른 것이 아니라 자연과의 관계 맺음에 대한 탐구라고 볼 수 있다는 것이다. 인간이 자연과 관계 맺는 방식은 소위 말하는 세계관, 자연관이라는 큰 시각에 의해 규정되며, 이 시각이라는 것은 우리로서는 어쩔 수 없는 것이다. 우리는 동양적인 세계관 속에 태어나서 남들이 하듯이 그렇게 자연과 관계 맺으며 살고 있다. 여기서 우리는 이런 물음을 한번 제기해볼 만하다. 현대에 와서 그런 자연과의 관계 맺음에서 달라진 것은 무엇이며, 무엇이 우리의 행동관계를 다르게 만들었는가?

---

* 이기상, 『글로벌 생명학: 동서 통합을 위한 생명 담론』, 자음과모음, 2010, 348쪽 이하.

6. 세계(지구)화 추세 속에서 문화 주체의 문화 만들기

과학기술 문명의 혜택으로 우리는 이제 하나의 세계, 하나의 지구에서 살고 있으며 그로 인해 이제 인류는 지구촌의 한 가족이 된 듯싶다. 그러나 자세히 들여다보면 통신기술과 정보산업의 눈부신 발달에 의한 외적인 공간의 제거일 뿐이다. 외적인 공간의 제거가 그로 인해 가까워진 두 주체 또는 민족(국가) 사이의 유대와 연대를 필연적으로 돈독히 해주는 것은 아니다. 지배에 대한 의지가 '세계화'라는 가면 속에 은닉되었을 뿐 지배 전략은 더욱 교묘해졌고, 그 전술이 미치지 않는 곳이 없을 정도다. 국가 간의 국경이 형식적인 것이 되어버려 실제로 제한 없는 넘나듦이 가능해졌고, 민족 간의 문화 차이도 끊임없는 왕래와 교류에 의해 희석돼버리고 있으며, 정치적 이념의 간격도 더 나은 삶의 질이라는 공동선의 추구 아래 무너져내리고 있고, 종교와 도덕도 인간성과 보편적 타당성이라는 잣대 아래 통합되어가고 있는 실정이다. 모든 분야에 있어 경계파괴와 벽 허물기가 진행되어가고 있는 현시점에서 가장 중요한 것은 주체적인 중심잡기다.*

온갖 종류의 문화와 문명의 흐름들이 세계화의 소용돌이 속에 보편성, 유용성, 편이성, 합리성, 특이성 등을 앞세워 물밀듯이 밀어닥치고 있는 현재, 우리나라의 상황에서 정신적인 중심축이 없다면 우리는 국제사회의 방랑자나 이민자로 전락해버릴 수도 있다. 토인비도 지적했듯이 문명의 구심점을 찾아야 하는데, 그 구심점 역할을 해줄 수 있는 것은 결국 종교와 철학이다. 우리는 성공한 사례를 제2차 세계대전 이후의 독일

---

* 이기상, 『다석과 함께 여는 우리말 철학』, 지식산업사, 2003, 63쪽 이하.

사회에서 찾아볼 수 있다. 독일의 지성인은 "그리스도교적 인문주의"로 독일 최대의 위기를 슬기롭게 극복하고 지금 다시 세계의 대국으로 성장했다.

우리는 세계(지구)화의 소용돌이 속에서 21세기를 주도해나갈 새로운 문화를 만들어야 할 과제를 부여받고 있다. 이때 새로운 문화의 창조란 결국 우리의 전통문화를 현대의 문제상황 속에서 다른 세계적인 문화를 주체적 · 적극적으로 수용하는 가운데 새롭게 재해석해내어 우리의 생활세계를 이끌어나갈 문화로 종합하는 일이 될 것이다. 이러한 과제를 성공리에 수행하기 위해서는 우리의 사상과 종교에 대한 주체적인 정리작업이 무엇보다 시급하다고 할 수 있다. 더 나아가 우리의 미래상에 대한 이념정립과 우리가 추구해야 할 가치관의 정립이 필요하다.

'문화 만들기'에서 중요한 것은 우리의 삶이 전개되고 있는 삶의 텃밭인 이곳의 생활세계다. 문화적으로 살아가는 삶의 공간은 차별이 없는 동질적인 기하학적 공간이나 물리학적 공간이 아니다. 그렇다고 단순히 우리의 삶이 구체적 · 현실적으로 펼쳐지고 있는 지정학적인 공간만을 지칭하는 것도 아니다. 그것은 상황 속에 던져진 인간이 새롭게 자신의 환경에 적응하며 환경을 변형시켜나가는 그 모든 생활세계적 · 문화적 삶의 공간 전체를 포괄한다. 삶의 공간을 능동적으로 만들어나가는 이러한 주체적인 대응방식에서 우리는 다음과 같은 몇 가지 구조적인 요소를 끄집어낼 수 있다.

첫째, 인간은 변화하는 환경 속에 던져져 있으며 그 환경에 끊임없이 변화하는 방식으로 대응하면서 자기 자신도 변해간다는 사실이다. 인간은 변화의 주체임과 동시에 변화의 객체이기도 하다. 이렇게 인간은 환경 속에 놓인 존재로서 환경의 영향을 받으면서, 환경에 영향을 가하면서 자신만의 독특한 삶의 공간을 만들어나간다. 이것을 넓은 의미로 "문화의 창조자이며 피조물"인 인간만의 독특한 본질적 특성이라 할 수 있을 것이다. 인간을 포함한 이 우주 자연에 변하지 않는 것이란 모든 것이 변화의 한가운데 있다는 사실뿐이다.

둘째, 이러한 인간의 환경에 대한 대응의 전제조건으로서 우리가 염두에 두어야 할 것은 인간의 사회성, 인간의 노동, 인간의 언어다. 인간은 혼자서는 인간이 아니다(Ein Mensch ist kein Mensch). 이러한 인간의 사회성에는 동시에 그것과 동일근원적으로 인간의 노동과 언어가 속한다. 따라서 환경에 대한 인간 측의 대응 산물인 문화는 남과 더불어 같은 언어를 사용하고 공동으로 환경에 대처해나가면서 자신들의 생활세계를 형성해나가는 인간의 세계형성에 대한 노력인 셈이다.

셋째, 인간이 놓여 있는 환경(주위세계)은 그 환경에 능동적 · 주체적으로 대처해나가는 인간의 영향력과 더불어 끊임없이 그 지평이 확대되어 나간다. 집단을 이루어 살아나가는 사회적 · 문화적 존재로서의 인간의 이러한 세계확장은 다른 집단의 세계확장과 부딪칠 수밖에 없다. 하나의 유일한 인식 주체를 강조하며 절대적인 진리 전파와 인간계몽을 주장할 때는 다른 주체에 의해 형성된 세계를 인정할 수 없었다. 그러나 다른 세계, 다른 민족, 다른 문화에도 똑같은 인식 주체를 인정해야 하는 지금, 이제는 계몽이나 정복에 의한 강압적인 동화가 아닌, 서로 주고받는 상호주관적인 차원의 대화와 교류, 인정과 공감을 통한 새로운 세계형성의 논리가 통용되어야 한다. 지구화 시대를 맞아 '하나의' 지구를 이야기하지만, 그 '하나 됨'은 획일적인 동일화나 동질화가 아닌, 차이를 인정한, 차이에 기초한 다원주의적 조화 속의 하나 됨이어야 한다.

넷째, 다원화된 세계에서의 '주체적인' 대응 역시 달라져야 할 것이다. 다양한 세계를 인정하면서 자기 세계의 독특함을 유지해야 하는 현대인의 세계형성 과제는 과거보다 더 복잡할 수밖에 없다. 21세기 한반도에서 살고 있는 우리가 떠맡아야 할 민족적(또는 국가적) 과제로서의 '문화 만들기'는 이러한 맥락 아래에서 이해되어야 할 것이다. 그것은 단순한 민족주의적(또는 국수주의적) 반응이 아니라, 세계형성적 인간의 본질에 근거를 두고 있는 인간학적 과제다.

따라서 '문화 만들기'란 달라진 세계 속에서 변화의 추세에 끌려다니며 변화의 객체로서 살지 말고, 한국인의 자긍심을 잃지 않으면서 변화의 주체로서 우리 스스로 우리의 세계를 만들어나가야 함을 의미한다.

7. 문화다원주의 시대 소통의 중요성

문화다원주의 시대는 당연히 종교다원주의 시대이기도 하다. 진리는 하나이며 영원할 수 있다. 그러나 인간은 그런 진리에 접근할 수 없다. 우리는 그런 진리가 시대와 민족, 문화권에 따라 다르게 나타나는 불완전한 한쪽 면만을 볼 수 있을 뿐이다. 그러기에 서로 다른 신관을 인정하고 이해하며 종교의 다양성을 받아들여야 한다. 상대방의 종교에 대해 인정할 것은 인정하고, 추구하는 가치와 이념에 대해 서로 비판적으로 토의하며, 더 나은 길을 모색해나가도록 해야 할 것이다. 그래서 독일의 유명한 신학자 한스 큉은 "종교 평화 없이 세계 평화 없다"라는 유명한 말을 했다. 지금도 세계 평화를 위협하는 가장 큰 요인은 종교가 아닌가. 이슬람교와 그리스도교의 충돌이 세계 전역을 테러와 반테러의 공포 속으로 몰아가고 있지 않은가.

따라서 우리 시대에 가장 필요한 것은 종교 간의 대화를 통한 화해다. 매체학자 도미니크 볼통은 그의 책에서 9·11테러 사건의 원인을 깊이 들여다보면 문화권 간의 불통이 그 밑바탕에 깔려 있음을 알 수 있다고 말한다.* 이슬람문화권에서 가장 두려워하는 것의 하나는 CNN 같은 미국의 국제적 매체가 이슬람 국가의 안방을 점령하는 것이다. 사실은 매체의 지구화를 두려워한 것이다. 이를 통해 서방의 자본주의와 '퇴폐적 자유주의'의 가치관, 즉 그리스도교의 가치관이 여과 없이 자기네 생활세계를 헤집고 다니면서 자신들의 종교적 신념과 가치관을 보이지 않게 무너뜨린다고 생각한 것이다. 그러나 CNN 측은 앞선 미디어로 전 지구적 미디어망을 활용해서 정치적 민주화를 도모하고 전 세계 지구인의 인권을 보호하겠다는 취지를 갖고 있다고 주장한다. 종교의 이름으로 독재가 묵인되어 많은 사람이 억압받고 고통 받으며, 개인의 기본권도 보장받지 못하는 풍토를 개선해야 한다는 것이다. 이런 자유민주주의 확산을 위한 '좋은' 의도가 정작 이슬람문화권에는 자기네 문화를 말살시키려는 음모로 비친 것이다. 이것이 바로 소통의 불통이다. 서로의 의도를 서로 알려고 노력하고 이해하며 대화를 통해 원활한 소통을 꾀했다면 9·11사건은 일어나지 않았을 수도 있었다는 이야기다.

21세기 탈근대 미디어의 시대에 통용될 새로운 패러다임에서 중요한 것은 소통을 최우선 과제로 삼아 서로의 다름을 인정하고 상대방의 입장에서 서로를 이해하려는 노력이다. 이렇게 관용 속에 공존하고 공생하면서 서로를 살리는 상생의 길을 찾아나가야 한다. 여기에서는 정치적 이

* 도미니크 볼통, 『불통의 시대 소통을 읽다』, 채종대 · 김주노 · 원용옥 옮김, 살림, 2011.

데올로기와 자본주의적 시장 메커니즘도 전면에 나서서는 안 된다. 상호문화적인 관점에서 서로의 문화를 존중하며 문화 간의 교류를 통해 서로 소통과 이해를 구하는 식으로 접근해야 한다. 한마디로 이제는 정치적 · 경제적 관점이 아니라 문화적 관점에서 문제를 해결하려고 노력해야 한다. 우리는 문화의 세기에 정치를 앞세워서도 안 되고, 경제적 논리로 모든 것을 풀려고 꼼수를 부려서도 안 된다. 물론 기술과 과학을 앞세워 기능과 효율성으로 모든 것을 평가하고 판단해서도 안 된다. 문화의 차이와 다양성을 인정하고 그 다름을 살리는 문화적 태도를 길러야 한다.*

엘리아데는 이렇게 말한다. "만일 유럽의 민족들이 더 이상 역사를 '만드는' 유일한 민족들이 아니라면, 그들의 정신적 · 문화적 가치들도 더 이상 특권을 부여받은 것으로 남아 있지 못한다. 하물며 의심의 여지가 없는 권위는 말할 것도 없다." 지금까지는 유럽이 모든 것의 표준이고 기준이었는데, 이것이 탈근대에 들어서면서 여기저기서 깨지고 있다. 유럽의 지식인들도 이것을 인정하며 다른 대안을 찾고 있는데, 정작 서양인이 아닌 지식인들이 유럽 것이 뛰어나고 편리하고 효율적이라고 열광한다. 인도의 철학자이며 시인인 타고르는 문화적 다양성을 신이 그렇게 원한 것으로 보고 낯선 문화를 자기 것으로 만들려는 이념 자체를 거부한다. 그는 이렇게 말한다. "만일 그러한 파국이 인류에게 덮쳐 오직 하나의 종교만이(또는 오직 하나의 문화나 철학만이) 모든 곳에 차고 넘친다면, 신은 그의 피조물들을 그러한 정신적 파멸에서 구하기 위해 두 번째의 노아의 방주를 마련해야 할 것이다."

「2012」라는 영화에는 두 번째 노아의 방주가 만들어지는 것으로 나

---

* 이기상 · 박범준, 『소통과 공감의 문화콘텐츠학』, 한국외국어대학교 지식출판원, 2016, 109쪽 이하.

온다. 이 영화는 순전히 서구적 기준 아래, 순전한 정치경제적 논리 아래 전개된다. 이 노아의 방주에 타려면 유명한 과학자이든가, 세계적인 정치계에서 중요한 역할을 하는 국제적 정치인이든가, 아니면 돈이 많은 재벌이어야 한다. 방주를 타기 위한 티켓 한 장의 가격은 한화로 12조 원 가량 된다. 한국인으로 거기에 탈 수 있는 사람은 몇 안 될 것이다. 한국 대통령은 초대받지도 않은 것으로 나온다. 이렇게 돈, 기술, 과학 그리고 정치권력을 기준잣대로 정해서 모든 것을 처리해나간다면 갈등과 투쟁은 그치지 않을 것이다. 문화의 세기에 걸맞은 문화적인 패러다임이 필요한 시점이다.

8. 문화적 인간의 통합능력

오직 개념으로만 시대의 정신, 분위기, 아픔, 형상을 그리던 시대는 갔다. 그래서 현대를 정보화 시대, 디지털 시대, 사이버 시대, 영상 시대, 문화 시대라고 부르지 않는가. 이제 우리는 현대를 살아가는 보통사람들이 다양한 방식과 형태로 우리 시대의 다양한 모습을 붙잡아 표현하고 있는 다양한 상징과 기호, 그리고 매체에 관심을 두어야 한다. 지성인과 학자들은 보통사람들의 삶의 방식에 눈을 맞춰야 한다. 개념과 논리, 명제만을 고집해서도 안 될 것이다. 개념으로 잡을 수 없는 것으로 간주된 감성과 영성의 차원에 문을 활짝 열어야 한다.

이제 문화의 세기인 현대의 교양인은 근대에서처럼 자유과목에 훈련된 '인문학도'가 아니라, 우리 시대의 감성과 영성능력을 갖추고 세계

인류문화 유산에 관심을 갖고 새로운 문화 창조에 적극적으로 동참하는 '문화인'일 것이다. 정치, 경제, 기술의 굴레 아래 자기에게 맡겨진 운명의 쳇바퀴만을 돌리고 있는 현대의 보통사람들에게 희망과 여유의 숨통을 틔워줄 문화의 가능성과 방향제시가 필요한 시점이다.

현실과 세계는 우리에게 기호와 상징을 매개로 주어진다. 미디어는 우리의 현실과 세계를 구성한다. 전자 커뮤니케이션 기술이 가진 시간적 · 공간적 · 상징적 · 물리적 구조의 편향성이 완전히 새로운 방식의 인식과 지각을 가져왔다. 전자 미디어가 촉진시킨 변화는 사람들이 이야기하는 대상인 '내용'이 아니라, 사람들이 생각을 알고 이야기하게 되는 방식의 변화라는 점에서 "미디어는 메시지다"라고 말한 매클루언의 생각은 탁월하다. 전자 미디어는 인간 커뮤니케이션과 문화에서의 전통적인 시간과 공간 개념을 완전히 없애버렸다. 문자 및 인쇄 문화의 결정적 특성 중 하나인 선형적 · 이성주의적 사고방식은 지금 포스트모던 문화의 징후인 다각적이고 직관적인 방식의 생각하기, 보기, 알기에 도전을 받고 있다. 이러한 문화에는 텔레비전, 인터넷, 멀티미디어 같은 모든 종류의 전자 미디어가 영향력을 행사하고 있다.*

전자 미디어 시대에 모든 정보가 전자적 영상과 가상(virtuality, 새상, 사이-상)의 형태로 주어지고 있는 한 현실과 가상의 구별이 어려워지고 있다. 현대인은 현실과 새상의 자유로운 넘나듦 속에서 살고 있다. 첨단기술에 의해 증폭된 감각과 인식의 증대로 증강현실을 이야기하게 되었고, 이제는 더 나아가 그렇게 증강된 감각과 인식능력을 갖춘 인간의 출현을 예상하며 증강인류를 말하고 있는 실정이다. 이제는 디지털과 아날로그가 공

---

* 케이시 맨 콩 럼 엮음, 『미디어 생태학 사상: 문화, 기술, 그리고 커뮤니케이션』, 이동후 옮김, 한나래, 2008, 92쪽.

존하는 디지로그적 일상생활을 우리의 현실로 받아들여야 할 때다. 문화적 인간의 중심적 삶의 방식이 소통과 교류임을 감안할 때 새로운 미디어 상황 속에서도 더 인간적인 소통과 교류에 힘써야 할 것이다.

뉴미디어 시대 지성과 이성에 편향된 인간에 대한 이해에서 벗어나서 감성과 영성의 능력까지 고려하는 새로운 인간이해가 요구된다. 그것을 우리는 '문화적 존재'라고 이름하며, 그에 걸맞은 이성을 '문화이성'이라고 지칭할 수 있겠다. 여기에서는 감성, 지성, 이성, 영성을 가로지르는 상상력이 문화적 존재의 중요한 창의력으로 각광받는다. 그전의 합리적 이성은 합리적 근거를 대며 상대방을 원칙과 이론으로 설득했다. 문화적 이성은 상대방의 상상력에 호소하며 그의 공감대를 자극하여 함께 어울릴 것을 요청한다. 생각이 다르다고 배척하고 멸시하고 무시하는 것이 아니라 그 나름의 이유가 있을 것을 인정하여 관용의 자세로 그의 생각에도 의미가 있을 수 있음을 받아들인다.

문화적 존재로서의 인간은 시간과 공간, 사물과 인간, 사람과 사람, 하늘과 땅 사이에 있다. 정보화시대 이러한 사이존재를 부각시키고 있는 것은 그물망적 세계관이다. 그런데 "네트워크의 진정한 가치는 정보보다는 공동체에 있다."(N. Negroponte) 과거에는 정보의 부족으로 사람 사이, 민족 사이, 문화권 사이의 소통이 어려웠다. 정보화시대에는 정보의 부족으로 인한 소통의 어려움은 없다. 아이러니하게도 정보의 홍수가 소통을 어렵게 만들고 있다. 정보=소통이라는 등식은 이제 더 이상 통하지 않는다. 정보가 소통과 교류를 위해 필요하다는 애초의 취지를 잊지 말아야 한다. 모든 사람이 자신을 표현하고 타인을 이해하는 원활하고 인간다운 소통과 교류 속에서 공생과 상생의 공동체를 만들어나가는 것이 중요하다.

9. 아름답게 어울리며 새로 나자!

아름다움에 대한 정의는 문화권마다 다르다. 아름다움에 대한 표현에서 우리는 그 문화권 사람들의 감성적 방향성을 알 수 있다. 예컨대 우리가 'Esthetics'에 대한 번역어로 사용하는 '미학(美學)'이라는 낱말에서 사용하는 '미(美)'는 한자어로 한자문화권의 생활세계를 그 바탕에 깔고 있다. 한자어 '美'는 '큰 양'을 형성화한 글자다. 커다란 양과 아름다움을 밀접하게 연결지었다는 의미다. 옛 중국에서는 양이 중요한 먹거리였다. 그렇기 때문에 그들은 큰 양을 보면서 아름다움을 느꼈을 것이다.

그리스 사람들은 아름다움을 표현하는 낱말로 '칼로스(kalos)'를 사용했다. (여기서 연유한 이름들이 Karl, Carlos, Charles 등이다.) 그것은 좋은 먹거리에 대한 감탄사가 아니라 심신(心身)이 아름다운 사람에 대한 찬사였다. 몸과 정신의 균형과 조화를 아름다움의 조건으로 본 그리스인에게 아름다움은 비례 및 조화와 밀접하게 연관됐다. 이것이 로마문화권으로 전해지면서 "건전한 몸에 건전한 정신(anima sana in corpore sano)"이라는 속담이 생겼다. 이 속담의 첫 글자를 따서 조합해 만든 상표가 스포츠 브랜드 '아식스(asics)'다.

이렇듯 해당 문화권이 어떤 생활세계 속에서 어떤 생활을 펼쳐왔는지에 따라 아름다움에 대한 감성과 그 이름 짓기가 다르다. 그렇다면 우리말 '아름다움'은 어떤 의미를 품고 있는가. 우리말 '아름다움'은 2,000년가량의 역사와 문화 속에 이어지며 지금의 우리에게까지 전수되는 개념이다. 우리는 '아름다움'에 깃든 민족의 얼을 살려내야 할 책무를 안고 있다.

'아름다움'은 '아름+다움'으로 이뤄져 있다. '다움'은 '~답다'에서 나온 꼬리말이다. 우리말은 서양처럼 고정된 존재에 초점이 맞춰져 있지 않고 '되어감'을 강조하고 있다. 같은 맥락에서 서양의 본질에 해당하는 우리말은 '됨됨이'다. 현대의 유명한 철학자 들뢰즈(Gilles Deleuze)의 표현을 빌린다면 우리말은 차이 생성에 예민한 셈이다. 그러다 보니 당위 차원에서의 사회적 기대를 나타내는 표현으로 '~답다'라는 말이 많이 쓰인다. '사람답다', '남자답다', '여자답다', '나답다', '너답다' 등 사회에 통용되는 본연의 모습에 맞게 처신하거나 그러기를 바라며 '~답다'라는 말을 많이 쓴다.

'아름'은 무엇을 뜻할까? '아름'은 '제각기의 개인'을 뜻한다. 한자어 '사(私)'를 풀이하며 조선의 선비들은 '아름 사(私)'라고 읽었다. 즉, 인간 모두를 각기 떼어내 한 사람씩 봤을 때의 개개인이 바로 '아름'이다.

두 단어가 합쳐진 '아름다움'은 무엇일까. 개개인의 독특함을 최대한 살리고 그렇게 처신하며 행동하는 사람을 두고 '아름답다'고 표현한다. 개개인의 아름다움이 조화롭게 잘 어울릴 때 아름다움의 극치가 될 것이다. 그래서 아름다움과 짝하는 낱말이 '어울림'이다. 아름다움이 개개인의 독특함에 초점을 맞췄다면, 어울림은 전체 속에서 개개인의 아름다움의 조화를 말한다. 아름을 포용하고 개개인의 독특함을 유지하면서 전체적으로는 조화를 이루는 것이 어울림이다. 이렇게 우리말 '아름다움' 속에는 우리의 오래된 문화적 숨결이 깃들어 있다.*

이제라도 우리는 우리 문화의 코드화, 기표(기호)화에 주목해야 한다. 우리 나름의 지층화 · 부락(영역)화를 분석하고 체계화해야 한다. 우리는 지금까지 우리의 문화코드화는 제쳐두고 중국의 기표화, 일본의 기표화, 미국의 기표화에 관심을 두고 그것을 표준과 기준으로 삼아서 우리

* 최봉영, 『말과 바탕공부』, 고마누리, 2013.

것을 거기에 따라 번역하고 정리했다. 그러다 보니 우리의 문화 숨결은 사라지고 전통의 흔적이 지워져 찾기 힘들어졌다. 흔적이 지워져 사라진 것을 잊고는 흔적이 없으니 그런 기표작용이 있었을 리 없다고 우긴다. 역사에서 중요한 것은 기록이다. 기록이 남기 위해서는 기표화가 필수다. 우리는 모든 기록을 한자로 해왔다. 어쩔 수 없이 중국의 기표작용을 따랐다. 그러니 기표화된 것에서는 우리 것을 찾기 어려울 수밖에 없다.

지식인들은 기표화에 목숨을 걸기 때문에 중국적인 기표화를 따르며 그것을 모방했다. 구술문화에 의존했던 일반 서민은 그렇지 않았다. 일반 서민은 한자를 몰랐기 때문에 우리말의 문화코드화에 더 충실할 수 있었다. 따라서 지금이라도 서민의 생활과 언어 속에 갈무리돼 있는 의식과 심성을 밝혀내야 한다. 구전문화를 더 심층적으로 연구해서 우리의 삶에 결과 무늬로 켜켜이 싸여 전수돼온 아름다움을 살려야 한다.

끝으로 다석 유영모 선생이 지으시고 함석헌 선생이 즐겨 읊으신 진리에 대한 그리움과 사랑에서 우리 나름의 아름다운 진리의 기운을 느껴보자.

> "참 찾아 예는 길에
> 한 참 두 참 쉬잘 참가
> 참 참이 참아 깨 세
> 하늘 끝 참 밝힐 거니
> 참 든 맘 빈 한 아 참
> 사뭇찬 참 찾으리"*

* 함석헌, 「진리에의 향수」, 『함석헌 전집 2: 인간혁명의 철학』, 한길사, 1993, 161쪽.

접속과 생성

02. 지구촌 사유의 탄생: 성호 이익, 서구를 만나다
- 심승구(역사)

03. 교차된 시선, 환상과 현실 사이
- 이상빈(문학)

04. 일본의 '심정'이 서구를 만났을 때: 일본 '국학(國學)' 이념의 본질
- 양승권(동양철학)

05. 프랑크푸르트에서 온 편지
- 문병호(사회철학)

02
지구촌 사유의 탄생: 성호 이익, 서구를 만나다

심승구

1. 왜 지구촌 사유인가?

물질적 풍요가 정신적 풍요로 이어지기를 바라는 현대인의 기대는 문화에 높은 관심을 기울인다. 그런데 오늘날의 문화는 여기서 그치지 않는다. 후기(소비)자본주의사회에서 문화가 가장 부가가치가 높은 산업으로 인식되기 때문이다. 더욱이 1990년대 말부터 상상력과 창의력에 기반을 둔 창조경제 시대가 도래하면서 세계 각국이 저마다 콘텐츠산업을 경쟁력 있는 전략 산업으로 집중 육성해오는 중이다. 문화콘텐츠(culture contents)에 대한 우리 사회의 관심도 이러한 시대적 추세와 무관하지 않다.

지난 2012년 가수 싸이의 「강남스타일」 뮤직비디오 조회 수가 146일 만에 9억 뷰(view)를 넘었다는 보도에서 알 수 있듯이, 하나의 문화콘텐츠는 디지털 네트워크의 그물망 위에서 일시에 한 나라의 소비구조를 넘어 전 지구적 차원의 소비구조를 갖는 특성을 지닌다. 영화, 음악, 방송, 게임, 애니메이션, 캐릭터, 공연, 출판, 만화 등으로 대표되는 문화콘텐츠가 경제적 가치가 있는 문화상품이자 새로운 고부가가치 문화산업으로서 급부상하는 까닭이 여기에 있다.

그러나 문화콘텐츠는 단순히 문화산업적인 차원으로 그칠 사안이 아니다. 에리히 프롬(Erich Fromm, 1900~1980)이 "물질을 지배하는 인간의 힘이 증가하지만, 인간은 개인생활이나 사회 안에서 무력감을 느낀다"고 했듯이, 인간은 자연의 주인이 된 한편 자신의 손으로 만든 기계의 노예가 되었다. 근대 이성 중심의 '주체의 시대'가 디지털 기계 중심의 '매체의 시대'에 자리를 내주고 만 것이다. 오늘날 스마트폰 같은 매체에 의존해 사는 현대인을 '텅 빈 인간'이라 부르는 까닭이 여기에 있다. 신자유주의가 범람하는 세계화시대가 밀려오면서 문화의 위기가 심각한 문제로 떠오른다.

정보통신과 과학기술이 가져온 거리의 소멸, 초국가성(transnational)으로 인한 각 지역 문화의 획일화와 동일화가 갈수록 심화되는 탓에 문화다양성이 크게 위협받고 있다. 하지만 세계화는 '동질화'라는 단순한 과정만이 아니라 차이와 불평등을 억압하지 않고 이것들을 재조직하는 혼종화(hybridization) 과정이기도 하다. 문화동화가 선진국이 상대적으로 열악한 주변 문화를 흡수시키는 한 방향의 개념이라면, 혼종문화는 비록 열악한 처지에 있지만 중심부 또는 선진국 문화에 마구잡이로 수용되거나 동화되는 것이 아니라 중심부 문화와 적극적인 대면을 통해 타협해가면서 새로운 문화를 주체적이고 선별적으로 받아들이는 쌍방향 개념이다.

이제 한 지역의 정체성도 국민국가의 완고한 영토성과 통합성에서 벗어나 초국적이고 탈영토화된 공간에서 정체성이 구성되어나간다. 따라서 지구촌시대에 고민해야 할 문제는 지역 정체성의 상실이 아니라 문화적 혼종화와 횡단적 세계화 과정 속에서 민족적이고 지역적인 정체성들을 어떻게 재구성해내는가다. 이와 관련해 최근 국가가 아니라 지구의 틀로 국경을 초월한 '트랜스내셔널'한 연관성을 다루는 지구촌 역사학, 즉 지구사(Global History) 연구가 활발하다. 종래 역사 연구의 중심에 있던 유럽을 상대화하고 제3세계를 포함한 전체 세계를 검토하려는 것이다. 국민국가에 정당성을 부여하고, 국민으로서의 정체성을 형성하는 게 목적이었던 일국사의 관점이 아닌 전체 세계의 관점에서 역사를 바라봐야 한다는 얘기다. 민족의 틀에 갇혀서는 경제, 환경, 문화 등 상호의존적 문제를 풀기 어렵다. 지구사의 시야와 안목이 필요한 이유가 여기에 있다.

혼종화를 넘어 초종족성, 초국적성, 탈중심, 탈지역으로 대변되는 지구촌 사회는 어느 나라든 중심이 될 수 있는 시대다. 이 같은 인식의 변화는 그동안 한국사 내에서 역사적 사건과 인물 그리고 문화를 이해하고 평가하던 방식에서 벗어나 지구사 관점에서 해석할 것을 요구한다.

2. 세계관의 변화와 지도의 탄생

한국인이 지구촌 세계를 객관적으로 인식한 것은 언제부터일까? 우리가 만든 세계지도는 그 실마리를 찾는 데 도움을 준다. 세계지도는 지도 제작자와 그가 속한 사회의 세계관을 반영한다. 원래 세계란 인간이 만든 개념으로, 지구라는 공간 전체를 나타내기도 하지만 세계관을 구성하는 믿음 전체다.

우리나라에서 지도가 처음 만들어진 것은 삼국시대로 보인다. 당시 영토에 대한 관심이 커지면서 나라의 경계를 표시한 강역도(疆域圖)가 제작되기 시작했다. 문헌상으로는 고구려가 628년(영류왕 11년)에 봉역도(封域圖)를 만들어 당나라에 보낸 것이 첫 사례다. 우리나라에서 만든 첫 세계지도는 고려시대의 윤포(尹誧, 1063~1154)가 만든 「오천축국도(伍天竺國圖)」다. 이는 당나라 현장법사가 인도를 여행하고 귀국하여 편찬한 『대당서역기』(646)를 기초로 만들어 왕에게 바친 지도다. 현재 이 지도가 남아 있지 않아 확인할 수 없지만, 일본 호류사 소장본 「오천축국도」(1364)가 현존하여 간접적으로나마 그 내용을 짐작할 수 있다.

호류사의 「오천축국도」에는 파도를 그린 해양 가운데 달걀을 거꾸로 세운 것과 같은 형태의 대륙이 있다. 대륙 내부에는 서역과 인도의 여러 나라가 그려져 있고, 현장의 행적을 붉은 선으로 그린 내용이 포함되

〈그림 2-1〉「오천축국도」
(1364년, 167×177cm,
일본 나라 현 호류사 소장)

어 있다. 불교적 세계관에 입각해 만든 이 지도는 중국을 비롯하여 서역과 인도를 그린 세계지도로서, 고려가 중국 중심의 세계관에서 벗어나는 계기가 되었다.

우리나라에서 편찬된 사실상 최초의 세계지도는 15세기 초에 만들어진 「혼일강리역대국도지도(混一疆理歷代國都之圖, 일명 「역대제왕혼일강리도(歷代帝王混一疆理圖)」, 이하 「강리도」)」다. 「강리도」는 1402년(태종 2)에 좌상 김사형, 우상 이무 등이 이회를 시켜 원나라 이택민(李澤民)의 「성교광피도(聲敎廣被圖)」와 천태승 청준(天台僧 淸濬)의 「혼일강리도(混一疆理圖)」를 참고하되, 종래 지도에 빠지거나 소략하게 다룬 우리나라를 더 넓히고 일본 지도(行基圖)까지 넣어 새 지도를 만든 것이다.

「강리도」는 15세기 초반 조선왕조의 세계사 인식을 잘 보여주는 지도로, 우리나라에서 만든 최초의 세계지도이자 동양에서 만든 현전하는 가장 오래된 지도다. 「강리도」는 중국을 중심으로 조선과 일본 외에 당시 알려진 구대륙인 아라비아, 유럽 그리고 아프리카까지 그린 세계지도였다.

중국을 세계지도의 중심에 놓고 그 다음으로 조선을 크게 표시함으로써, 새로이 건국한 조선왕조의 위상과 정치적 포부를 과시하려 한 것으로 보인다. 어쨌든 15세기 초반까지 조선의 세계사 인식은 중국 중심의 천하관 또는 세계관을 크게 벗어나지 못했다. 그렇지만 이 지도는 조선시대의 학자들에 의해 제작된 거의 유일한 세계지도로서 조선 전기 세계지리학의 지식을 결집한 것이다. 다만, 아메리카와 오세아니아가 나타나지 않는다는 점에서 한계를 갖는다.

조선이 세계를 객관적으로 인식하게 된 것은 그로부터 정확히 200년 뒤의 일이었다. 이수광(1563~1628)의 『지봉유설』에 따르면, 1603년

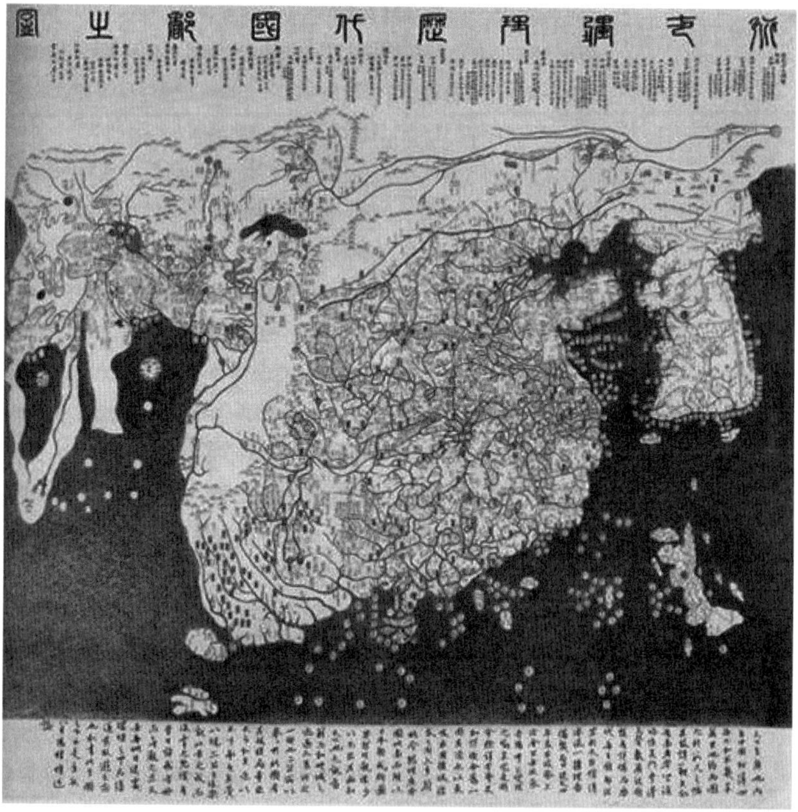

〈그림 2-2〉「혼일강리역대국도지도」(1402년, 채색 필사본, 168×158cm, 일본 류코쿠대학(龍谷大學) 소장의 모사본, 서울대 규장각 소장)

(선조 36) 북경에 사신으로 갔던 이광정과 권희가 「구라파국여지도」, 즉 「곤여만국전도」(1602)를 가지고 온 것으로 확인된다. 이 지도는 한 해 전인 1602년 이탈리아인 예수회 선교사 마테오리치(Ricci, M. 利瑪竇, 1552~1610)가 북경에서 제작한 세계지도다. 서양식 세계지도에 담긴 지구설과 동아시아 지역 바깥의 확대된 지리적 정보는 조선 지식인의 세계관 변화에도 큰 영향을 주었다.

당시 이수광은 『지봉유설』에서 "이 지도는 몹시 정밀하고 정교하며 서역의 모습은 매우 자세하다. 우리나라 8도도 하나도 빠뜨리지 않고 섬세하게 그렸다. 소위 구라파국은 서역의 가장 먼 곳에 있는데, 중국에서 8만 리나 멀리 떨어져 있다"며 놀라움을 표현했다.

근대적 기법의 서양식 세계지도로서 경도와 위도의 선이 그려져 있는 이 지도는 오늘날 만든 지도와 별반 차이가 없다. 물론 오스트레일리아와 남극이 분리되지 않았고 남북 아메리카도 정확히 일치하지는 않으나, 오늘날과 같은 지구본의 모습과 함께 세계지도의 모습을 고스란히 담고 있다. 「곤여만국전도」의 도입은 17세기 초반 중국과 한국을 비롯한 동아시아 지식인에게 서양의 지리학과 지도의 제작 수준, 전 세계의 지리적 분포에 대한 객관적인 정보를 시각적으로 널리 알리는 데 큰 역할을 했다. 「곤여만국전도」는 조선이 세계를 객관적으로 인식하게 된 최초

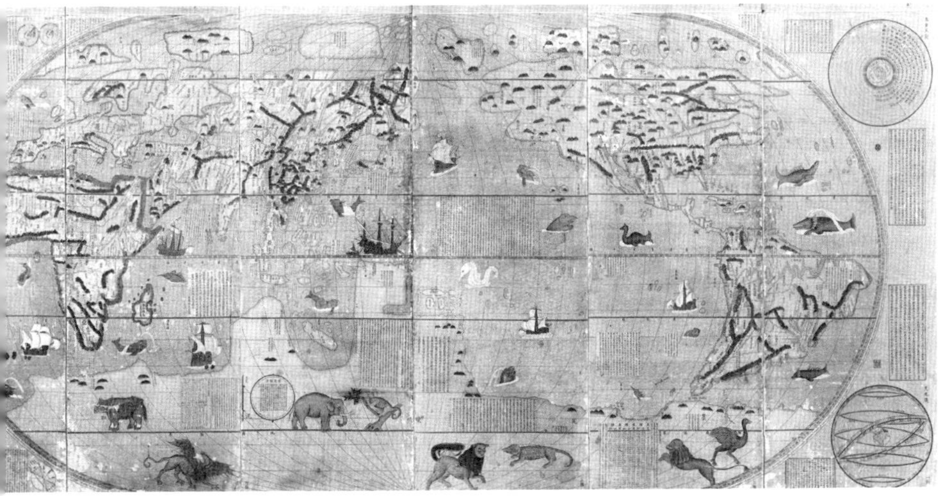

〈그림 2-3〉「곤여만국전도」(1602년, 533×170cm)
마테오리치와 명나라 학자 이지조(李之藻)가 함께 만들어 목판으로 찍어냄

의 지도라고 할 수 있다.

당시 동서교류에 따라 만들어진 이 세계지도는 지도에 한정된 것이지만 한국인에게 지구촌이라는 인식을 가능케 한 첫 경험이었다. 실제로 「곤여만국전도」는 종래 중국 중심의 세계관에서 벗어나 넓어진 세계 속에서 조선을 주체적으로 사유하게 만든 계기를 제공하였다. 그런 점에서 17세기는 한국의 지식인에게 전 세계에 대한 정확한 정보를 제공한 지구촌 사유의 서막을 연 시대였다고 할 수 있다.

3. 동서교류와 세계 인식의 변화

16세기 말 지리상의 발견으로 서양의 예수회(耶蘇會, Society of Jesus) 소속의 가톨릭 선교사들이 중국에 진출했다. 종교개혁으로 유럽 내의 교회가 신·구교로 분열되자 구교인 천주교에서는 외부 선교활동을 통해 발전을 꾀하지 않을 수 없었다. 따라서 극동 전교사업의 일환으로 인도를 거쳐 중국에 파견된 선교사들은 중국의 천주교 전파를 최종 목표로 삼았다. 명말 청초에 마테오리치, 로드리게스(陸若漢), 아담 샬(湯若望) 등으로 대표되는 선교사들은 서양의 천문, 수학, 지리, 물리, 기상, 생리, 어문, 철학 등으로 신뢰를 쌓은 후 천주교를 전파한다는 계획이었다.

종교적 방편으로 가져온 서구의 과학기술 지식들은 당시 유교사상에 입각한 윤리와 도덕적 삶을 살던 중국인에게 많은 영향을 끼쳤다. 특히 「곤여만국전도」로 대표되는 세계지도와 천문, 역법, 수학, 우주에 대한 인식체계는 유학적이고도 관념론적 세계관에 머물던 동아시아인에게 큰 충격을 안겨주었다. 무엇보다 동아시아가 갖고 있던 전통적인 우주관, 세계관의 변화와 함께 실생활에 쓰이는 과학기술에 대한 열기를 크게 고조시켰다. 나아가 한 · 중 · 일 3국에서 실용적이고 실증적인 실학 분위기를 조성하는 중요한 배경이 되었다.

〈그림 2-4〉 마테오리치(1552~1610): 이탈리아 출신 예수회 선교사
출처: wikipedia.org

그러나 충격은 동아시아에만 국한된 것이 아니었다. 선교사들은 중국의 사상과 학문을 이해하는 한편, 이를 유럽사회에 알리기 위해 『명심보감』과 『사서』를 번역했다. 그런데 선교사에 의한 유교경전의 번역사업과 그에 따른 유럽 사회로의 전파는 당초 의도와는 정반대의 결과를 가져왔다. '중국의 기독교화'가 아닌 '유럽의 공자화'를 초래한 것이다. 그리하여 17세기 말부터 유럽사회 내에서는 중국 열풍이 불었다.

영국에서는 존 웹(1611~1672)이 공자를 '중국의 플라톤'으로 칭하며 인(仁)의 개념을 소개했고, 프랑스에서는 피에르 벨(Pierre Bayle, 1647~1706), 볼테르(Voltaire, 1694~1778), 프랑수아 케네(François Quesnay, 1694~1774) 등 대표적인 계몽주의 철학자들이 공맹(孔孟)철학을 수용했다.

특히 볼테르는 공자를 진정으로 숭배하여 『제 국민의 도덕과 정신에 관한 평론』(1756)에서 "공자는 선지자가 아니고 계시적인 것을 말하지 않는다. 그의 도덕은 순수하기도 하고 엄격하기도 하고 동시에 인간적이기도 하다. 그는 용서, 사은, 겸손을 촉구한다. 그리고 공자의 제자들은 사해(四海)가 다 동포임을 과시한다. 지구상에 존재한 적이 없는 가장 행복하고 가장 존경할 만한 시대는 바로 사람들이 공자의 도를 따르던 시대였다"고 갈파한다. 또한 '유럽의 공자'로 불리던 케네는 자신의 저서 『중국의 계몽전제정』(1767)에서 "『논어』는 그리스 7현을 능가하는 원리와 도덕적 명제들로 가득 차 있다"고 주장했다. 이처럼 계몽철학자들은 공자철학을 무기로 유럽을 개화하여 그리스도교적 몽매를 비판하고, 그리스 철학과 스콜라 철학을 밀어내며, 무신론적 철학사조를 관철시켜나갔다. 이는 유럽정신이 점차 탈종교화 · 탈그리스화되어감을 의미했다. 그 결과 프랑스가 18세기 유럽 정신의 중심지였다면, 18세기 프랑스 정신의 산실은 동아시아였던 셈이다.

공자철학은 유럽의 정신세계에서 사상의 신선함과 깊이, 그리고 높이에서 충격이었다. 당시 유럽인은 공자철학이 그리스도교와 그리스 철학의 정신을 원리적으로 압도하는 것으로 받아들였다. 그리하여 유럽사회에 공맹철학이 사상계를 석권한 뒤 유럽은 르네상스에서 계몽주의 철학으로 전환하고 그리스 철학은 퇴조한다. 르네상스 시대가 그리스 철학의 시대였다면, 계몽주의는 공자철학의 시대라고 불렸다. 공맹철학은 사상 초유로 유럽정신의 경계를 허물고 유럽인에게 확산되었다. 독일 철학자 알브레히트(Michael Albrecht)는 "공맹철학의 유럽 전파는 아메리카 발견을 능가하는 대사건"이라고까지 말한다.

이미 언급한 바와 같이, 당시 예수회 선교사들은 천주교를 중국에 전파하려는 목적으로 공자의 경전을 번역하고 주석서를 썼다. 당시의 상황을 오늘날 미국의 철학자 리오넬 젠센(Lionel Jensen, 1997)은 "중국 경전의 첫 번역집이 유럽에 출현한 그 순간부터 공자철학은 유럽인 사이에서 새로운 사색의 불꽃을 지피는 번갯불 지팡이가 되었다"고 설파한다. 이처럼 동양은 물론 서양에서 공자철학이 사상적 제왕으로 등극하게 되었다. 독일 철학자 아돌프 라이히바인(Adolf Reichwein, 1898~1944)은 "공자는 18세기 계몽주의의 수호성인이었다"라고 칭송한다. 이처럼 동양의 공자철학과 송대 유학은 18세기 서양 계몽주의 철학을 이끌어내는 견인차가 되었다.

이와 같이 16세기 말 예수회 선교사들은 서양의 종교보다는 천문·과학·기술 등을 중국에 전파했다. 서학의 전파는 결과적으로 17세기 중국 중심의 세계관에서 벗어나 실학을 촉발시키는 원동력이 되었다. 반면에 서양 선교사에 의한 사서(四書)의 번역은 동양의 유교(이학)철학을 서양에 알리는 것은 물론 서양의 계몽철학을 낳는 배경이 되었다. 17~18세기 동양과 서양의 학문과 사상의 교류는 동양에서의 실학과 유럽에서의 계몽철학을 탄생시키는 계기로 작용함으로써 세계지성사의 큰 변동을

〈그림 2-5〉 공자(좌)와 맹자(우)의 영정
출처: wikipedia.org

가져왔다. 특히 넓어진 세계에 대한 정보와 지식의 축적은 동서양 각각 백과전서학파를 탄생시키는 결과를 가져왔다.

4. 서구와의 만남과 실학의 탄생

인류의 지성사는 실학의 생성과 소멸의 쉼 없는 연속이다. 실학은 사회체제가 흔들릴 때, 기존의 지배이념이나 가치체계에 대한 반성과 변화를 이끌어내기 위한 논리에서 비롯한다. 실학은 종래의 종교와 사상을 허학(虛學) 또는 위학(僞學)으로 비판하고 현실에 맞는 실천적 · 실용적 사상이자 학문 경향을 말한다. 아무리 영원할 것 같은 실학도 영원히 존재할 수는 없다. 전이와 변용의 단계를 거쳐 허학에 이르면 새로운 실학이 탄생한다. 실학은 이처럼 시간과 공간을 넘어 늘 새로운 사회변화를 선도하는 추동력으로 작용해왔다.

실학이란 그것이 탄생하는 시간과 공간의 여건에 충실한 모습을 띤다. 일찍이 동아시아 역사 속에서 실학의 개념이 시대와 나라에 따라 달리 나타나면서 강조점이 다른 이유가 여기에 있다. 그러한 점에서 볼 때, 실학이 역사적 개념인 동시에 통시적이고도 보편적인 개념으로 이해될 수 있다. 그러나 조선 후기의 실학은 분명히 특정한 시대를 대변하는 역사적인 학문의 개념 또는 성격을 갖는다. 무엇보다도 중국 송대 유학자들에 의해 처음 제시된 실학의 개념은 17세기 이후 중국은 물론 한국과 일본이 공통적으로 사용한 동아시아의 새로운 학문경향을 말한다. 이 시기의 실학을 유독 역사적 개념으로 규정지으려는 까닭은 나름대로 이유가 있다.

중국에 전래된 서양의 천문 · 지리 · 역법 · 과학 · 기술 · 천주교 등의 유입에 따라 동아시아의 학문 · 사상운동으로 전개되었기 때문이다.

16세기 말 가톨릭 선교사들에 의해 번역되어 전파된 서양의 천문 · 지리 · 역법 · 과학 · 기술 등은 종래 중화(中華) 중심의 세계관에 빠져 있던 중국인에게 큰 충격을 가져다주었다. 그 영향은 중국을 넘어 한국과 일본에까지 미쳤다. 이는 동아시아의 실사구시와 이용후생으로 대표되는 실학을 창출하는 중요한 배경이 되었다.

따라서 17세기 이후 조선의 실학은 국내의 사회적 모순을 개혁하려는 움직임을 넘어 동아시아의 학문사상 운동으로 전개된 역사적 개념이라고 할 수 있다. 17세기 이래 동서교류사의 흐름 속에서 조선의 실학을 이끌어나간 대표적인 인물이 바로 성호 이익(1681~1763)이다. 성호 이익에 의해 체계화된 성호학은 17세기 이후 동서 교류의 흐름 속에서 조선의 주체적인 학문사상운동의 일환으로 성립했다.

이익의 본관은 여주(驪州), 자는 자신(子新), 호는 성호(星湖)다. 아버지는 사헌부 대사헌을 지낸 이하진(李夏鎭)이다. 아버지가 1680년(숙종 6) 경신환국(庚申換局) 때 평안도 운산에 유배되었다가 이듬해 그를 낳았고, 1682년 유배지에서 세상을 떠났다. 이로 인해 어머니와 함께 선산이 있는 경기도 광주 첨성리(瞻星里, 현 경기도 안산시 성포동)에서 살았으며, 어려서부터 몸이 약해 10세까지도 글을 배울 수 없을 정도였다. 이후 형 이잠(李潛)에게서 글을 배워 25세가 되던 해인 1705년(숙종 31)에 과거에 응시했다가 낙방했다. 그 다음해 형 잠(潛)이 장희빈을 두둔하는 상소를 올렸다가 당쟁의 희생으로 장살(杖殺)되자 벼슬할 뜻을 버리고 첨성리로 낙향하여 학문에만 몰두했다.

47세인 1727년(영조 3)에 그의 학문이 높다는 명성을 듣고 선공감(繕

工監) 가감역(假監役)을 제수했으나 나가지 않았다. 83세인 1763년(영조 39)에 노인을 우대하는 예에 따라 첨지중추부사를 내렸으나 그해 세상을 떠났다.

이익의 학문과 사상은 철저한 유교적 기반 위에서 이뤄졌다. 여러 경서(經書)에 대한 질서(疾書)를 지어내고, 주자(朱子)의 『근사록』처럼 이황의 언행록인 『이자수어(李子粹語)』를 편찬했다. 그러나 주자에게로만 치우치는 경향에서 벗어나 공자와 맹자를 잇는 수기치인(修己治人)의 학을 부흥시키고자 했다. 그것은 단순한 부흥이 아니라 부흥이 바로 혁신을 의미했다. 그는 이이(1536~1584)와 유형원(1622~1673)의 학풍을 존숭해 사회실정에 깊은 관심을 가지고 세상에 실효를 거둘 수 있는 재능과 준비가 갖춰진 학문만을 실학이라고 보았다.

그는 부친이 중국에 사신으로 다녀올 때 가지고 온 수많은 서학(西學) 서적들에 큰 영향을 받았다. 당시 중국을 통해 전래된 서학에 학문적인 관심을 기울여 천문(天文) · 역산(曆算) · 지리 · 천주교서 등 한자로 번역된 서학 책을 널리 열람하고, 만국전도(萬國全圖) · 시원경(視遠鏡) · 서양화(西洋畵) 등 서양문물을 직접 접하면서 세계관을 확대 · 심화시켜나갔다. 그것은 중국 중심의 화이관(華夷觀) · 성인관(聖人觀)에서 탈피해 더욱 합리적이고 실증적인 시야를 갖는 배경이 되었다. 그는 정통적인 유학자이면서도 노불(老佛)의 학이나 새로 전래된 천주교 같은 이른바 이단에 대해서도 남다른 관심을 나타냈다.

그의 학문과 사상은 당시 조선의 사회 모순을 해결하기 위한 방안으로 경세치용에 비중을 두었다. 역사에 대한 인식도 종래의 춘추필법 같은 주관적이고 의리 · 시비 위주의 인식태도를 벗어나 객관적이며 비판적 · 실증적인 태도를 견지했다. 그는 문헌에 대한 충분한 고증과 비판

없이 주관적인 억측이나 요량으로 역사를 서술해서는 안 되며, 역사가가 먼저 파악할 것은 시비가 아니라 '시세(時勢)', 즉 역사적 추세라는 점을 강조했다.

그는 당쟁은 밥그릇 싸움(爭鬪)에서 일어나고 밥그릇 싸움는 관직 수의 부족에서 오는 것으로 보았다. 이익(利)은 고정되어 변함이 없는데 사람만 더욱 늘어나면 십붕팔당(十朋八黨)으로 분열되지 않을 수 없다 하여 당시 양반사회와 관료제도의 모순을 지적했다.

인간은 타고나면서부터 관작이나 부귀를 몸에 지니고 나오는 것이 아니며, 천자로부터 일반서민에 이르기까지 애초에 빈천하기는 모두 같다고 했다. 따라서 양반도 무위도식하지 말고 생산에 직접 종사하는 사농합일(士農合一)을 주장했다. 또한 신분제적인 사회구조를 고쳐서 점진적으로나마 노비의 신분을 해방시켜 양천(良賤)의 합일도 주장해 근대적인 직업관 · 신분관을 드러냈다.

그는 토지제도에 관한 시책을 가장 중요한 분야로 생각했다. 토지는 원칙적으로 공전(公田), 즉 국유이며, 토지 사점(私占)의 확대를 사회악으로 여겼다. 토지측량을 철저히 하여 호세가(豪勢家)에 의한 토지의 지나친 점유를 막기 위해 한전법(限田法)의 실시를 주장했다.

이익의 학문사상은 유학에 기초하면서도 탈주자학적인 수기치인의 학으로 요약할 수 있다. 그것은 단순한 공맹사상으로의 복귀 또는 부흥이 아니라, 당시 조선의 사회 모순을 극복하기 위한 개혁사상을 의미한다. 그의 학문은 어디까지나 유학에 두어졌음에도 사회현실에 더 긴요하고 절실한 것은 경세치용의 학이라고 판단했다. 그는 중국으로부터 유입된 서학의 수용으로 넓어진 세계관과 실증적이고 합리적인 사유를 펼쳐나갔다. 그가 천주교에 대해 취한 입장을 볼 때, 윤리면에서는 너그러웠지만, 신앙 자체는 거부하는 견해를 취했다. 그는 화폐유통을 금지하는 폐전론(廢錢論), 상업을 말업으로 보는 억말책(抑末策), 남녀관 등에서 유학자로서의 한계를 보였지만, 사민평등의 인간관 · 신분관 · 직업관에서 근대적인 관점에 가까웠다. 저서로는 『성호사설』, 『곽우록(藿憂錄)』, 『성호선생문집』, 『이선생예설(李先生禮說)』, 『사칠신편(四七新編)』, 『이자수어』 등과 함께 『맹자질서』를 비롯한 11종의 질서가 있다.

5. 성호학의 세계적 관점

성호학을 세계사 관점에서 보려는 까닭은 갑자기 새롭게 의미를 부여하기 위해서가 아니다. 17~18세기를 살다간 성호가 이미 종래와는 다른 패러다임 전환을 염두에 두고 새롭게 진리탐구를 시도한 데 기인한다. 그는 중국에서 들어온 한역서를 통해 서양의 천문 · 지리 · 역법 · 과학 · 기술 등을 습득함에 따라 중국 중심의 세계관에서 벗어나 넓어진 세계를 분명히 인식했다. 성호가 "지구 아래와 위에도 사람이 살고 있다는 것을 서양 사람들에 의해 자세히 알게 되었다"고 지적했듯이, 지구가 둥글다는 지원설(地圓說)은 더 이상 새로운 세계관이 아니었다. 그 결과 조선은 중국 중심의 세계관에서 벗어나 우리도 세계의 중심이 될 수 있다는 주체적 인식을 갖게 되었다.

서양의 과학기술을 통한 지식과 안목은 종래 궁경(窮經)을 통한 회의(懷疑)와 자득(自得)의 방법론만이 아닌 객관적인 실체와 경험을 통한 지식의 탐구와 필요성을 터득하는 계기가 되었다. 좀 더 천착해봐야 할 문제이지만, 성호가 33세 때부터 50대까지 20여 년에 걸쳐 사서질서(맹자, 대학, 논어, 중용), 성리서질서(소학, 근사록, 심경), 삼경질서(역경, 서경, 시경), 가례질서 등 11종의 질서로 다시 가다듬고자 한 까닭은 종래와 다른 조선 유학의 인식체계를 재정립하려는 의도가 깔린 것이었다.

질서(疾書)는 독서를 할 때 떠오른 자신의 생각을 적은 책이다. 어느 순간 깨달음이 오면서 마음에서 의심이 가시는 순간과 만나는데, 그 순간을 놓치지 않고 메모하는 방식이다. 따라서 질서는 기본적으로 경전의 논지를 벗어나기보다는 주석 내용에 대한 의심과 회의, 경전을 통한 대의의 깨달음과 성찰 등을 담고 있다. 그래서인지 성호의 질서들은 종래에 보기 어려운 새로운 내용으로 가득 차 있었다. 성호의 제자들이 "질서 가운데는 대부분이 앞의 유자(儒者)들이 발견치 못한 것이다"라고 평가한 것은 이를 뒷받침해준다.

그런 의미에서 사서삼경을 비롯한 11종의 질서는 성호학의 사상적 기반이자 핵심이다. 성호가 '묘계(妙契)'라는 독서방법과 질서의 형식으로 사유의 대행진을 이어간 까닭은 단순히 자신의 학설을 피력하거나 유문금망(儒門禁網)으로 대표되는 학술의 사변화 때문만이 아니다. 유교경전에 대한 회의(懷疑)와 본지(本旨) 탐구를 통한 재인식의 필요성을 절감했기 때문이다. 더구나 성호가 수십 년간에 걸쳐 11종의 질서를 체계화하는 데 그토록 열성을 기울인 까닭은 당대 유학의 인식체계를 근본적으로 전환시킨다는 투철한 탐구정신과 실천적 의지의 결과다.

이미 서양의 천문 · 지리 · 역법 · 과학 · 기술 등을 수용한 성호는 종래 유교사상의 재정립을 모색할 수밖에 없었다. 이는 또 다른 눈으로 기존의 사상체계, 즉 조선의 주자성리학은 물론 동아시아의 유학에 대한 합리적이고 객관적인 진리를 밝히는 근원적인 배경이 되었다. 그는 격물

(格物)을 주자의 궁지(窮至)와 달리 물과 물의 변별(辨別)로 해석하거나 대학도(大學圖)를 새롭게 체계화하며 독자적인 학설을 만들어나간다.

그러나 유학의 본지를 회복한다고 해도 서양 지식의 경계를 넘을 수 없던 것도 분명했다. 『천문략(天文畧)』, 『시헌력(時憲曆)』, 『방성도(方星圖)』, 『곤여전도(坤輿全圖)』, 『만국전도(萬國全圖)』, 『주제군징(主制群徵)』 등의 천문·지리·역서·과학 서적은 종래의 중국 중심의 세계관·화이관(華夷觀)·성인관(聖人觀)에서 벗어나게 했다. "지금 『시헌력』은 백대(百代)가 지나도 폐단이 없을 것이다"라고 단언하거나 "앞으로 성인은 구주(중국) 내부가 아니라 그 밖에서 나올 것"이라는 발언은 변화된 성호의 세계관을 분명히 보여준다.

성호의 학문과 사상은 단순히 학문적 자각에서 비롯한 것이라기보다는 17세기 이후 동서문명의 교류 속에서 얻어진 객관적인 세계의 인식과 경험 그리고 자각을 통해 이뤄졌다. 그러나 성호의 생각은 당시로서는 매우 혁신적인 사고였다. 그 때문에 성호는 '서양지학'을 하고 있다는 비방을 듣는가 하면, 아예 그를 '이마두(마테오리치)의 무리'라고 매도할 정도였다.

그러한 평가에도 불구하고 성호는 유학의 관점을 완전히 포기하지 않으면서 서양 이론을 끊임없이 접목시키려고 시도했다. 하나의 예로 당시 아담 샬의 『주재군징』(1629)은 동아시아에 들어와 커다란 반향을 일으킨 종교서다. 『주재군징』의 인체관에 대해 깊이 생각한 사상가는 중국의 방이지(方以智, 1611~1671)와 조선의 이익이다. 두 사람 모두 서양의 프뉴마(pneuma)와 연관된 정신작용을 기(氣)로 이해하는 것에 모순을 느끼지 않았다.

그러면서도 성호는 이를 토대로 소기대기론(小氣大氣論)을 구성하고, 이것을 다시 사단칠정론에 적용시키는 독특한 이론을 구성한다. 성호는 추론과정에서 서학(西學)을 직접 언급하지 않고 성리학적 개념들만 사용하지만, 내용적으로 살펴보면 서양 서적의 분석을 통해 얻은 것과 유사한 의미를 갖고 있었다. 이는 성호가 서양 지식에 대한 회의와 자득을 통해 얻은 것을 토대로 다시 전통지식을 새롭게 재정립해 나갔음을 의미한다.

〈그림 2-6〉 성호 이익(1681~1763)의 영정
출처: 성호기념관

이와 같이 성호는 서양 이론을 객관적으로 수용하면서 주체적이고도 새로운 유학의 인식론을 마련하고자 했다. 그가 평생에 걸쳐 진력한 유교경전인 11경의 질서 작업은 바로 그러한 의지의 결실로 이해된다. 서양 지식을 결합해 재정리된 유학의 새로운 인식론 위에서 조선의 독자적인 사유체계와 현실적인 경세관을 펼쳐나가고자 했다.

성호학은 일국사적 관점에서는 조선사회의 변동기에 등장한 사회개혁사상이지만, 세계사의 관점에서는 17~18세기 동서문화의 교류 속에 나타난 조선의 문예부흥의 결과다. 그런 점에서 성호학은 18세기 서양의 계몽철학에 비견되는 동양의 계몽사상에 해당한다. 무엇보다 성호학은 안으로는 주자학을 존중하면서도 주석체계를 비판하고, 밖으로는 객관적으로 인식된 세계사의 현실을 자각하며 조선 유학의 재정립을 통해 시대에 대비하는 사상운동이요 학문실천운동이었다.

하지만 성호학을 보는 관점은 다양한 평가와 해석이 가능하다. 역사적 평가에서 긍정과 부정이 교차하거나 선진성 · 근대성 · 과학성이 강조되는가 하면, 중세적 보수성과 한계성의 지적 등이 그것이다. 그러나 모든 새로운 사상과 학문이 그렇듯이, 사고에서든 행동에서든 모든 전이(轉移)는 부분적이고 점진적으로 일어난다. 새 국면이 정착되기까지 그 변화는 당연히 전통과의 연속과 단절이라는 두 가지 측면을 동시에 갖는다. 그리고 정착되기까지 불완전함을 수반한다. 그런 의미에서 성호학은 보기에 따라 완성의 학이라기보다는 개척의 학이었다. 그럼에도 진리를 찾기 위한 '기우뚱거리는 균형'으로서 새로운 조선 유학체제의 철학적 사유의 뿌리가 되었다.

결국 성호학은 전통학문의 토대 위에서 서학을 수용함으로써 새로운 자연과학적 지식 또는 과학기술 지식을 습득하고, 그것을 바탕으로 기존 학설에 대한 회의와 비판을 통해 완성한 동서지식의 통합학이요 융합학이었다. 성호학은 안정복, 권철신, 정약용 등의 문인들에 의해 성호학파로 완성된다. 성호학이 19세기 다산 정약용에 이르기까지 학풍의 뿌리로 기능한 것은 그의 사유체계가 17세기 이래 넓어진 세계관이라는 새로운 패러다임 위에 축적된 객관적이고도 보편적인 사유와 지식 때문에 가능한 일이었다. 그런 점에서 성호학은 조선 실학의 대표 학문이자, 18세기 동아시아 조선학을 대변하는 지구촌 사유의 맹아였다고 판단된다.

도움받은 글/더 읽어야 할 글

김태영 외, 「한국 실학연구 80 특집」, 『한국사 시민강좌』 48. 2011.

네스토르 가르시아 칸클리니, 『혼종문화』, 이성훈 옮김, 그린비, 2011.

심승구, 「만물문을 통해 본 성호 실학의 현대적 의미」, 『성호학보』 10, 2012.

황태연, 『공자와 세계』, 청계, 2011.

Michael Puett, Christine Gross-Loh, 『The Path』, 이창신 옮김, 김영사. 2016.

03
교차된 시선, 환상과 현실 사이

이상빈

어떤 세상을 소망할까? 지구 반대편에서 벌어진 테러사건이 여과 없이, 그것도 실시간으로 우리에게 전달될 정도로 세상의 시공간적 거리는 줄어들었다. 따라서 한반도의 우리 모두는 세상의 갈등과 무관할 수 없고, 세상에 대한 이해가 필연적으로 요구되는 현실에 직면해 있다. 그것은 오랫동안 우리를 지배해온 가치들을 전면적으로 재검토하고, 경우에 따라서는 재조정하는 과정과 다르지 않다. 그 가치들은 때로는 추상적이고, 때로는 구체적이다. 예를 들어 한국사회가 추구하는 가치는 보편적인가? 아니면 우리 주변 강대국 질서에 종속되어 있을 만큼 종속적인가? 유럽이 지난한 과정을 거쳐 추구해온 인권이란 보편적인 개념인가? 만약 그렇다면 우리는 어느 정도까지 유럽적 질서를 받아들이고, 또 거부할 것인가? 우리 속에서 파생된 담론 중 세계사적 차원에서 유의미한 것은 어떤 것들이며, 그것들은 어떤 차원에서 세계적 의미를 확보하고 있을까? 우리가 세계를 바라보는 시각은 한반도라는 지형에 국한된 것인가? 아니라면 우리의 지평은 어디를 향해 열려야 하고, 또 어디까지 확장이 가능할까?

도식화하기 쉬운 이런 질문에조차 답하기가 쉽지 않다. 오늘날 미국과 러시아로 대표되는 정신세계 역시 우리의 성찰을 방해한다. 안드레이 마킨(Andreï Makine)부터 거론해보자. 러시아에서 프랑스로 건너가 프랑스 최고의 문학상인 공쿠르상을 수상한 그는 물질에 탐닉하는 서구 세계를 질타하며 러시아인은 태생적인 신비주의자이자 숙명론자라고 주장한다. 또 그는 샤모니에서 눈 냄새가 나지 않는다고 강조하면서 진정 위대한 문학은 캄차카의 간헐천, 타이가에서 바라보는 석양, 눈썰매, 밥을 짓느라 각 가정에서 굴뚝으로 내뿜는 연기 등 러시아의 대자연에서 태동한다고 말한다. 그에게 문학의 본질은 궁전의 화려함보다 더 위대하다. 『참을 수 없는 존재의 가벼움』으로 우리에게 잘 알려진 체코 작가 밀란 쿤데라도 오랫동안 이성과 합리로 무장해온 서구사회와 차별화되는 동유럽의 가치들을 강조한다. 그때 동유럽은 러시아를 포함하는 개념이며, 동유럽 문학은 형태에 천착해온 서구 문학과는 매우 다르게 인간 내면을 파고들어가는 문학이다. 죄와 벌, 신과 구원, 전쟁과 평화, 선과 악 같은 거대한 주제가 동유럽 문학 속에 녹아 있는 반면 서구 문학은 문학 자체 속으로 들어가는 방식으로 자신들의 가치를 추구해왔다는 것이 쿤데라의 시각이다. 크게 보자면 전쟁과 독재, 근대화와 경제 성장 같은 현상들과 분리될 수 없는 대한민국의 현대사 역시 문학예술로 하여금 사회 속으로 깊이 들어가도록 강요한 측면이 적지 않다. 하지만 우리의 문학도 변하고 있지 않은가.

지구촌시대에 '살아남기' 위한, 그리고 더욱 궁극적으로는 지구촌과

호흡하고 시대에 유의미한 가치를 창출하기 위해서라도 우리는 세계와 호흡하지 않을 수 없고, 또 해야 한다. 그러기 위해서는 근본적으로 우리와 타자가 지니는 함의부터 해체하지 않을 수 없다. 대체 누가 우리이고, 누가 타자인가? 이미 우리는 세계와 호흡을 같이하면서 우리의 역사, 우리라는 정체성이 엮어내는 가치들을 부분적으로 부정하고 있다. 이 글은 필자가 전공하는 프랑스 사례와의 비교를 통해 우리의 시각을 객관화시켜보며, 경우에 따라서는 세계 속 우리의 의미를 확보해보려는 데 있다.

1. 민족, 국가 그리고 정체성

도대체 누가 진짜 한국인이고, 진짜 프랑스인인가? 프랑스 같은 다민족 국가의 경우 '기질' 평균치를 기술하는 것 자체가 무리라고도 할 수 있다. 지형, 기후, 인구 구성원, 역사의 복잡성 때문에 프랑스를 규정짓는 가장 중요한 개념 중의 하나가 '다양성' 개념이다. 따라서 이 나라를 제대로 이해하려면 가능한 한 획일적인 사고를 지양해야 한다. 일반적으로 프랑스 사회는 프랑스인에 의해 '코드화된 사회(société codée)'로 불린다. 그만큼 사회를 지배하는 우선적 가치가 없다는 말이다. 한마디로 계급 · 집단 · 인종에 대한 논의와 '우리'와 '타인'의 개념이 복마전처럼 뒤얽혀 있는 나라가 프랑스라고 할 수 있다. 우리가 프랑스라는 타자의 정체성에 부여하는 이미지 역시 다분히 도식적이고 작위적이다. 정의를 위한 시도는 그 어떤 국가에 대해 '교활하다', '무식하다'라고 뭉뚱그려 표현하는 것만큼이나 무모해 보인다. 또 정의하는 작업이 어렵게 느껴질 경우 우리는 해당 국가가 전략적으로 구축해나간 이미지를 맹목적으로 수용하기도 한다.

프랑스 하면 가장 먼저 떠오르는 이미지가 에펠탑이다. 포도주 등이 프랑스를 대표하는 상징적인 이미지라는 점 외에도 프랑스가 우리의 머릿속에 각인시킨 이미지라는 사실을 염두에 둘 필요가 있다. 그렇다면 있는 그대로의 프랑스를 어떻게 최대한 '객관적으로' 표현할까? 각자 느끼는 바가 다른 만큼 정의는 필연적으로 편파적일 수밖에 없고, 그러한 시도가 대단히 어려울 것임을 미루어 짐작할 수 있다. 예를 들어 유럽인을 대상으로 실시한 한 통계조사는 가장 먼저 머릿속에 떠오르는 프랑스에 대한 이미지로 '제국주의자'를 꼽고 있다. 유럽인은 프랑스에 대해 우리 쪽에서 생각하는 이미지와 완전히 상이한 이미지를 가지고 있다. 프랑스 사람들을 '제국주의자'로 규정할 때, 그때 사람들은 전 유럽을 공포 속으로 몰아넣었던 나폴레옹의 프랑스, 1870년대 이후 영국과 더불어 식민지 쟁탈전에 뛰어든 프랑스, 독립을 위해 시위를 벌인 알제리 봉기를 피로 진압한 프랑스를 연상한다. 그러나 이러한 이미지는 드레퓌스의 무죄를 주장하기 위해 국익에 정면으로 맞선 '지식인' 에밀 졸라의 프랑스, 『콩고 기행』, 『소련으로부터의 기행』 등의 작품을 통해 식민지 현실의 실상을 알리고 소련 체제의 허구성을 고발한 앙드레 지드의 프랑스, 극우 프랑코에 맞서 스페인으로 속속 달려가 손에 무기를 든 프랑스 지식인의 조국 프랑스와 극명히 대조된다. 국가의 대의명분과 개인의 존엄성이 대립하는 모습은 프랑스 역사를 통해 종종 찾아볼 수 있다. 이 경우 어떤 것이 진정한 프랑스의 모습일까? 모두 프랑스의 모습임에 틀림없다.

가깝게는 1968년 5월 혁명 이후, 훨씬 거슬러 올라가자면 프랑스 대혁명 이후 프랑스는 '타자'를 자신 속에 기꺼이 받아들였고, 그들이 생산하는 모든 문화적 자산들을 자기 것으로 만들어왔다. 수년 전 한국을 찾은 '태양극단'이 무대에 올린 「제방의 북소리」 속의 사물놀이, 아비뇽 축제 당시 말(馬)을 동원한 작품 「월식(月蝕)」에 등장하는 판소리 등 프랑스가 주체적으로, 그러나 대단히 효과적으로 수용한 한국 예술은 그 사례가 적지 않다. 몇 년 전 프랑스 위인들의 묘지인 팡테옹으로 이장된 폴란드 출신의 마리 퀴리, 현대 프랑스 최고 지성 중 한 명이자 불가리아 출신인 츠베탕 토도로프와 쥘리아 크리스테바, 체코 출신의 밀란 쿤데라, 혹은 더 거슬러 올라가 이오네스코, 사무엘 베케트, 마르크 샤갈을 위시한 숱한 예술인이 프랑스라는 이름으로 예술을 생산하고, 프랑스의 영광을 빛낸 바 있다. 또 프랑스어권 아프리카 국가들 역시 프랑스 문화의 지평 확대에 기여하고 있는 중이다. 대부분의 아프리카 국가들이 독립을 맞이한 1960년대 이후 많은 아프리카의 지성인은 독자를 확보하기 위해서라도 자신들의 작품들이 프랑스에서 출판되기를 소망하고, 프랑스를 통해 자기들 이름을 세계에 알리기를 갈망한다. 이른바 서로 간에 전략적 관계가 형성되어 있다. 이럴 경우 문화는 높은 곳에서 낮은 곳으로 흐르는 개념이 아니라, 주고받되 서로에게 도움이 되는 방식의 도구다.

우리의 지성계를 돌아보자. 우리 속에 들어와 있는 무수한 서구의 개념들은 유행이 끝나면서 학문적으로 막을 내린다. 방법론의 이름으로 우리에게 다가온 학문과는 별도로, 그 학문을 잉태한 토양에 대해 우리는 얼마나 관심을 가지고 있고, 또 연구대상으로 삼고 있을까? 문화 쪽도 예외가 아니다. 최근 창작 뮤지컬보다 외국작품의 번안작 혹은 오리지널 캐스트가 출연하는 뮤지컬들이 국내에 집중적으로 소개되는 현실에서 우리의 문제점을 발견할 수 있다. 필자가 겪은 개인적인 경험도 좋은 사례로 거론될 수 있다. 나는 2007년 11월 16일부터 18일까지 아트선

재센터에서 열린 제1회 월드뮤직필름페스티벌의 기획위원장을 맡은 적이 있다. 유럽음악을 주제로 제1회 행사를 성공적으로 치른 후 다음해 열릴 제2회 행사의 주제를 아프리카음악으로 잡았다. 미국과 유럽에서 무수한 자료를 수집한 후 자료집 발간을 목적으로 구글을 통해 아프리카음악을 검색했더니 세계 최대의 정보가 올라가 있는 그 사이트에서 한글로 읽을 만한 아프리카음악 관련 글이 서너 개에 불과했다. 그때 내가 받은 충격은 대단했다. 매년 수천 명의 프랑스어 전공자가 배출되고 있고 이미 그때 한불 수교가 120년을 넘어섰다는 사실을 감안해보더라도 프랑스어 전공자 중 아프리카음악에 관심을 둔 사례는 거의 없었다는 얘기다. 이러한 관심의 편중은 어디에서 비롯되었을까? 한 가지 분명한 사실은 우리 사회를 지탱해온 지배소 중 하나가 바로 경제였고, 성장이었으며, 돈이었다는 점이다. 우리가 세상을 이해하는 창의 하나로 기꺼이 음악을 들 수 있다면 이러한 편식을 과연 어떻게 설명해야 할까?

2. 바리에테와 톨레랑스

프랑스에는 온갖 대립적인 개념들이 차고 넘친다. 약 1,500년 동안 프랑스 사회를 지배해온 가톨릭의 '종교성'에는 반교권주의(反教權主義)가 주창해온 '세속성' 개념이 대립한다. 아울러 프랑스는 다당제 국가로 분류되며, 정치 시스템은 크게 우파와 좌파로 나뉜다. 게다가 1968년 이후부터는 사회를 지배해온 전통적 가치들이 전복되면서 중심에는 주변이, 보편성에는 특수성이, 프랑스 본토에는 프랑스어권 지역이 대립한다. 이런 모습은 필연적으로 타인의 존재를 인정하게 만들고 그로부터 '관용의 정신', 즉 '톨레랑스' 개념이 나온다. 타인의 거부, 우리 안의 이질적 존재에 대한 거부가 제2차 세계대전 중 대량학살이라는 전대미문의 현상을 낳은 후 프랑스는 서로의 차이를 기꺼이 인정한다.

프랑스의 다양한 문화행사들은 세상의 풍요로움을 더 알기 위한 노력 그 자체다. 퐁피두센터에서 열리는 영화제는 3개월마다 한 국가를 선정하여 무려 70~80편의 영화를 집중적으로 소개한다. 영화제가 일회적 행사이기를 지양하는 동시에 한 국가에 대한 종합적인 접근을 가능하게 하고 있다. 또 브르타뉴 지방의 작은 도시 두아르네네즈에서 열리는 '인종영화제'는 매년 한 민족, 한 인종에 대한 인류학적 접근을 시도한다. 이 경우 영화제는 단순한 축제를 뛰어넘어 영화라는 매체를 이용한 세상 이해로 발전하고 있다. '아름다운 외국 여인들(Les Belles Étrangères)'이라는 행사는 매년 10여 명의 같은 국적의 문인들을 프랑스로 초빙하여 그들의 작품 세계를 탐구하는 문학 분야의 행사다. 이미 다른 나라의 문학과 그들 문학작품 속에 다뤄진 번민과 열정들을 자기 것으로 만들고 있지 않은가? 이러한 모습을 열거하자면 끝이 없다. 우리에게도 어느 정도 알려진 낭트영화제는 '3대륙 영화제(Festival des Trois Continents)'라는 별명을 가진 행사로, 평소 프랑스인이 접하기 어려운 남미, 아시아, 아프리카 영화들을 집중적으로 소개하고 있다. 도빌아시아영화제에서도 우리는 한국 작품의 수상 여부만 따지고 있지만, 프랑스인은 이 영화제를 통해 아시아 영화의 참모습을 보여주겠다는 초심을 견지하고 있다.

우리의 경우를 살펴보자. 울산 처용문화제, 전주 소리축제는 우리 음악의 확장을 위해 월드뮤직을 내세운 지 꽤 오래되었다. 하지만 해당 지역에 대한 관심으로 확장되었을까? 우리에게 매우 참신한 방식으로 다가왔던 유럽영화제, 프랑스영화제들은 10년을 전후해 우리 주변에서 완전히 사라져버렸다. 세상에 대한 이해가 간헐적으로, 그때그때의 필요에

〈그림 3-1〉 두아르네네즈 인종영화제

〈그림 3-2〉 '아름다운 외국 여인들' 행사 사진

따라 대부분 관 주도로 이뤄지고 있는 느낌이다.

이러한 모습은 프랑스 문화의 풍경을 더 큰 틀 속에 넣어보고 싶도록 만든다. 학자에 따라 주장의 차이가 있겠지만, 프랑스 문화의 특징은 '용광로(melting pot)'로 설명된다. 다시 말해 자국 내 각 문화의 개별성을 인정하면서 '모자이크'를 주창하는 미국 문화와는 달리, 프랑스는 대혁명이 내건 가치인 자유 · 평등 · 박애에 문화의 스펙트럼을 종속시켰다는 얘기다. 「르피가로」 지의 문학부록 격인 '르피가로 리테레르'의 한 기사가 그것을 뒷받침한다. 피에르 드 부아데프르는 문학 입장에서 볼 때 '미국 내 유대문학', '미국 내 이탈리아문학', '미국 내 한국문학' 등으로 분류하는 미국식 모델이 프랑스에 적용되지 않는다고 지적한다. 환언하자면 "프랑스 문학의 경우 파리를 중심으로 한 강력한 중앙집권적 정서가 각 인종, 각 정체성이 빚어내는 모든 편차를 통합시킨다"고 설파한다. 예를 들어 러시아 출신의 안드레이 마킨, 중국 출신의 샨 사, 알제리 출신의 프란츠 파농, 서인도 제도 출신의 에메 세제르 문학은 모두 프랑스 문학이라는 이름으로 강조된다. 프랑스어를 매개로 한 다양한 문학의 수용은 어떤 의미에서 프랑스인의 세계관 확대에도 기여하고 있다. 그럼에도 불구하고 이러한 통합이 프랑스적 정체성을 약화시킨다거나 휴머니즘, 보편성, 인권 개념 등을 통해 전통적으로 프랑스가 표방해온 글쓰기와 다르다는 지적은 프랑스에서 전혀 나오지 않는다.

또 프랑스인 대부분은 식민주의의 폐해를 지적하는 모든 글을 기꺼이 수용한다. 문화가 이데올로기에 선행한다고 말할 수 있을까? 최근 10여 년간 역사 쪽에서 가장 큰 반향을 불러일으킨 저서는 피에르 노라(Pierre Nora)가 쓴 『기억의 장소들』이라는 책이다. 역사 쪽의 거대담론을 거부하는 이 책은 프랑스를 구성하고 있는 모든 공동체, 집단이 개별적으로 기억하고 있는 파편화된 역사를 '평면적으로' 배치하고 있을 따름이다. 그들은 통합과 종합이 불가능한 역사, 코드화된 역사, 이데올로기에 따라 분화된 역사를 이런 방식으로 인정하고 있다. 우리나라의 국정교과서를 둘러싼 논란은 과연 어디에 위치시킬 수 있을까? 부정의 역사를 긍정의 역사로 바꾼다는 명분 아래 하나의 역사관을 강요할 수 있을까? 식민지를 경험한 '부끄러운' 입장에서는 반성 역시 여과나 통제가 필요할까? 우리의 식민지 경험, 베트남전 참전, 제주 4 · 3사건은 어떻게 해석되어야 하고, 어떻게 극복되어야 하는가? 제국주의를 체험한 강대국의 역사는 필연적으로 공세적이고, 약소국의 역사는 필연코 방어적이 될 수밖에 없는 것일까? 그 경우 역사가 담아내는 다양한 시각은 국가 이데올로기 혹은 체제지향적 이데올로기로부터 얼마나 자유로울까?

3. '문화적 예외'

언어와 정체성의 다양성을 강조하는 프랑스의 모습은 문화가 갖는 특수성을 강조하는 쪽으로 발전할 수밖에 없다. 이러한 논리는 그 규모가 점점 더 확대되는 EU 차원에서도 다문화주의 · 다언어주의를 강조하게 만든다. 그들의 논리에 따르면 영어로의 언어 통합은 유럽 각국의 정신을 죽이는 행위다. 인간 정신을 가장 섬세하게 담아낸 그릇으로 언어를 규정할 수 있다면, 언어를 통합시키는 행위는 북유럽 끝부터 남부 유럽 말미까지 다양성 속에서 유럽이라는 실체를 구축해온 다양한 정서를 부정하는 행위다. 그러기에 프랑스인은 미국식 연방 모델을 지향하되,

결코 미국식 통합을 원치 않는다.

실제로 이러한 프랑스 입장은 GATT 협상에서 "문화는 공산품같이 무조건적인 교환의 대상이 아니다"라고 부르짖게 만들었으며, 문화를 협상대상에서 제외시키는 개가를 올리게 했다. 반면 그들은 "유럽 문화의 기원은 그 뿌리가 하나였다"는 점을 의도적으로 강조한다. 한편으로는 유럽을 하나로 묶는 정체성을 모색하고, 다른 한편으로는 각국 사이의 차이를 인정한다. 문화채널 ARTE의 등장은 그 좋은 예다. 프랑스와 독일 국경에 위치한 스트라스부르에 위치한 이 국영방송사는 동일한 프로그램을 자국어로 더빙하거나 자막을 넣어 양국에 송출한다. 물론 이 방송이 지향하는 바는 제2차 세계대전이라는 폐허 속에서 확인한 양국 간 문화 차이의 극복이다.

이런 관점에서 우리 역시 한류가 아시아 제국을 풍미하고 한국 영화가 서구 각국에서 호평받는 것을 계기로 각국 문화를 더욱 적극적으로 수용할 필요가 있지 않을까? 문화 침투, 문화에 의한 지배라는 생각은 실시간으로 세계와 만나고 있는 우리 시대에는 이미 철지난 개념들이 아닐까? 중요한 점은 어떤 것을 강조하고 어떤 것을 무시해도 좋은가를 분류해내는 기준의 확보, 선진국 것은 지나치게 강조하면서도 경제 측면에서 '후진적'이라고 간주되는 우리 속에 들어온 타자를 무시하는 우리 모습의 시정, 그들을 통한 세계 인식 확보가 아닐까? 다시 말해 문화 쪽 역시 철저한 전략이 필요하다는 말이다. 적어도 "한국에서의 외국인은 영원한 외국인이다"라는 평가는 곤란하다.

우리와 다른 것에 대해 적극적으로 눈을 열되, 주체적인 방식으로 소화해내자고 강조해야 한다. 이미 그쪽으로 눈을 뜨기 시작했지만, 인천에 대규모 차이나타운을 조성하는 것은 올바른 방향이다. 프랑스 영화제를 정기적으로 개최하는 것도 바람직한 방향이다. 인권영화제, 여성영화제 등이 해를 거듭하는 것도 바람직하다. 어느 외국감독의 작품 세계를 집중적으로 조명해보는 소규모 영화제가 확산되는 것도 잘하는 일이다.

4. 레지옹, 프랑스 그리고 유럽

대서양에 면한 국가인 프랑스 구성원들은 국가에 대한 자긍심이 대단히 강하다. 아마 이런 이미지가 타 국가들의 눈에 오만하게 비치기도 한다. 하지만 프랑스는 독일과 더불어 제2차 세계대전 종전 후인 1950년대부터 유럽 통합에 앞장섰고, 지금도 리더로서의 역할을 수행 중이다. 하지만 수년 전 실시된 한 여론조사 결과는 흥미로운 해석거리를 제공한다. "오늘날 프랑스인의 일상을 지배하는 가장 중요한 행정단위로 어떤 것을 꼽느냐?"는 질문에 '레지옹(région)'을 꼽은 프랑스인 숫자가 가장 많았다. 이것은 프랑스인이 크게는 유럽인으로서의 귀속감을 점점 확보해 나가고 있는 동시에 자신들이 속한 노르망디, 브르타뉴 등 레지옹 개념을 더 중시한다는 사실이다. 이러한 모순은 1982년 통과된 지방분권에 대한 법률에서도 잘 드러난다.

전통적으로 프랑스는 다른 유럽 국가들과는 달리 루이 14세 때는 절대왕정의 이름으로, 대혁명 이후에는 자코비니즘(jacobinisme: 자코뱅주의)이라는 이름으로 모든 권력을 중앙에 집중시켜왔다. 하지만 지방 발전의 불균형 측면에서 1950년대부터 본격적인 각성이 있었고, 그것이 법제화된 것이 1980년대 초반이었다. 각 지방자치단체가 무수한 페스티벌을 벌이고, 차별화된 지방 발전전략을 짜고 있는 현재 모습은 바로 이러한 역사에서 기인한다. 오늘날 프랑스인은 지방사람, 프랑스인, 유럽인의 3가지 정체성을 공유하고 있다고 보는 것이 옳다. 유럽인 정체성 추구 차원에서 영국과 차이가 있다면, 영국이 비EU 국가에도 문호를 개방하는 자유 방임을 내세우는 반면, 프랑스는 '성채로서의 유럽'을 내세우며 닫힌 유럽을 모색하고 있다는 점이다.

지방인으로서의 정체성은 1947년에 장 빌라르(Jean Vilar)가 처음 개최한 아비뇽연극제가 대성공을 거두고, 그 뒤를 이어 1950년대와 1960년대에 프랑스 전역에서 무수한 페스티벌이 생겨난 것과 궤적을 같이한다. 현재 프랑스 전역에서 매년 개최되는 세계적인 페스티벌 숫자만 300여 개를 헤아릴 정도로 많지만, 전통적인 축제(fête)보다 중앙정부나 지방자치단체 등에서 일정한 목적을 가지고 만든 축제들(festival)이 관객 동원이나

〈그림 3-3〉 니스 카니발

〈그림 3-4〉 퓌뒤푸의 야외역사극 「시네세니」

〈그림 3-5〉 로리앙 인터켈트 페스티벌

영향력 면에서 더 성공을 거둔 경우가 많다. 하지만 이러한 현상이 역사적 경험에 바탕을 두고 있다는 측면을 간과해서는 안 된다.

1950년대 이후 서서히 대두된 지방의 정체성 문제는 1982년 지방분권 법률이 통과되면서 본격화되는데, 이해에 '레지옹' 개념이 도입되면서 프랑스는 총 22개의 광역행정단위로 재편된다. 부르고뉴, 노르망디 등 전통적으로 산과 강에 의해 자연적으로 형성된 지역 개념이 다시 의미를 갖게 된 것이다. 이 모습은 프랑스가 오랫동안 견지해온 파리 중심주의와 대비된다. 즉 루이 14세로 대표되는 절대왕정 하에서 모든 권력을 중앙에 모은다는 명분하에, 또 대혁명 이후 모든 국민의 복지와 안녕을 국가가 관리한다는 '자코뱅주의'라는 이름 아래 프랑스는 파리에 정치 · 경제 · 문화를 집중시키며 지방을 소홀히 취급했지만, 종국에는 국토의 기형적 발전에 대한 반성이 문화 쪽의 지각 변동을 불러온 것이다.

우리에게도 지방분권의 문제가 적지 않은 생각을 제공한다면, 지방 사람으로서의 자부심을 극대화하는 방식으로 추진되어야 하지 않을까? 물론 그 중심을 차지하는 내용은 문화여야 할 것이다. 우리 주변에서 무수히 명멸하는 다양한 형태의 축제들을 좀 더 면밀히 검토하고, 또 그것들을 지방의 역사와 연계시키는 노력이 지속되어야 하는 이유가 바로 그것이다.

5. 그렇다면 어떤 이해와 전략이 필요할까?

파리 전체 인구 200만 명 중 약 10만 명이 관광 혹은 관광 유관분야에 종사하는 사람들이다. 또 프랑스 전체 수출액 중 2위를 차지하는 품목이 바로 관광이다. 매년 프랑스를 찾는 외래 관광객 숫자만도 7천만 명을 넘어선다. 이런 차원에서 볼 때 공산품 위주의 한국식 수출 전략은 수정되어야 하지 않을까? 이들에게는 경제적 풍요로움만큼이나 중요한 것이 삶의 질 개념이고, 모든 논의는 문화와 직결된다. 문화가 경제와 같은 도상에 위치해 있으며, 배부른 다음에 찾는 대상이 아니라는 이야기다. 이 경우 문화와 경제는 상호 보족적인 개념이다. 풀어서 설명하자면 문화에 대한 논의는 새로운 경제 모델을 창출하고, 새로운 경제 모델은 문화를 다양하고도 풍요롭게 만드는 데 기여한다.

역으로 이야기하자면 문화가 전제되지 않은 창백한 공산품 주고받기는 프랑스에 역반응만 불러일으킬 따름이다. 대우의 톰슨 인수설이 흘러나오던 1996년에 이미 비슷한 문제들을 경험한 바 있지 않은가? 프랑스식 해법의 예를 들어보자. 니스, 칸 등 1년 내내 날씨가 청명한 지중해 주변에는 대규모 해변 리조트가 들어서 있다. 이용료가 비싸다는 것은 두말할 나위가 없다. 반면 스페인 국경 쪽인 비아리츠, 바이욘 인근에는 노인들을 위한 휴양시설이 많이 들어서 있다. 잠자리가 불편하고, 실내가 검소하다는 사실을 별도로 친다면, 나이 들고 돈이 없기 때문에 여름 한철 해변을 즐기지 못하는 경우는 없다.

이미 다른 지면에서 지적한 바 있지만, 프랑스 쪽의 공연료는 우리보다 훨씬 세분화되어 있고, 전반적으로 가격이 싸다. 모든 사람이 향유할 수 있는 기회가 곧 문화의 성숙을 낳는다는 논리 때문이다. 무대가 보이지 않는 벽기둥 뒤에서 음악을 들을지언정 좋아하는 공연 기회를 박탈당하지 않는다. 일정 나이에 도달하지 않은 학생들에게는 철도, 박물관을 비롯한 공공시설 이용료가 대폭 할인되는 사실을 덧붙여야 할까? '지트'는 농촌을 개량한 형태이자 더없이 싼 숙박시설이지만, 이곳 역시 잠자리가 불편한 점을 제외한다면 프랑스 농촌을 맛볼 수 있는 최상의 장소다. 거의 대부분 벽난로가 설치되어 있고 식기세척기를 비롯한 최신 주방시설들이 갖춰져 있기에 호텔을 전전하는 틀에 박힌 여행 방식을 거부하는 여행객들에게는 더없이 양호한 시스템이다. 파리에서는 연중 수시로 무료 대형콘서트가 열린다. 파리고등음악원에서는 전 세계에서 몰려든 젊은 음악인들이 토요일 저녁 파리지엥에게 무료로 콘서트를 제공한다. 세계적인 석학들이 강의를 맡는 '콜레주 드 프랑스'에서는 매일 무료 강의들이 제공되고, 수강생들의 연령은 10대에서 70대까지 걸쳐 있다. 개가식의 퐁피두센터 도서관에서도 책을 읽는 사람들의 연령대가 다양하기 그지없다. 이러한 모습들은 '국가가 어떤 역할을 수행해야 하는가?'에 대해 자문해보게 만든다.

〈그림 3-6〉 지트

〈그림 3-7〉 퐁피두도서관

문화에 대한 논의는 결국 인간에 대한 질문과 맞닿을 것이다. 힘과 권력, 돈이 지배하는 세상에서 나와 타인은 진정 어떤 관계를 설정해야 하는지 프랑스의 사례가 분명하게 제시하고 있지 않은가? 그것은 곧 타인의 행복이 나의 행복이라는 소박한 생각에 다름 아니다. 다양한 사례를 통해 보여주는 프랑스 쪽 논리는 갈수록 풍요로워지는 현대사회가 인간의 행복을 증가시키기는커녕 오히려 더 큰 억압과 감시를 낳고, 더 지독한 소외를 가져온다는 사실을 날카롭게 직시하게 만든다.

정치와 경제가 인간을 소외시킬수록 문학이나 예술은 그것을 고발하고 억제하는 데 주력해야 한다. 그때 문화는 사회의 제 현상을 단순히 그려내는 데 그치는 것이 아니라, 문제의식을 제기하고 비판하는 역할을 수행하면서 다수의 행복이 무엇인지를 진지하게 고민한다. 그런 생각에 동의한다면 문화는 어느 특정 시기와 무관하게 항상 진행형의 모습을 보여주어야 하지 않을까? 돈만이 문화를 가능케 한다는 천박한 논리가 우리 사회를 뒤덮고 있는 한 우리는 아직도 프랑스로부터 배울 것이 적지 않다. 이것은 사대주의적 발상에서 프랑스를 무조건적으로 옹호하고 짝사랑하는 방식과는 분명히 다른 모습일 것이다.

도움받은 글/더 읽어야 할 글

밀란 쿤데라(Milan Kundera), 『소설의 기술』, 민음사, 2013.

서울대불어문화권연구소, 『프랑스 하나 그리고 여럿』, 도서출판 강, 2004.

안드레이 마킨(Andreï Makine), 『프랑스 유언』, 무쇠의 뿔, 2016.

앙드레 지드, 『콩고 여행』, 한길사, 2006.

이상빈, 『아우슈비츠 이후 예술은 어디로 가야 하는가』, 책세상, 2001.

프란츠 파농(Franz Fanon), 『검은 피부 하얀 가면』, 문학동네, 2014.

피에르 노라(Pierre Nora), 『기억의 장소』, 나남, 2010.

Tzvetan Todorov, 『극한에 맞서(Face à l'extrême)』, Paris, Le Seuil, 1991.

Tzvetan Todorov, 『아메리카의 정복: 타자의 문제(La Conquête de l'Amérique: la question de l'autre)』, Paris, Le Seuil, 1982.

Tzvetan Todorov, 『우리와 타자들(Nous et les autres)』, Paris, Le Seuil, 1989.

04
일본의 '심정'이 서구를 만났을 때: 일본 '국학(國學)' 이념의 본질

양승권

서구 근대성의 합리적 '형식'은 표준화된 과학, 조직의 관료적 운영, 체계적이고 합리적인 경제 업무 수행, 형식법 체계 등으로 규정된다. 이 서구 근대성의 합리적 '형식'은 일본의 근대 공간에서 일본 고유의 전통적이고 종교적인 비의(秘儀, Anagogic: 비밀스러운 종교의식 같은 신비주의)의 '심정'과 긴밀하게 엮이면서 다른 모습으로 바뀐다. 필자는 이러한 변질의 과정을 일본 '국학(國學)' 이념을 중심에 놓고 풀어나갈 것이다. 일본 국학은 단지 복고적인 사상체계만은 아니었다. 일본 국학은 적극적으로 근대적 시스템화의 길을 갔다. 국학은 '복고'와 '혁신'이라는 이중성을 지닌다. 근대 시기 일본에서 서구의 근대적 '형식'은 일본 고유의 정신을 강조한 국학 이념과 기묘한 방식으로 융합된다. 근대 천황제 이념에는 학교교육 체계

같은 근대적 형식과 신도(神道) 논리에 나타나는 전통적 · 비의적인 심정이 섞여 있었다. '비의'적 지배와 근대의 합리적 장치에 의한 지배의 융합은 지배당하는 자들이 지배하는 자들을 향해 자발적으로 복종하도록 만들었다. 우리가 일본의 근대 공간에서 일어났던 이러한 억압적인 구조를 제대로 판별하기 위해서는 당시 일본의 사회구성원들에게 나타난 자아의식의 부재만 문제 삼아서는 안 된다. 이와 더불어 당시 일본인이 자아의식의 부재를 '자연스럽게' 받아들이게 된 구조가 무엇인지 근본적으로 질문해보아야 한다. 당시 "사회적 질서는 자신의 주요 목적 성취에 필요한 구조를 구성원 대중 '속에서' 만들어냈다."(빌헬름 라이히) 필자는 이러한 종교적인 '비의'의 감정과 근대적인 '형식' 간의 간섭현상을 더욱 분명하게 드러내기 위해 알튀세의 '호명'이론과 푸코의 근대적 권력에 관련한 담론, 그리고 카를 융의 '페르소나' 개념 등을 끌어왔다.

1. 일본 국학사상의 특징: '복고'와 '혁신'의 이중주

일본 국학은 가라고코로(漢意: 중국의 문화 · 사상에 심취하는 태도)에서 벗어나 일본 고유의 정신세계를 강조하는 학문 분야다. 이를 위해 국학은 일본 고전에 대한 문헌학적 연구를 중시한다. 또한 국학은 강렬한 신비주의적 측면을 지닌 신도(神道)의 성격을 보이면서도 뛰어난 실증과학으로서의 업적을 이뤄내기도 했다. 국학사상의 종교적 버전인 신도는 각 시대마다 융성한 학문을 받아들여 나름대로의 체계를 끊임없이 만들어왔다. 어떤 시대에는 음양오행설(陰陽伍行說)을 받아들여 신도 이론으로 삼았고, 혹은 진언종(眞言宗) · 천태종(天台宗)의 이론체계를 수용했다. 또 어느 시대에는 주자(朱子)의 이기론(理氣論)으로 이론 무장을 하기도 했다. 심지어 코페르니쿠스(N. Copernicus, 1473~1543)의 지동설마저 신도에서 나왔다고 주장하기도 했다. 이와 같이 신도는 각각의 시대적 상황 속에서 필요한 사상들을 흡수하며 사상적 지평을 확대해왔다. 일본 국학사상은 이러한 신도를 뼈대로 삼아 일본 근대사상의 중요한 근간을 이루게 된다.

막번(幕藩)체제를 종식시킨 메이지 유신의 지도자들은 고대국가의 정치적 권위였던 천황의 지위를 다시 강화시키려 했다. 이러한 반(反)근대적이고 복고적인 목표가 실제로는 봉건질서(막번체제)를 파괴하기 위한 가장 효과적인 정치적 상징이 되었다는 사실이 일본 근대의 특징이다. 도쿠토미 소호(德富蘇峰, 1863~1957)의 말을 빌리자면, 그것은 "명백히 적대하는 두 가지 커다란 주의(主義)"가 이끄는 '쌍두사(雙頭蛇: 머리가 둘 달린 뱀)'였다.

간과해서는 안 될 부분은 서구의 계몽주의를 직접적으로 받아들인 자유민권론자나 심지어는 사회주의 계열의 인사들 가운데서도 국학적인 논리가 많이 발견된다는 사실이다. 메이지 시기 서구로부터 유입된 계몽사상은 문명개화와 자유주의적인 사고방식을 확산시키는 데 획기적인 역할을 한다. 그러나 그것은 주류 정치권력과의 대항의식을 갖고 있지는 않았다. 계몽사상가 대부분이 메이지 정부에 등용된 관원이었으며, 이들의 사상은 정부의 문명개화 정책을 촉진시킴과 동시에 정부정책의 사회적 영향력을 확대했다. 한 가지 흥미로운 사실이 있다. 「대일본제국헌법」에서 천황제의 정당성은 아마테라스오미카미(天照大神: 신도의 최고신인 태양신) 혹은 진무(神武)천황을 기점으로 하는 '만세일계(萬世一系)'의 관념에 기초한다. 그런데 이는 천부인권설을 주장했던 자유민권파의 여러 헌법초안에서도 보인다.

메이지 국가는 마루야마 마사오(丸山眞男, 1914~1996)가 사용한 개념들을 끌어와 표현해보면, '자연성'과 '작위성'을 절묘하게 배합한 하나의 정치적 작품이었다. 여기서 '자연성'이라는 의미는 전통적인 신앙적 측면에서 말한 것이고, '작위성'이라는 측면은 근대국가 법에 따른 작위성을 뜻한다.

2. 국가종교로서의 신도(神道)와 천황(天皇)의 역할

일본의 가미(神)는 형태를 지닌 존재로 인식되지 않는다. 이는 불교에서 휘황찬란하게 불상을 만드는 것과 비교하면 매우 독특한 성격을 지닌 것이다. 신사(神社)의 신(神)은 모두 '미타마시로(御靈代: 신의 존재를 나타내는 표식)'인 거울이라든가 폐백에 의해 상징되어 있을 뿐이다.

기독교에서 신은 수많은 화가들에 의해 그려지는 소재였다. 하지만 일본의 가미는 미술의 소재가 된 적이 거의 없다. 그리고 이러한 가미의 '비(非)가시적' 측면은 오히려 일상생활 속에서 가미의 편재성을 뜻하는 것이기도 하다. 일반적으로 신의 형용으로서 사용되는 '초월적'이라든가 '절대적'이라는 표현은 감각적인 일상생활 경험의 장을 뛰어넘는 것을 의미한다. 이러한 절대적인 존재가 그림 등을 통해 구체적으로 형상화되는 것은 종교를 믿는 사람이라면 누구라도 바랄 것이다. 하지만 일본의 신도에서는 그러한 신에 대한 구체적 형상화가 존재하지 않았다. 일본 민중에게 '가미'란 구체적으로 드러나지 않으면서도 자신과 극히 가까이 존재하는 대상이었다.

〈그림 4-1〉 헤이안 신궁(필자 촬영)

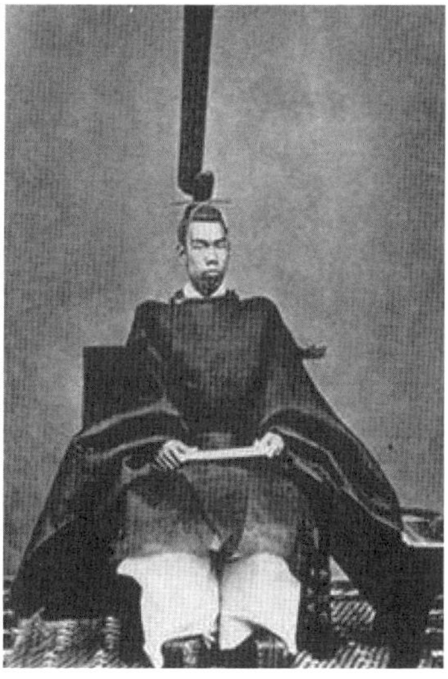

〈그림 4-2〉 메이지 천황
출처: wikipedia.org

〈그림 4-3〉 스다하치만(隅田八幡) 신사에 보관되어 있는 거울
출처: wikipedia.org

천황은 '무적(無的)' 존재에 가까운 가미를 구체적으로 드러내게 해주는 통로다. 가미와 천황을 둘러싼 이러한 '비가시적 가시성'은 근대 일본이라는 공간에서 종교적 문화가 더욱 확산되어나가도록 만들었다. 제도적으로 형식화된 종교이면서도 신비적 컨텍스트로서 '보이지 않는 종교'로 기능하는 것이다. '천황령(天皇靈)'이라는 개념이 있다. '천황령'은 천황의 신체를 가득 채우는 '혼(魂, 다마시이)'이며, 그것이 그때그때마다 신체에 머무는 것에 의해 비로소 아마테라스오미카미의 직계자손이라는 자격이 완성된다. 그 자격 완성을 위한 '가시적인' 비의가 바로 대상제(大嘗祭)라는 제사다. 이렇게 천황의 이미지는 일본에서 머나먼 옛날부터 전해 내려오는 전통적 풍토와 융합된다. 그 때문에 일반 민중에게 그것은 지극히 '자연스러운' 현상으로 인식되면서 하나의 지배 시스템으로는 인지되지 않았다. 다케우치 요시미(竹內好)가 말한 바와 같이 그것은 "나에게 대상적인 존재로 나타나는 것이 아니라, 나에게 포함되어 있다."

국학은 메이지 이후에 국가신도를 통해 본격적으로 서구적 근대화의 길을 모색한다. 이는 유신 시기에 벌어졌던 계층 간의 신분적인 투쟁을 최대한 억제하도록 만들었다. 또한 막번체제에서 단지 신화적 기호로만 머물러 있던 천황은 메이지 정부 수립 이후에는 신화적 기호와 더불어 근대적 계몽의 기호로도 인식된다.

"일본의 종교개혁은 〔인민의 손에 의해 이뤄진 것이 아니라〕 메이지 유신 정부의 손에 의해 신도(神道)국가화 정책을 배경으로 실시된다."(후지타니 도시오) 국가신도화는 국가 주도로 서구의 근대적 '형식'을 차용해 이뤄진 일본식 종교개혁이었다. 이에 대해 후지타니 도시오(藤谷俊雄)는 다음과 같이 말한다. "나는 근대의 국가신도는 결코 단순한 전근대의 유산이 아니라 절대주의 체제에 더욱 어울리며, 극히 교묘하게 창조된 신종교라고 생각한다. 그리고 이와 같은 신종교에 국민의 대다수가 …… 조직되어간 비밀은 인민의 반봉건적인 투쟁과 결부된 종교개혁이 전개되지 않고, 오히려 절대주의 지배자가 이것을 선취하여 …… 절대주의적 종교개혁을 진행했다는 데 있다고 생각한다."

3. '국가신도'를 통한 사회구조의 '도덕적' 합리화

〈그림 4-4〉 이토 히로부미
출처: wikipedia.org

이토 히로부미(伊藤博文, 1841~1909)는 남부 독일의 헌법을 모델로 하여 「대일본제국헌법」을 '흠정헌법(欽定憲法)'의 형태로 국민에게 선포하게 했다. 흠정(欽定)에서 '흠(欽)'이란 본래 중국에서 천자(天子)에 대한 경칭으로 쓰이던 용어다. 따라서 흠정헌법이란 군주가 자신의 의지에 따라 단독으로 제정한 헌법을 의미한다. 유럽이나 미국에서 헌법은 시민의 권리를 쟁취하기 위한 투쟁의 역사를 반영한다. 영국의 경우 헌법의 정신은 국왕의 권력을 축소시킨 시민혁명과 관련된다. 하지만 일본에서 신권(神權)으로서 천황의 권위는 「대일본제국헌법」에 의해 법률상으로 확정된다. 「대일본제국헌법」 제1조는 "대일본제국은 만세일계(萬世一系)의 천황이 통치한다"고 말한다.

신도는 제사이며 종교가 아니라고 주장하는 '신사비종교론(神社非宗教

論)'은 신도를 제외하고 불교 · 기독교 등만이 종교의 범주로 재편되어 종교법으로서 국가의 통제 · 감독 아래에 들어가도록 했다. 국가신도는 '신사비종교론'에 의해 표면적으로는 그 종교성을 탈피하면서 국민도덕으로 재생산되었다. 신도를 도덕의 범주 안에 배치하면서 종교가 아니라고 주장하는 논리는 다음과 같이 나타났다.

(1) 신도는 '국체(國體, National Essence)' 또는 도덕의 표징이다. 또한 일반종교처럼 창시자라든가 경전이 없으며 내세도 말하지 않으므로 종교가 아니다.
(2) 신도는 민족생활의 연장이며 종교와는 그 기점이 다르다. 또한 신의 성질에 있어서도 외국의 종교개념과는 전혀 다르다.
(3) 신사에서의 기원이나 기도는 제사정신의 반향일 뿐 서양의 종교와는 다르다.
(4) 출발점에 있어 신도는 국가적이며, 기성종교는 개인적이다. 또한 조상숭배는 국민일체의 도덕적 규범이지 종교행위가 아니다.

국가에 대한 충성의 퍼포먼스인 신사참배는 국민이 가져야 할 공공적 의무였다. 그 때문에 설사 자신이 믿는 종교가 기독교라 하더라도 서로 부딪치지 않고 공존할 수 있었다. 기독교도는 자신의 종교적 신념을 버리지 않고도 신도 이념을 자연스럽게 수용할 수 있었다. 신사참배는 종교적 행위가 아니라 단지 국가제사라는 차원과 도덕이라는 성격을 지니고 있기에 자신의 종교적 신념과 배치되지 않았다.

그리고 이토 히로부미가 신도의 논리에 입각하여 천황절대주권설을 강조한 또 다른 이유가 있었다. 이토 히로부미가 보기에 당시까지 지역

〈그림 4-5〉 후쿠자와 유키치
출처: wikipedia.org

적 특성을 강하게 담지하고 있던 일반 민중은 새롭게 일본 국민으로 재편될 필요가 있었다. 근대국가의 국민이 되기 전에 일본의 민중은 민족적 동질성이나 국가적 정체성이 결여된 상태로 단지 자신이 속해 있는 지역에만 얽매여 살아가고 있었다. 이 때문에 후쿠자와 유키치(福澤諭吉, 1835~1901)는 메이지 7년(1874) 『학문의 권유』 4편에서 "일본에는 오직 정부만 있고 아직 국민이 있다고는 말할 수 없다"고 말하기도 했다(飛鳥井雅道, 2002: 141). 메이지 정부 핵심세력들에게 이런 상황은 각 사회단위를 하나의 권력 작용 아래에 두려는 목적을 달성하는 데 불리한 조건이었다. 메이지 정부에게 있어 새로운 '국민'의 창출은 시급하게 요청되는 사안이었다.

근대 일본의 지형도에서 새롭게 국민을 창출하는 방식은 '국민화=문명화'라는 도식 아래에서 다음과 같은 형태로 진행된다.

(1) 공간의 국민화: 균질화 · 평준화되고 깨끗한 공간/국경

(2) 시간의 국민화: 역법(曆法: 시간의 재편), 노동 · 생활의 리듬/신화와 역사

(3) 습속의 국민화: 복장, 언어, 예절, 의식〔儀式(권위-복종)〕/새로운 전통

(4) 신체의 국민화: 오감, 행동거지, 보행, 학교, 공장, 군대 등의 생활에 적응 가능한 신체와 감각/가정

이 가운데 '시간의 국민화'의 경우만 살펴보자. 새로운 축제일의 설정은 생활이나 노동 리듬과 깊게 관계되어 있다. 그것은 또한 국민통합의 중심에 놓인 천황제가 국민이 지닌 습속의 중심으로서 확립되는 것과도 깊은 관련이 있다. 이러한 시간의 국민화는 새로운 신화나 역사의 창출이라는 방향성을 내포하고 있다. 신화를 현재화하려는 일련의 시도는 종교를 통한 사회의 일체화로 나타났다.

이토 히로부미에 의하면, 유럽은 종교가 국가의 기축이 되어 사람들의 마음속에 깊이 각인되어 있다. 그러나 일본은 종교의 힘이 빈약하여 국가의 기축으로서 역할을 하지 못하고 있다. 이토 히로부미는 특히 프러시아에서 신에 대한 기독교도의 절대적 복종이 황제에 대한 충절을 키우고 있음에 주목했다. 이런 맥락에서 그는 국가의 정치적 통합에 종교가 불가결함을 통감하고 있었다. 따라서 그는 정치적 통합을 위해 천황을 중심으로 한 일신교적 색채가 짙은 종교논리를 새롭게 창출한다.

「대일본제국헌법」이 선포된 다음 해인 1890년에 나온 「교육칙어」는 국가신도를 위한 실질적인 안내서 역할을 한다. 「교육칙어」는 반포된 해인 1890년부터 패전한 1945년까지 일본 국민을 천황제 국가체제에 예속시키는 데 절대적인 힘을 발휘한다. 「교육칙어」를 내용적으로 구분해본다.

(1) 일본에서 인륜도덕은 나라가 건국되었을 때부터 마련되었으며, 신민(臣民)은 대대로 충과 효를 잘 체현해왔다고 예찬하고 있다. 그리고 이는 교육의 연원이기도 하다.

(2) 효도, 형제 · 부부 · 친구에 대한 화합과 신뢰, 박애, 학문의 계발과 인격 도야를 언급하면서 만일 국가에 위급한 일이 생길 경우 신민은 천황을 위해 목숨을 바쳐야 한다고 말한다.

(3) 마지막으로 이러한 가치기준들은 동서고금을 막론하고 보편적인 진리라고 주장한다.

「교육칙어」의 성립으로 인해 파편화되어 있던 일본이라는 공간의 사회구성원들은 하나의 국민으로 통합될 수 있는 이념적 계기를 마련하게

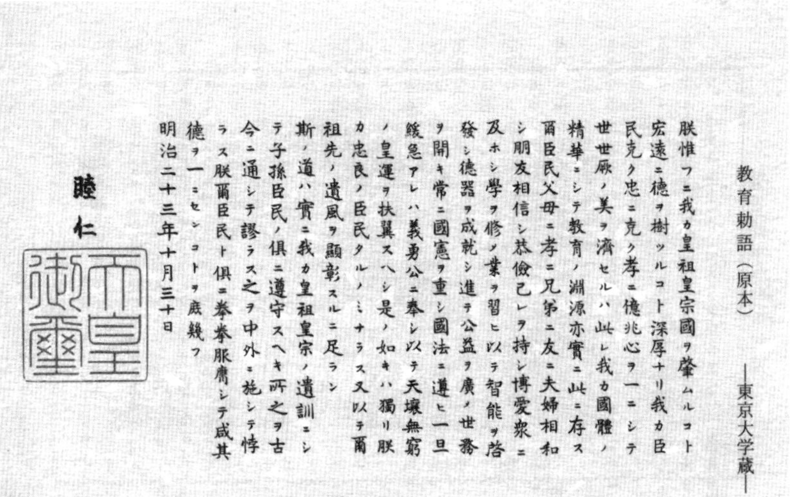
教育勅語（原本） —東京大学蔵—

朕惟フニ我カ皇祖皇宗國ヲ肇ムルコト
宏遠ニ德ヲ樹ツルコト深厚ナリ我カ臣
民克ク忠ニ克ク孝ニ億兆心ヲ一ニシテ
世世厥ノ美ヲ濟セルハ此レ我カ國體ノ
精華ニシテ教育ノ淵源亦實ニ此ニ存ス
爾臣民父母ニ孝ニ兄弟ニ友ニ夫婦相和
シ朋友相信シ恭儉己レヲ持シ博愛衆ニ
及ホシ學ヲ修メ業ヲ習ヒ以テ智能ヲ啓
發シ德器ヲ成就シ進テ公益ヲ廣メ世務
ヲ開キ常ニ國憲ヲ重シ國法ニ遵ヒ一旦
緩急アレハ義勇公ニ奉シ以テ天壤無窮
ノ皇運ヲ扶翼スヘシ是ノ如キハ獨リ朕
カ忠良ノ臣民タルノミナラス又以テ爾
祖先ノ遺風ヲ顯彰スルニ足ラン
斯ノ道ハ實ニ我カ皇祖皇宗ノ遺訓ニシ
テ子孫臣民ノ倶ニ遵守スヘキ所之ヲ古
今ニ通シテ謬ラス之ヲ中外ニ施シテ悖
ラス朕爾臣民ト倶ニ拳拳服膺シテ咸其
德ヲ一ニセンコトヲ庶幾フ
明治二十三年十月三十日

睦仁
天皇御璽

〈그림 4-6〉「교육칙어」 전문
출처: wikipedia.org

된다. 국가신도의 이념은 「교육칙어」의 엄숙한 봉독을 통해 끊임없이 상기되었다. 그리고 봉독하는 국민 당사자들 간의 심적 교류를 갈마들게 해주었다. 「교육칙어」는 표준화된 대중적 공교육, 공통의 가치나 신화적 상징을 통해 국가공동체의 구성원을 하나의 단위로 사회화해가도록 했다.

홉스봄(E. Hobsbawm)에 의하면 근대의 특징은 '새로운 전통의 창출(Invention of tradition)'에서 찾아볼 수 있다. 국가신도 또한 '만들어진 전통'이라고 볼 수 있다. 메이지 이후 새롭게 강조된 신들의 체계는 본래 메이지 이전의 일반 백성에게는 낯선 것이었다. 국가신도가 만들어진 전통인 것과 마찬가지로 천황의 절대적 이미지도 전통적으로 계속 존재해온 것이 아닌 메이지 이후에 만들어진 이미지다. 메이지 초기까지만 하더라도 천황은 일본인에게 자신의 아버지와 경쟁하는 입장이 아니었다. 부모에 대한 효와 번주(藩主: 지방영주)에 대한 충성은 본래부터 중요한 도덕적 규범으로 일본인 사이에 있었다. 하지만 천황에 대한 충성의 경우는 민초에게 그때까지는 크게 의식되지 않은 관념이었다. 천황은 당시 일반 민초에게 마치 하늘에 걸쳐 있는 신기루와 같이 그저 막연한 느낌이 드는 존재였다.

신도 같은 신앙적 차원이 정치 및 가족 이데올로기와 합치되어 나타난 총체적 개념이 바로 '국체(國體)'다. 국체에 의해 천황과 신은 동일화되었고, 일반 민중도 이 양자와 동일화되었다. 국민과 천황 그리고 신과의 이러한 동일화에 대해 「교육칙어」를 작성한 인물 가운데 한 명인 이노우에 고와시(井上毅)는 다음과 같이 설명한다. 그는 '시라스(しらす)론'이라는 천황론을 전개했다. 이노우에 고와시에 의하면 『고사기(古事記)』에 있는 것처럼 천황의 지배는 '시라스'로 표현된다. 시라스는 '시루(知る)'에서 나온 말로, '시루'는 사물을 안다는 의미다. 마음과 외부의 물건을 마치 거

울이 물건을 비추는 것처럼 분명히 밝히는 것이 바로 '시루'다. 그에 의하면 역대 천황 모두가 거울 같은 마음으로 천하 인민을 다스린 것이 일본의 국가원리였다. 이 관점을 깊이 있게 이해하기 위해 알튀세(L. Althusser, 1918~1990)의 '호명이론'을 '호명'해보자.

> "이데올로기는 …… '호명'이라는 작용을 통해 개인들 가운데서 주체들을 모집하거나 개인들을 주체들로 변형시킨다. 그리고 바로 그 작용은 …… 경찰의(혹은 다른) 호명인 '이봐 자네!' 같은 부름 속에서 능히 상상할 수 있는 것이다. …… 부름을 당한 사람은 부름을 받고 있는 사람이 바로 자기라는 것을 언제나 인식한다."

알튀세에 의하면 기독교의 종교 이데올로기는 신의 목소리를 통해 각 주체를 구성한다. 신은 각 존재를 호명함으로써 주체 각각의 자리를 규정한다. 유일 · 절대 주체의 이름으로 주체로서의 개인에게 질문하는 모든 이데올로기의 구조는 이중 거울의 구조를 지닌다. 절대주체는 유일한 중심점을 차지한다. 그리고 이 절대주체는 이중 거울관계 속에서 주변에 있는 무한한 개인에게 질문을 던져 이들이 주체를 형성하도록 한다. 알튀세에 따르면, 인간은 국가 장치가 불러낸 대상들임에도 불구하고 자발적으로 존재한다는 환영에 빠져 있는 존재다. 이런 활동 속에서 주체들은 의례(儀禮)에 지배되는 실천 속에 삽입된다.

'천황'이라는 절대 표상과 그것의 수용자인 소주체 사이에 벌어지는 이데올로기적 효과는 「교육칙어」 등과 같은 구체적인 이데올로기적 장치를 거점으로 하여 이뤄진다. 각 소주체는 「교육칙어」 등과 같은 구체적인 이데올로기 장치로부터 자신의 주체를 형성한다. 신에 대한 제사, 천황

〈그림 4-7〉 메이지 천황 초상화; 어진영
출처: wikipedia.org

의 초상 앞에서 무릎 꿇기, 「교육칙어」 낭독 등은 모두 이러한 성격의 주체를 형성하게 하는 재료들이다.

특히 천황의 '어진영(御真影: 천황의 초상화를 높여 부르는 말)'은 이런 방식의 현전성을 드러내는 효과적인 미장센의 도구였다. 대량으로 복제되고 두루 존재하는 '어진영'은 원본성(Original)이 결여된 이른바 '시뮬라크르Simulacre'로 유통되면서 천황의 이미지를 만들어냈다.

이 초상사진을 바라보면, 보는 사람의 시선이 어느새 초상사진의 시선 속에 흡수되어 그에 의해 다시 포착될 수 있다. 응시하고 있음에도 불구하고 오히려 사진 속의 초상에게 응시당하고 있다는 이상한 감각에 사로잡힌다. '어진영'은 '초월적 주체'의 지위를 확보한다. 그리고 그것에 삼가 절하는 사람들은 초월적인 주체에 의해 평등하게 '보임'으로써 그 초월적 주체의 시선에 예속되는 방식으로 자신의 '주체'를 형성한다. 천황이라는 대주체에 예속되고 있는 소주체는 '거울'을 통해 비치는 대주체의 모습을 자신의 반영이라고 오인한다. 이렇듯 각각의 소주체는 대주체로부터 자신의 정체성을 부여받는다. 그리고 이는 모든 일본인 개개인의 기원을 '천손강림(天孫降臨) 신화'에서 찾는 국학자들의 주장과도 같이, 천황을 정점으로 한 일종의 '성(聖)'스러운 가족('성가(聖家)') 이데올로기를 창출한다. 따라서 각 소주체의 이른바 종교적 '구원'마저 저편의 초월적 지평이 아닌 현재적 공간에서 확보된다.

요컨대 「교육칙어」 등의 이데올로기적 장치는 전통적이고 비의적인 세계관을 근대적 성격의 형식화된 규율에 탑재하여 국가도덕에 합치된 '국민'을 창조하고자 하는 목적 아래에서 마련된 것이다.

4. '비의적(Anagogic)'/전통적인 '심정'과 서구 근대의 합리화된 '형식'의 접합

프랑스의 철학자 푸코(M. Foucault, 1926~1984)는 근대의 규율=훈련적인 사회의 다이어그램을 '페스트 모델'이라고 규정했다. 그리고 그에 대비한 고대 왕권사회의 다이어그램을 '나병 모델'로 부른다. '나병 모델'이란 푸코가 고대 서양에서 나병에 걸린 사람을 외곽 지역으로 추방한 것으로부터 고대사회의 권력 유지 방식을 정식화한 표현이다. '페스트 모델'은 도시 구조에 있어서 가시적으로 제시되는 권력의 양상과 관련되어 있다. 푸코에 의하면 17세기 말의 한 법규에는 페스트가 발생하면 다음과 같은 조치를 취하도록 하고 있다. "…… 그 도시와 지방의 봉쇄는 물론이고, 그곳에서 밖으로 나가는 것도 금지된다. …… 그리고 그 도시는 명확히 구별되는 구역들로 세분하고, 각 지역에는 감독관의 권능이 확립된다. …… 공간은 세분화되고, 고정되어 있으며, 동결되어 있다."

푸코는 이로부터 규율과 훈련으로 특징지어지는 근대사회의 모습을 추출했다. 푸코는 기숙사, 학교, 병원, 군대, 수용소, 공장, 수도원 등 모든 근대적 수용시설의 원리를 규율과 훈련으로 파악한다. 푸코가 관찰한 바로는 이러한 규율사회의 전형은 군인에서 시작되었다.

> "18세기 후반이 되자, 군인은 만들어지는 그 어떤 것이 되었다. 사람들은 틀이 덜 잡힌 체격, 부적격한 신체를 필요한 기계로 만들면서 조금씩 자세를 교정시켜나갔다. 계획에 의거한 구속이 서서히 신체의 각 부분에 두루 퍼져나가 각 부분을 마음대로 지배하고, 신체 전체를 복종시키며, 신체를 언제든지 마음대로 사용할 수 있게 한 것이다. 이러한 구속은 '습관'이라는 무의식적인 동작을 통해 암암리에 그 작용을 계속하게 된다."

푸코는 이런 시스템을 만들어가는 것을 하나의 정치기술로 보았다. 이 정치기술은 단지 신체가 강건한 인간을 만드는 것만이 아니라, 신체의 지배를 통해 정신을 지배하는 것이 최종목적이었다. 이 기술의 요체는 통제되고 있는 사람이 통제되고 있다는 것을 느끼지 못하고 스스로 자기 의지에 의해 통제된다는 점에서 찾을 수 있다. 푸코는 또 이렇게 말한다.

> "…… 정신은 신체의 주위에서, 그 표면에서, 그 내부에서, 권력의 작용에 의해 끊임없이 만들어지는 것이며, 그 권력이야말로 감시받고 훈련받고 교정받는 사람들, 광인 · 유아 · 초등학생 · 피식민자, 어떤 생산기구에 묶여 살아있는 동안 계속 감시당하는 사람들, 그러한 모든 사람들에게 행사되는 것이다."

규율과 훈련은 지속적으로 '순종하는 신체'를 만들어냈다. 푸코에 의하면 이 장치들을 통해 다양하게 매개된 권력관계, 즉 권력의 '미시물리학'에 의한 권력관계가 근대사회를 형성한다.

〈그림 4-8〉 오규 소라이 초상
출처: wikipedia.org

근대 일본에서도 근대적 군대조직은 사람들이 규율 있는 언어 및 동작과 공간을 질서 있게 관리하는 능력을 배우는 중요한 학습의 장이었다. 그리고 근대적 학교조직은 근대적 규율화의 모델 혹은 집단행동훈련의 장으로서 중요한 기능을 했다. 이러한 체계의 마련에는 메이지 유신 이전인 에도시대의 사상가 오규 소라이(荻生徂徠, 1666~1728)가 결정적인 역할을 했다. 그는 사적 세계와 공적 세계의 분리, 개인적 도덕을 배제한 실정법적 성격 등 여러 정책을 막부에 제시한다. 오규 소라이는 이렇게 말한다.

> "나라를 잘 다스리기 위해서는 예컨대 '바둑판'의 줄들이 종횡으로 정확하게 그려져 있듯이, 전체를 전망한 계획에 의해 사물을 다뤄야 한다. 줄이 반듯하게 그어져 있지 않은 바둑판에서는 아무리 바둑을 잘 두는 사람이라 해도 바둑을 잘 둘 수 없듯이, 계획을 세우지 않으면 정치를 잘 할 수 없다."

오규 소라이에 따르면 에도(江戸)의 도시구조는 규율화된 정치적 지배를 도출하기 위해 외부로부터 유입된 고용인이나 불법노동자를 '바둑판의 눈금' 안에 가둬두는 가시적인 감시장치를 마련해야 한다. 이 '바둑판의 눈금'이라는 개념은 푸코가 말하는 '패놉티콘(Panopticon, 원형감옥)' 개념과 상응할 수 있다. 그리고 이러한 감시장치에 의해 도적 · 걸인 · 부랑자 · 매춘부 등은 면밀하게 구획된 공간에서 새롭게 관리되어야 한다.

푸코는 근대 시기에 접어들면 전근대 시기에 만연한 신체형 처벌이 신체에 대한 관리로 바뀌었다고 말한다. 오규 소라이 또한 단순한 신체형에 의한 처벌을 반대했다. 오규 소라이가 말하는 감시장치는 푸코의 표현을 빌리자면 "완력을 쓰지 않고 자발적으로, 그리고 소리 없이 운용되면서 그 효과가 서로 연쇄적으로 나타나는 하나의 메커니즘"(미셸 푸코, 1994: 304)이다. 일례로 오규 소라이는 '내부를 향한 감금'을 가능하게 하는 장치로서 '도형(徒刑: 강제 노동형)'을 구상한다. 이러한 구상은 오규 소라이의 영향을 받은 마쓰다이라 사다노부(松平定信)가 예비구금자들에 대한 교육이나 노동을 위해 이시카와지마(石川島)에 요세바(寄場)를 설치하는 것으로 이어진다. 막부 말기 에도의 모습은 수형자의 신체에 대한 직접적인

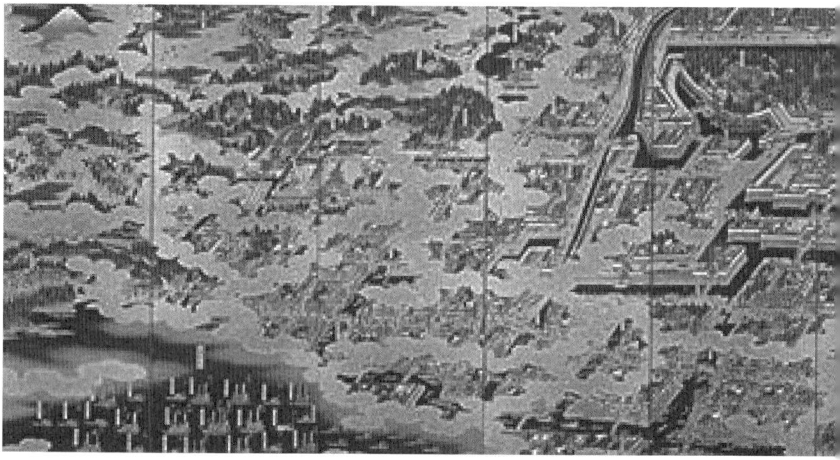

〈그림 4-9〉 에도의 도시구조
출처: wikipedia.org

관여가 도시공간의 권력구조의 특질을 형성하고 있었다. 도시공간은 점점 감옥화되는 형태로 바뀌어나갔다. 여기에는 근대 권력사회의 이데올로기 장치인 감옥 · 공장 · 병원 · 학교 · 군대에서 보이는 신체에 관여하려는 규율과 훈련이 존재한다. 이러한 감옥 시스템은 19세기 이후 일본 전역으로 확대된다.

1889년부터 1890년까지 일본에서는 헌법 · 민법 · 상법이 제정되고 제국의회가 개회되는 등 근대국가의 정치적 · 법적 제도가 정비되었다. 민중이 현존 국가체제를 입헌적 · 문명적 국가로서 '자발적으로' 수용하는 조건이 구축되었다. 또한 1889년부터 시행된 도시와 마을에 관련한 새로운 행정구획제도는 공공관념을 육성하는 중요한 계기가 되었다. 공공의식은 국가라는 관념이 더욱 수월하게 각 지역의 민중에게 침투되도록 했다. 근대 시기 일본의 정부 당국자들은 민중에게 규율 있는 언어 및 동작과 질서 있는 공간 관리 능력을 몸에 익숙하도록 하기 위해 군대조직과 학교조직을 적극적으로 활용했다. 포괄적으로 보아 메이지 시기에 출현한 근대적 언어(언문일치체; 표준어) · 출판(매스미디어) · 근대교육 · 교통체계는 개개인을 전통적인 사회문화 코드로부터 이탈시켜 새로운 사회문화 코드를 획득하고 공유하게 했다. 동시에 개개인의 경험과 사회공간을 균질화했다. 그리고 하드웨어로서의 이러한 근대적 장치들은 내부에 전통적인 가치를 탑재한다.

일본의 근대 천황제는 근대성 · 합리성을 표방하는 학교교육과 고대적인 정감에 입각한 신도제사(神道祭祀)라는 양면으로부터 국민을 이데올로기적으로 제어했다. '비의적(Anagogic)'/전통적인 지배와 서구 근대의 합리화된 '형식적' 장치에 의해 지배를 상호 교섭시킴으로써 효과적으로 지배의 정당화를 이뤄낸다. 지배하는 입장에 놓여 있는 사람들은 지배당하는 집단에 대해 '심정적' 권위를 강화한다. 또한 그것은 여러 근대적 장치 속에서 구체적으로 형식화되며, 이른바 근대적 공민의식에 부합하는 새로운 도덕의식과 인격적 인간의 창출로 환원된다. 강력한 '카리스마'(은총이라는 의미에서)에 의한 지배와 합리화된 '형식적' 장치에 의한 지배가 상호 교섭하면서 지배 작용은 더욱 설득력을 갖추게 된다. 이는 메이지 이전에 뿔뿔이 흩어져 있던 사회단위를 일본 고래의 신화적 세계의 순수성과 야마토다마시이(大和魂)의 근대적 구현, 그리고 새로운 구심력으로서 천황이라는 상징 등을 통해 국민의 의식을 통합시키려는 정책으로 구체화된다.

그런데 전통적이고 종교적인 비의의 감정과 근대적인 '형식'이 섞이는 방식이 아닌, 지배의 원리가 일방적으로 시혜적이고 비의적인 방법으로만 이뤄진다고 가정해보자. 이렇게 되면 지배되는 당사자들은 그들 상호 간에 또는 지배하는 자와 폐쇄적인 '심정적' 유착을 갖게 되어 자기 판단에 대한 책임감은 덜 수 있을지 모른다. 하지만 세상에 대한 통일적인 인식은 상실하게 된다. 나와 지배하는 자의 교류는 그들만의 '심정적' 교류로 국한되기 때문이다. 그리고 각각 지배하는 자와 교류하고 있는 파편화된 개인은 비록 자신들은 천손(天孫)이라 자위하면서 그들 상호 간에 강력한 심정적 유착을 가진다 하더라도 관계망의 저변이 넓어지면 넓어질수록 세상을 보는 통일적인 견해를 상실할 수 있다. 이러한 양상은 메이지 이후 새롭게 확대된 공간적 범주에서 지배의 효율성이라는 측면에서 볼 때 불리한 조건이다. 하지만 형식적 논리성을 바탕에 둔 근대 서구의 제도적 장치들을 활용하고 그 밑바탕에 전통적/비의적 지배원리를 탑재한다면, 지배되는 당사자들로 하여금 세상에 대한 통일적 인식을 지니게 해줄 수 있다. 또한 지배원리의 통일적 시스템도 원활하게 마련된다. '심정적'인 유착은 당시 일본에 도입된 서구 근대적 시스템의 일본화를 정당화하는 데 활용된다. 그 결과 사람들은 세상을 총괄적으로 볼 수 있는 것처럼 느끼게 되었다. 비의적 가치는 근대의 제도적 장치들에 의해 더욱 쉽게 복제되고 재생산된다. 그럼으로써 기존의 종교적 신비감에 의해 절대가치의 '유일성' 감각이, 그리고 근대적인 제도적 장치들에 의해 '동질성' 감각이 동시에 충족된다.

5. '집단적 페르소나(Persona)'로서 일본의 근대성

'페르소나(Persona)'는 본래 극중에서 특정한 역할을 하기 위해 배우가 쓰는 가면을 뜻한다. 인물(person)이나 인격(personality)도 같은 어원에서 유래한다. 개인은 페르소나에 의해 자기 자신의 성격이 아닌 성격이 될 수 있다. 페르소나란 개인이 공개적으로 보여주는 가면 또는 외관이다. 페르소나의 장점은 우리로 하여금 자기와 성향이 맞지 않는 타자도 포용하고 친교를 맺을 수 있게 한다는 점에 있다. 하지만 페르소나에 압도되면, 즉 특정한 상황에 의해 창출된 자신의 가면이 자신의 자아와 동일화되면 집단적 가치에 쉽게 흡수될 수 있다. 집단적 가치에 함몰되어 있는 개체는 진정한 자아의식을 체현하고 있지 못한다는 차원에서 자신에 대해 위선자가 된다. 이들의 태도는 타인을 '기만'하기보다는 자신을 '기만'한다.

일본 근대 시기에 '페르소나'는 사회구성원들로 하여금 끊임없이 '국민 된 도리', '민족의 일원' 등의 가치를 강제했다. 이렇게 사회구성원

〈그림 4-10〉 일본의 전통 예능 노가쿠(能楽)에서 사용하는 가면
출처: wikipedia.org

들이 집단과의 관계를 유지하는 동안 자아는 차츰 자기도 모르게 '집단정신'에 동화되고 그것이 자기의 진정한 개성인 것으로 착각한다. 이런 성격은 일본어 자체에서도 발견된다. 일본어에서 자신을 지칭할 때 쓰는 말인 '自分(じぶん)'은 '집단에서의 내 부분'을 의미한다. '나'라는 존재는 어디까지나 '집단'에 소속되어 있을 때만 의미가 있다. 페르소나는 내가 나로서 있는 것이 아니라 어떤 다른 존재에게 보이는 나를 더 크게 생각하는 특징을 가지고 있다. 근대의 합리적 '형식'과 비의적 '심정'의 메커니즘에서 사회구성원들의 인식하려는 의지와 잘못 알려는 의지는 마치 밀물과 썰물의 관계와도 같이 맞물려 기능한다.

한편 비의적 교리는 윤리적 기능을 담당하기도 한다. 마루야마 마사오는 1946년에 쓴 「초(超)국가주의의 논리와 심리」라는 논문에서 당시 일본의 정신 상황을 다음과 같이 분석하고 있다. 마루야마에 의하면 메이지 유신과 함께 정신적 권위인 천황을 중심으로 다원적 정치세력들이 일원화되었다. 이 때문에 서구의 경우와 달리 개인의 도덕적 주체성은 제대로 확보되지 못한다. 개인의 자율적인 판단은 양심에 근거해야 하는데, 국가가 윤리 규정을 독점하고 시비와 선악의 기준을 제공하게 된다. 근대 유럽국가에는 "국가가 진리라든지 도덕 같은 내용적 가치에 관해 중립적인 입장을 취하며, 그러한 가치의 선택과 판단은 교회 같은 다른 사회적 집단 또는 개인의 양심에 맡기고, 국가주권의 기초를 …… 순수하게 형식적인 법 기구 위에 두는 중성국가적 특징"이 있었다. 하지만 메이지 유신 이후의 일본은 봉건적 권력의 다원적 지배가 천황을 향해 일원화되고 집중화된다. 여기서 '권위'는 '권력'과 일치한다. 개인의 자유는 순수한 자신의 양심에 매개되지 못했다. 마루야마는 "근대 일본의 이념은 국가가 국체(國體)에서 진선미(眞善美)의 내용적 가치를 점유하려고 하는 사상"이라고 주장한다. 국법이 절대가치인 국체로부터 흘러나오는 한 어떠한 정신영역에도 자유자재로 침투할 수 있다. 사적인 일의 윤리성이 자신의 내부에 있는 것이 아니라 국가적인 것과의 합일화에 있다는 이 같은 논리는 한번 뒤집어보게 되면 국가적인 것의 내부에 사적인 이해가 무제한으로 침입하는 결과가 될 수 있다. 윤리가 권력화됨과 동시에 권력 역시 끊임없이 윤리적인 것에 의해 중화된다.

일본의 근대공간에서 전통적인 비의적 '내용(소프트웨어)'과 근대적 '형식(하드웨어)'은 서로 긴밀하게 얽혔다. 이는 천황 같은 '절대체'와 사회의 개체들을 '심정'적으로 강하게 묶어줌과 아울러, 이 개체들로 하여금 세상에 대한 통일적인 안목을 가지도록 이끌었다. 나아가 사회의 각 개체 상호 간의 관계 또한 하나의 단위로 융합되도록 했다. 또한 전통적인 비의적 가치와 근대적인 윤리에 대한 관점(즉, 공간적 범주를 뛰어넘는 윤리의 보편성)의 만남은 국가가 윤리의 체현체가 되게 했다. 이는 일본이라는 국가의 윤리가 초공시성을 지닌 보편윤리로 인식되게끔 만들었다. 이런 상황에서 개인은 국가를 비판하기 어렵다. 왜냐하면 국가가 곧 보편적인 도덕 그 자체로 기능하고 있기 때문이다. 우리가 자신이 속한 국가를 비판할 수 있는 이유는 인종이나 지역을 초월해 인간 자체를 응시하려는 어떤 '보편적인 도덕'이 있기 때문이다. 예컨대 '인권'에 대한 가치부여는 국가나 인종을 뛰어넘는 이념이다. 만약 내가 속해 있는 국가가 독재국가라면 나는 국가이념이나 인종을 뛰어넘는 '인권'이라는 보편적 도덕의식으로 내가 소속된 국가체제를 비판할 수 있다. 하지만 '국가=보편적인 도덕 그 자체'로 기능한다면, 국가를 비판하는 것은 곧 보편적인 도덕 그 자체를 비판하는 것이기에 문제 삼기가 쉽지 않다. 오늘날에도 만연해 있는 일본인의 국가(정부)에 대한 폭넓은 믿음은 이러한 메커니즘으로 설명할 수 있다. 또 일본의 주류세력들이 과거 제국주의 시절에 저지른 아시아 여러 국가를 향한 잘못에 대해 진정어린 사과를 하기는커녕 아직도 변명과 자기합리화에 급급한 이유도 여전히 국가가 보편적인 도덕 그 자체로 기능하고 있다는 사실을 간접적으로 증언해준다. 일본의 대다수 주류세력이나 극우파들의 생각은 이럴 것이다. "일본이 과거에 설사 약간의 잘못을 저질렀다 하더라도 그것은 큰 틀에서 보면 어떤 '보편적인 도덕'을 실천하기 위한 불가피한 과정이었다." 일본에서 '국가=보편적인 도덕'이라는 등식이 깨지지 않는 한, 반성이 자학으로 여겨지는 구도는 사라지지 않을 것이다.

도움받은 글/더 읽어야 할 글

고사카 시로, 『근대라는 아포리아』, 야규 마코토 · 최재목 · 이광래 옮김, 이학사, 2007.
김성건, 『종교와 이데올로기』, 민영사, 1991.
루이 알튀세, 『레닌과 철학』, 이진수 옮김, 백의, 1992.
마루야마 마사오, 『현대정치의 사상과 행동』, 김석근 옮김, 한길사, 2003.
미셸 푸코, 『감시와 처벌』, 오생근 옮김, 나남출판, 1994.
빌헬름 라이히, 『파시즘의 대중심리』, 오세철 · 문형구 옮김, 현상과 인식, 1987.
스에키 후미이코, 『일본종교사』, 백승연 옮김, 논형, 2009.
아마 도시마로, 『천황제국가 비판』, 정형 옮김, 제이앤씨, 2007.
이부영, 『분석심리학 입문』, 일조각, 2001.
李孝德, 『표상공간의 근대』, 박성관 옮김, 소명출판, 2002.

05
프랑크푸르트에서 온 편지

문병호

1. 프랑크푸르트학파의 비판이론과 그 영향력에 대하여

이 글은 프랑크푸르트학파의 비판이론(Critical Theory)이 문화변동과 문화생성에 미친 긍정적인 영향을 매우 간략하게 논의하는 것을 목적으로 한다.* 논의의 설득력 강화를 위해 프랑크푸르트학파의 위상에 대해 먼저 언급하고자 한다. 프랑크푸르트학파의 제2세대를 대표하는 세계적인 사회철학자이자 사회이론가이며 현존하는 세계 최고의 지성으로 인정받고 있는 위르겐 하버마스(Jürgen Habermas)는 독일의 현상학, 프랑크푸르트학

* 이를 위해서는 우선적으로 문화변동과 문화생성에 대한 개념 규정이 필요하다. 그러나 나는 프랑크푸르트학파에 대해 먼저 간략하게 언급하고, 특히 한국에서 문화 개념의 이해에 내재되어 있는 문제점에 대한 간단한 논의와 넓은 의미에서의 문화에 대한 개념 규정에 이어 문화변동과 문화생성에 대한 개념 규정을 시도할 것이다.

파의 비판이론, 프랑스의 구조주의, 영미 분석철학 및 미국의 실용주의를 20세기의 4대 서양사상으로 보고 있다. 프랑크푸르트학파의 비판이론이 갖는 이러한 위상으로 인해 오늘날 비판이론은 일반명사라기보다는 고유명사 같은 위상을 갖는다고 볼 수 있다.

〈그림 5-1〉 위르겐 하버마스(1929~)

문화변동과 문화생성이 사회와 직접적으로 관련되어 있다는 것은 자명하지만, 프랑크푸르트학파의 비판이론과 관련시켜 문화변동과 문화생성을 논의하기 위해서는 무엇보다 특히 사회에 대해 일차적으로 언급하지 않을 수 없다. 프랑크푸르트학파가 100년이 가까운 역사에서 일관되게 추구한 가치는 이성적인 사회의 이성적인 구축이기 때문이다. 프랑크푸르트학파가 전개한 모두 사유에서 공통분모가 되는 것은 사회다. 사회가 개별 인간에게 가하는 폭력에 대한 다층적 · 다차원적 분석과 이러한 폭력으로부터 해방된 사회의 구축은 프랑크푸르트학파의 사유의 본질과 특징을 구성한다. 인간은 단 한 순간도 사회와 관계를 갖지 않는 상태에서 존재할 수 없다. 인간의 삶은 전적으로 사회와의 관계에서만 성립할 수 있을 뿐이며, 인간의 삶에서 사회와 매개되지 않은 것은 아무것도 없다. 심지어 사회는 인간의 영혼에까지 영향을 미치는 권력을 행사한다. 예를 들어 대기업들을 거느리면서 사회를 지배하는 권력을 가진 재벌은 재벌기업에 취업하고자 하는 사람들의 영혼까지 지배하는 위력을 갖는다.

사회와 개별 인간의 관계에서 사회의 힘이 지속적으로 증대된 역사가 문명사라고 볼 수 있음에도 인간은 사회와의 관계에서 자유와 평등의 실현을 위한 도정을 멈추지 않았다. **자유와 평등은 인간이 사회와의 관계에서 추구하는 최상의 가치**라고 볼 수 있기 때문이다. 바로 이 점에서 프랑크푸르트학파가 인류에게 제공한 정신적인 기여는 특별하다고 평가될 수 있다. 자유와 평등의 바탕에서 연대(solidarity)와 같은 가치도 추구될 수 있다. 자유와 평등이 어떤 사회에서 실현된 정도가 높으면 높을수록 그 사회는 이성적인 사회가 될 가능성이 높다. 이성적인 사회는 인간이 행복하게 살 수 있는 좋은 사회다. 자유와 평등이 최대한 실현된 이성적인 사회에서 인간을 존중하는 긍정적인 가치를 가진 문화가 존재한다는 것은 두말할 나위 없이 자명하다. 한국 사회처럼 부자유와 불평등이 구조화되고 인간을 존중하기보다는 돈을 중시하는 사회에서 물질 중심의 부정적인 문화가 존재한다는 것 역시 자명하다. 프랑크푸르트학파의 비판이론은 좁게는 20세기 후반부의 서구 역사에서, 넓게는 인류 역사에서 100년에 가까운 기간에 걸쳐 이성적인 사회의 구축과 인간의 자유와 평등을 존중하는 긍정적인 문화의 생성에 기여한 학문적인 이론으로 평가받고 있다.

프랑크푸르트학파는 1924년 프랑크푸르트대학에 설치된 '사회조사연구소'와 더불어 출범했다. 프랑크푸르트학파가 20세기 서양사상의 중심에 위치하게 된 것은 막스 호르크하이머(Max Horkheimer)의 헌신적인 역할이 밑거름이 되었다. 테오도르 아도르노(Theodor W. Adorno)와 함께 20세기의 가장 중요한 고전 중의 하나로 꼽히는 『계몽의 변증법』을 공동 집필한 호르크하이머는 1931년에 연구소장으로 취임했다. 그는 연구소장이 된 이후 1932년부터 전문학술지인 『사회조사연구』를 발행하고 발터 벤야민,

테오도르 아도르노, 에리히 프롬, 헤르베르트 마르쿠제, 레오 뢰벤탈, 프란츠 보케나우 등 당대 최고의 지식인들에게 비판적 사유에 기초한 글을 쓸 수 있는 여건을 제공했다. 이들은 문명, 역사, 사회, 학문, 예술, 지배, 권력, 이데올로기, 기술 등 넓은 의미에서의 문화*와 관련된 거의 모든 영역을 비판적인 시각과 공동학제적 방법을 통해 연구함으로써 인류 지성사에 새로운 차원의 학문적 인식을 매개했다.

프랑크푸르트학파가 1930년대에 시작한 비판적인 학문 활동은 제2차 세계대전 이후 전체주의의 청산과 이성 회복이라는 시대정신을 각인시키면서 서유럽과 미국에서 영향력이 확대되다가 1968년 프랑스에서 시작되어 서유럽 전체로 확산된 68혁명과 1960년대 후반 미국에서 전개된 권위에 저항하는 학생운동, 반전운동의 정신적인 기반이 되었다. 1960년대까지도 서양 사회에 존재한 모든 종류의 권위에 대한 전면적인 비판을 실제적이고도 구체적인 활동으로 점화시킨 68혁명은 서유럽의 정치, 경제, 사회, 학문, 대학을 혁명적으로 변화시킴으로써 문화변동을 촉발시키고 문화생성을 견인하는 단계로까지 나아갔다. 68혁명은 사회변동, 문화변동 및 문화생성에서 세계사적 의미를 갖는 혁명적인 운동이었다. 68혁명의 태동과 진행 과정에서 프랑크푸르트학파의 비판적인 학문 활동은 기존의 권위를 급진적으로 해체하는 촉매 역할을 수행함으로써 수직적인 권위를 거부하는 새로운 수평적인 문화가 형성되는 데 사상적인 기반을 제공했다. 68혁명의 정신은 당시에 격렬하게 전개된 몇 년 동안의 운동에서 끝나지 않았고 오늘날에도 지속되고 있다. 68혁명의 연장선상에서 오늘날 서유럽 사회가 다른 사회에 비해 상대적으로 높은 자

---

* 이에 대해서는 '2. 문화개념에 대한 올바른 이해'에서 좀 더 자세히 살펴볼 것이다.

〈그림 5-2〉 68혁명의 한 장면

유와 평등을 누리고 있다고 보아도 무리한 시각은 아니다. 학문적인 이론이 제공하는 정신적인 가치는 이처럼 장기적으로 영향력을 행사한다.

이러한 인식관심에서 이 글은 프랑크푸르트학파의 비판이론이 정신적인 토대가 되어 새로 생성된 문화의 차원들을 간략하게 살펴보고자 한다. 이를 위해서는 먼저 문화 개념에 대한 올바른 이해, 문화접속 · 문화변동 · 문화생성에 대한 개념 규정, 학문적인 이론과 문화변동, 문화생성에 대한 논의가 전제되어야 한다. 이러한 논의에 뒤이어 비판이론이 문화변동과 문화생성을 긍정적으로 추동한 근거들을 간략하게 제시할 것이다.

2. 문화 개념에 대한 올바른 이해

앞에서 언급했듯이, 문화 개념에 대한 올바른 이해는 이 글의 인식 관심을 성취하기 위한 기본적인 전제조건이 된다. 문화를 문화예술로 축소시켜 이해하거나 관리된 의미에서의 문화로 파악한다면, 인간 삶의 총체적 형식과 내용으로서의 문화변동과 인간의 삶이 총체적으로 매개되어 있는 현상으로서의 사회변동을 논의하는 것이 어려워진다. 양자의 상호작용 관계를 논의하고 이해하는 것이 난관에 부딪치게 된다. 이러한 어려움은 한국 문화와 한국 문화변동을 논의할 때 곧바로 발생한다.

한국인은 예술이 문화의 한 영역일 뿐임에도 불구하고 통상적으로 문화를 문화예술로 이해하는 경향에 치우쳐 있다. 이런 경향으로 인해 한국에서 문화에 대해 이야기하거나 논의할 때는 예술을 그 중심에 위치시키는 관성이 뚜렷하게 드러난다. 한국인의 문화 담론에서 예술이 중심적 위치를 차지하는 이유는 예술이 문화예술이라는 이름과 결합되면서 문화정책의 입안 및 실행과 관련되어 있기 때문이다. 중앙정부의 문화정책을 담당하는 부서와 지자체의 문화 관련 부서가 문화정책의 대상을 좁은 의미의 문화인 문화예술로 많은 부분 한정하고 이에 상응하여 문화예술을 지원하는 등의 방식으로 문화를 관리함으로써 한국인의 의식에서 문화는 곧바로 문화예술을 의미하는 것처럼 이해하는 것이 일반적으로 각인되어 있다. 이러한 선입견에 의해 각인된 상태에서 이해되는 문화 개념은 사회변동과 문화변동의 상호작용을 통해서만 이해될 수 있는 문화생성의 개념을 제대로 파악하는 것을 축소하거나 저지한다.

문화 개념의 이해에서 예술이 지배적인 지위를 차지함으로써 문화를 보는 시각도 문화예술창조와 문화예술향유로 축소되는 결과로 이어진다. 문화가 국가기관의 정책적인 관리 대상이 되고 넓은 의미에서의 문화를 창조하는 주체인 개개인은 문화예술향유 또는 문화예술소비의 대상이 됨으로써 새로운 문화의 창조, 문화접속 · 문화변동에 의한 사회변동의 가능성이 축소될 수 있고, 사회변동에 의해 성취될 수 있는 더욱 좋은 사회의 실현과 더욱 좋은 문화의 창달이 저해될 수 있다. 인간에게 더욱 좋은 삶을 실현시켜주는 방향으로 나아가는 사회변동은 문화변동과 새로운 문화의 생성 없이는 불가능하다. 문화 개념을 문화예술로 축소시키면 정치문화, 교육문화, 학문문화, 기업문화, 언론문화, 법문화, 주거문화, 교통문화, 종교문화, 소비문화, 한국 사회에서 이미 시작된 다(多)문화사회에 근거한 다문화처럼 인간의 삶에서 결정적으로 중요한 문화가 문화 담론에서 배제되며, 배제의 결과는 앞에서 말한 긍정적인 의미에서의 사회변동의 배제로 이어진다.

문화는 국가기관이 행사하는 권력이나 자본권력에 의해 관리되는 대상이 아니다. 인간의 삶과 관련하여 인류에게 긍정적인 가치와 소중한 인식을 제공한 예술은 지배권력에 의해 관리되는 것을 근원적으로 거부하며, 이처럼 관리를 거부하는 것이 바로 예술의 본질이다. 지배권력에 의해 관리되어 생산된 예술작품은 시간과 공간을 초월하여 장기적으로 지속되는 통용성을 갖지 못한다. 지배권력에 의해 관리되는 문화는 이데올로기(Ideologie),* 다시 말해 사회적으로 잘못된 의식일 뿐이며, 자본에 의해 관리되는 문화는 문화산업이자 이데올로기일 뿐이다. 예를 들어 한국인의 휴식 시간이나 여가 시간을 결정적으로 지배하는 TV 드라마나 각종 상업적인 영상물, 연예인의 사생활에 관한 기사로 가득 차 있는 상업

* 이데올로기에 대해서는 '5. 비판이론이 문화변동과 문화생성을 긍정적으로 추종한 근거들'에서 좀 더 살펴볼 것이다.

잡지들은 인간의 의식을 천편일률적인 내용을 갖고 있는, 문화산업이 생산하는 오락물의 소비에 종속시킨다. 문화산업에 의해 문화도 관리를 당하고 인간도 관리를 당한다. 그러나 자본에 의해 관리되는 문화산업은 문화산업이 생산하는 오락물이 예술적인 상상력과 창조력에 의해 성취되었다고 주장한다. 국가기관에 의해 관리되는 문화, 특정 정권의 홍보와 유지를 위해 국가기관에 의해 관리되는 문화에는 이데올로기가 내재되어 있을 수밖에 없으며, 문화산업에 의해 관리되는 문화는 그 자체로 이데올로기다.

도발적으로 말한다면, 문화는 오늘날의 한국 사회에서 많은 부분 이데올로기가 되고 있다. 문화를 좁은 의미의 문화인 문화예술로 이해하려는 경향이 관성이 되면서 문화가 관리 대상으로 전락하고, 이와 동시에 문화산업이 문화를 문화산업에 의해 생산된 오락물의 소비에 종속시킴으로써 사회구성원들의 삶의 모든 요소를 관리 · 지배 · 통제하는 주체로서의 사회가 문화와의 관계에서 절대적 우위를 점하고 있으며, 문화는 사회의 기존 질서가 유지되는 데 시중을 드는 이데올로기가 되는 현상이 한국 사회에서 노정되고 있다. 이런 시각에서 볼 때, 프랑크푸르트학파의 사회비판과 문화비판은 문화변동과 문화생성, 사회변동과 관련하여 근원적인 의미를 갖는다는 점이 더욱 명백해진다.

앞에서의 논의에 기초해서 볼 때, 문화변동과 문화생성에 대한 올바른 이해는 넓은 의미에서의 문화 개념을 전적으로 필요로 한다는 점이 드러난다. 독일의 사회과학자 막스 베버(Max Weber)의 시각에 따르면, 넓은 의미에서의 문화는 인간에 의해 장기간에 걸쳐 역사적으로 창출된 모든 것의 총체다. 인간의 삶의 형식과 내용이 역사적으로 퇴적된 것의 총체가 바로 문화다. 따라서 이러한 본질을 지닌 문화는 어떤 집단이나 사회의 구성원들이 갖고 있는 가치, 규범, 행위의 기준 같은 정신적인 요소들뿐만 아니라 앞에서 말한 구성원들의 노동 유형이나 행동방식들에 의해 산출된 물질적인 재화도 포괄한다. 인간 삶의 총체적 궤적인 문화를 창출하고 생성하며 변동시키는 과정은 개별적으로 존재하는 모든 인간의 삶을 총체적으로 매개시키는 기능을 갖고 있는 사회에 의해 실행된다. 인간의 삶이 사회의 형식을 통해 매개되어 유지되는 곳에서 문화가 창출 · 생성 · 변동되며, 문화가 창출 · 생성 · 변동되는 곳에 사회가 존재한다. "어떠한 문화도 사회 없이 존재할 수 없는 것과 마찬가지로 어떠한 사회도 문화 없이는 존재할 수 없다."*

3. 문화접속, 문화변동, 문화생성

이제 문화변동과 문화생성에 대한 개념 규정을 시도할 차례가 되었다. 나는 문화변동을 "어떤 특정 집단이나 사회에 존재하는 문화가 외부 문화와의 접속이 계기가 되거나 또는 집단이나 사회 내부에서의 변동 요인들에 의해 그 형식과 내용이 변동되는 것"으로 이해한다. 특정 집단이나 사회에서 통용되는 가치들과 규범들 중에서 영구적이고도 불변적으로 그 형식과 내용을 유지시키는 것은 많지 않으며, 새로운 가치들 및 규범들에 의해 저항을 받을 수도 있고 새로운 가치들 및 규범들과 갈등관계에 놓일 수도 있다. 새로운 가치들과 규범들은 외부 문화와의 접속에

* 앤서니 기든스(1996), 59쪽.

의해 출현할 수도 있고, 기존의 가치들 및 규범들과의 갈등, 이것들에 대한 저항, 이것들에 대한 비판적인 성찰 등에 의해서도 등장할 수 있다. 외부 문화와의 접속과 집단이나 사회 내부에서의 변동 요인들의 발생은 서로 분리될 수 없고 상호작용하는 관계다. 양자가 상호작용하면서 문화가 변동된다. 문화변동은 사회변동과 직결되어 있다. 사회변동이 문화변동을 추동할 수 있고, 역으로 문화변동이 사회변동을 추동할 수 있다. 예컨대 오늘날의 한국 문화는 원시 시대와 고대의 한국 사회에 원래 존재하던 문화가 중국 문화와의 접속, 일본 문화와의 접속, 서구 문화와의 접속 등이 계기가 되어 변동되고 한국 사회 내부에서의 요인들에 의해 역사적으로 변동된 과정을 거쳐 오늘날의 모습을 갖고 있다.

오늘날의 한국 문화 역시 변동 과정에 놓여 있다. 문화생성 또한 어떤 집단이나 사회의 특정 문화가 외부 문화와의 접속, 집단이나 사회 내부에서의 요인들에 의해 변동되면서 새로운 형식과 내용을 갖는 문화의 생성으로 이어지는 것으로 이해될 수 있다. 문화생성은 큰 틀에서 볼 때 문화변동에 내재되어 있는 과정이다. 어떤 특정 집단이나 사회의 문화는 외부 문화와의 접속에서 **갈등**에 놓이기도 하고, 외부 문화에 **저항**하기도 하며, 외부 문화를 적극적으로 **수용**하기도 하고, 접속으로 인한 문화의 **단절**과 **폐기**를 경험할 수도 있다. 기독교 문화는 한국 사회에 들어온 이후 한국 문화와의 갈등, 한국 문화에 의한 저항을 유발했고, 한국 사회에 적극적으로 수용되기도 했으며, 한국의 제사문화를 일부 폐기시키기도 했다. 또한 특정 집단이나 사회의 문화는 **그 내부에서 갈등, 저항, 단절, 폐기**를 경험할 수 있다. 예컨대 농업사회에서 아동의 놀이문화 — 오로지 신체적인 활동과 자연에서 얻은 재료들에 기초한 — 는 기계화된 산업사회에서 단절과 일시적인 폐기를 경험하다가 정보사회에서 마침내 폐기되기도 한다. 돌과 나무 등을 재료로 해서 즐기는 아동의 놀이는 폐기되고 그 자리에 컴퓨터 게임이 들어선 것은 특정 문화 유형의 폐기를 입증한다. 외부 문화와의 접속은 이러한 과정에도 영향을 미친다. 앞에서 이미 언급했지만, 다시 한 번 강조하자면 문화접속에 의한 갈등 · 저항 · 수용 · 단절 · 폐기는 특정 집단이나 사회 내부에서의 갈등 · 저항 · 단절 · 폐기와 분리될 수 없다. 이러한 모든 요소는 상호작용을 한다.

상호작용의 결과 어떤 문화 유형이 우위를 차지하면 우위를 점한 문화의 모습이 뚜렷하게 드러난다. 인류는 영국의 산업혁명 이후 농업문화와 산업문화가 상호작용하여 산업문화가 우위를 차지하면서 그 모습이 뚜렷하게 드러낸 사례를 경험하고 있다. 예를 들어 한국 사회의 경우 이러한 상호작용에서 절대적 우위를 점한 물질문화가 한국 문화를 물질문화 — 물질을 중시하는 자본주의의 원산지인 서구 사회보다도 더욱 부정적으로 — 로 채색시키며 각인시키고 있다. 이 자리에서 언급해도 된다면, 이 글의 인식관심과 관련하여 한국의 물질문화는 프랑크푸르트학파의 비판이론처럼 비판적인 학문적 이론이 한국의 물질문화의 폐해 · 폭력 · 광기를 지속적이고도 항구적으로 분석하고 비판하며 대안을 제시하는 경우 현재의 부정적인 문화로부터 미래의 새로운 긍정적인 문화로 변동될 수 있을 것이다.

문화변동과 문화생성에서 문화접속은 매우 중요한 계기가 되기 때문에 조금 더 살펴볼 필요가 있다. 서구 국가들이 자행한 제국주의 전쟁과 서구 문화 팽창정책의 결과로 오늘날 인류 문화가 서구화 · 유럽화의 경향을 보이고 있음을 볼 때, 문화접속이 문화변동과 문화생성에서 차지하는 비중은 더욱 특별하다고 볼 수 있다. 어떤 특정한 집단이나 사회에서 생성되어 전개되는 문화는 다른 집단이나 사회에서 생성된 이질적인 문화와의 접속을 피할 수 없지만, 오늘날 인류 문화에서 서구 문화가 차지하는 압도적인 비중은 문화접속의 산물이다. 문화접속은 ① 군사적인 점령을 통해 특정 문화를 강제적으로 이식하는 형식, ② 문화제국주의의 역사에서 드러나는 것처럼 특정 문화를 군사적인 수단이 아닌 여러 가지 수단 — 예를 들어 선교 활동, 대학 등 학교의 설립, 지식이나 학문의 이식이나 수출, 경쟁력을 잃은 낡은 기술의 전수, 문화원 설립, 특정 문화를 알리는 행사의 지속적 실행, 특정 문화의 영향력 확대를 목적으로 실행되는 문화교류, 장학금 지급 등 — 을 통해 전파하고 주입시키는 형식, ③ 실크로드에서 입증되는 것처럼 물질적 교류의 형식, ④ 종교적인 이념과 신념에 기반을 둔 형식, ⑤ 유럽인의 아메리카 대륙 탐험의 경우처럼 미지의 문화에 대한 탐구에 기초하는 형식, ⑥ 근대 서구 문화의 경우처럼 선진 문화라고 인정되고 평가되는 문화를 비서구권 문화가 제도적으로 수용하는 형식, ⑦ 학문 · 기술 · 예술이 이식 · 전파 · 수용 · 교류되는 형식 등을 통해 이뤄진다. 이러한 다양한 접속 과정에서 앞에서 말한 갈등 · 지항 · 수용 · 단절 · 폐기가 발생하며 그 결과 문화변동으로 이어진다. 제국주의 전쟁에 의한 식민지 정책에서는 점령된 지역의 문화가 점령을 자행한 집단이나 국가의 문화에 의해 단절되거나 폐기되기도 한다. 일본 제국주의가 한국인의 문화적 정체성 확인에 결정적으로 중요한 한글을 말살하고 한국인의 성명을 '창씨개명'이라는 이데올로기를 통해 없애려고 한 것은 문화단절을 생생하게 입증하는 역사적인 사례다. 어떤 특정 집단이나 사회의 문화가 외부 문화와의 접속에서 발생하는 문화변동에는 문화생성 — 이것이 긍정적인 방향으로의 생성이든 또는 부정적인 방향으로의 생성이든 — 이 내재되어 있다.

문화가 저항 · 갈등 · 수용 · 단절 · 폐기를 경험한다는 것은 일반적으로 수렵채취사회 · 문화에서 농업사회 · 문화로의 전이, 농업사회 · 문화에서 산업사회 · 문화로의 전이, 산업사회 · 문화에서 정보사회 · 문화로의 전이에서 입증된다. 산업혁명을 태동시킨 영국 사회에서도 산업문화가 농업문화와의 갈등에 놓이기나 농업문화에 의한 저항을 유발하거나 농업문화의 단절 · 폐기가 있었으며, 독일 사회나 일본 사회처럼 영국 사회에서 촉발된 산업문화에 접속되어 산업화를 추동한 사회에서는 외부적 요인들과 내부적 요인들에 의한 문화의 저항 · 갈등 · 수용 · 단절 · 폐기가 있었다. 이것은 한국 문화에도 해당한다. 농업문화가 산업문화로 전이되는 과정에서는 기계가 제공하는 노동력으로 인한 문화변동이 근본적으로 발생하며, 산업문화에 대한 농업문화의 저항, 두 문화의 갈등, 산업문화의 적극적인 수용, 산업문화에 의한 농업문화의 단절과 폐기도 발생한다.

문화는 어떤 특정 집단이나 사회를 지배하는 권력과 권력관계에 의해서도 변동될 수 있다. 권력과 권력관계가 그것들의 이해관계에 일치하는 문화를 강요할 경우, 이 과정에서 기존의 가치들과 규범들을 유지하려는 문화와 갈등을 일으킬 수 있으며 기존 문화에 의한 저항을 받을 수도 있다. 한국에서의 군사독재 권력이 군사문화를 강요했을 때, 군사문화가 강제적으로 수용되기도 했지만 갈등과 저항에 직면하기도 했다. 권력과 권력관계는 기존에 존재하는 특정 형식의 문화를 단절시키기도 하고 심지어는 폐기시키기도 한다. 일본 제국주의가 침략전쟁의 초기 과정에서 한국에서 장기간 지속되었던 남성들의 상투문화를 강제적으로 단절시키고 마침내 폐기에 이르게 한 것은 그 구체적인 사례라고 볼 수 있다. 문화접속, 문화의 갈등 · 저항 · 수용 · 단절 · 폐기 등이 작용하여 진행되는 문화변동은 새로운 문화의 생성 — 이것이 긍정적인 문화로의 생성인지 또는 부정적인 문화로의 생성인지의 여부와는 관계 없이 — 으로 이어진다.

4. 학문적인 이론과 문화변동, 문화생성

앞에서 살펴본 것처럼 문화변동과 문화생성은 어떤 특정 문화가 외부 문화와의 접속에 내재하는 복합적인 요인들, 즉 특정 집단이나 사회 내부에서 발생하는 복합적인 요인들에 의해 추동된다. 문화변동과 문화생성을 추동하는 이러한 요인들 이외에 학문적인 이론도 문화변동과 문화생성을 불러올 수 있다. 프랑크푸르트학파가 기여한 긍정적인 의미에서의 문화변동과 문화생성을 이해하기 위해서는 먼저 간단하게라도 학문적인 이론과 현실과의 접맥을 살펴볼 필요가 있다.

학문적인 이론이 기존 체제를 유지시키려는 속성을 지닌 지배권력에 부역하면, 긍정적인 방향으로의 문화변동과 문화생성에 거의 영향을 미치지 못한다. 지배권력은 인간의 자유와 평등을 가능한 한 억압하려는 속성을 지니기 때문이다. 예컨대 마키아벨리의 『군주론』이나 홉스의 『리바이어던』은 유혈을 부르는 갈등에서 신음하고 있던 당시의 유럽 사회에서 유혈을 억제할 수 있는 절대적인 질서를 창출하기 위해 집필된 저작들이라는 명분을 갖고 있었음에도 불구하고 인류에게 영구적이고도 보편적으로 통용되는 가치인 자유와 평등을 확대 · 심화시키는 방향으로의 문화변동과 문화생성에 기여한 저작들로 평가받을 수는 없다. 마키아벨리나 홉스에게서 이데올로게(Ideologe)의 면모를 지워버리는 것은 용이하지 않다. 특히 홉스는 서구 학문사에서 자연 · 인간 · 사회 · 법 · 국가에 대해 독창적이면서도 보편성을 획득할 수 있는 학문적인 인식과 사회계약론의 단초를 제공했음에도 불구하고 홉스의 학문이 긍정적인 의미에서의 문화변동과 문화생성에 기여했다고 평가할 수는 없다고 보는 것이 타당할 것이다.

서구 근대 초기의 공장제 수공업에서 발원한 자본주의는 18세기 초반 영국에서 시작된 산업혁명과 결합되면서 서유럽 사회에서 중심적인 사회경제질서로 정착되었으며, 19세기 초에는 극심한 빈부 격차 같은 모순을 노정했다. 자본주의의 모순에 대한 총체적인 비판에 근거하는 카를 마르크스(Karl Marx)의 학문적인 이론은 이러한 시대적인 배경에서 태동했으며, 그의 학문적인 이론이 러시아 혁명, 중국 공산주의 혁명처럼 인류 역사상 가장 거대한 규모의 사회변동을 유발했다는 것은 잘 알려진 역사적인 사실이다. 이론적으로는 자유와 평등의 최대치의 실현을 추구했던 마르크스의 학문적인 이론이 공산주의 혁명의 형식으로 유발한 사회변동에서 자유와 평등의 실현에 실제적으로 기여했는가에 대해서는 부정적으로 평가되어야 한다. 공산주의 혁명을 실현한 구소련과 중국, 그리고 구 동구권 사회주의 국가들이나 북한처럼 마르크스의 이론을 빌려 전체주의 사회를 구축한 국가들에서는 평등 이념이 이데올로기로 기능하면서 자유가 철저하게 억압당하는 현실이 전개되었기 때문이다. 마르크스가 우선적으로 추구했던 평등은 이데올로기로 전도되었고, 자유는 소멸되었다. 이것은 학문적인 이론이 현실과의 접맥에서 경험한 비극적인 역설이다.

마르크스의 학문적인 이론이 자유와 평등의 실현에서 이러한 역설에 의해 그 의미가 많은 부분 퇴색되었음에도 불구하고 그의 비판적 사유와 그가 남겨놓은 이론적인 유산은 지금 이 순간에도 자본주의의 모순에 대한 성찰에서 여전히 현재적인 중요성을 상실하지 않고 있다. 이렇게 볼 때 앞에서 언급한 비극적인 역설에도 불구하고 마르크스의 학문적인 이론은 자유와 평등이 실현되는 방향으로의 사회변동, 문화변동, 문화생성에 기여한 부분이 적지 않다고 볼 수 있다. '네오마르크시즘'으로도 일컫는 프랑크푸르트학파의 비판이론은 마르크스 이론의 이러한 실패를 철저하게 인식했고, 학문적인 이론이 현실과의 접맥에서 교조적으로 경직되는 것을 철저하게 거부했다. "부정(否定)의 부정은 긍정이 되어서는 안 되고 다시 부정이 되어야 한다"는 아도르노의 부정변증법은 이러한 성찰의 결과다.

19세기 후반 서구 사회를 경악시킨 니체(F. Nietzsche)의 기독교 비판, 가치 비판, 권력 비판은 학문적인 이론이 문화변동과 새로운 문화생성에 지대한 영향력을 행사한 것을 보여주는 사례다. 이미 존재하는 모든 가치의 변환을 주장한 니체의 충격적이고도 급진적인 비판은 19세기 후반 생의 철학의 태동으로 이어졌고, 생의 철학은 세기말과 20세기 초의 유럽 지성계의 — 문명의 진보에 대해 비관적인 — 풍토를 형성했으며, 20세기 후반 세계 지성계를 흔들어놓은 미셸 푸코(Michel Foucault)의 권력 비판으로 이어졌다. 니체의 충격적인 사유는 철학을 비롯한 인문과학 전반, 역사 인식, 문학, 예술 전반에 광범위하게 영향을 미치면서 기독교적인 가치에 근거하여 형성된 가치들과 규범들의 변화를 유발함으로써 서구 사회에서의 문화변동과 문화생성을 촉발했다고 볼 수 있다. 이러한 영향력은 푸코와 결합되면서 지금 이 시간에도 지속되고 있다고 평가할 수 있다. 그러나 다른 한편으로 니체에서의 권력 의지, 초인 같은 개념들은 현실과의 접맥에서 부정적인 결과를 낳기도 했다. 나치즘이 이런 개념들을 이용했다는 것은 잘 알려져 있다. 이러한 사례는 마르크스의 이론이 공산주의 혁명에 이용되면서 발생시킨 비극적이고도 불행한 역설과 비교될 수는 없다고 할지라도 학문적인 이론이 문화변동과 문화생성에서 유발할 수 있는 부정적인 부작용을 입증한다.

프랑크푸르트학파에 미친 니체의 영향도 적지 않다. 프랑크푸르트학파는 이 학파의 기념비적 저작인 『계몽의 변증법』에서 니체의 권력 비판, 도덕비판을 적극적으로 수용하여 계몽이 지배에 연루되어 있는 것을 고발하고 이에 근거하여 계몽의 자기자각을 역설함으로써 니체가 제공한 인식을 자유와 평등이 실현되는 이성적인 사회의 실현과 결합시키고 있다. 마르크스와 니체의 경우에서 보듯이, 학문적인 이론은 반드시 현실과의 접맥에서 긍정적인 의미에서의 사회변동, 문화변동, 문화생성으로 이어지지는 않는다. 학문적인 이론의 부작용을 피하는 것이 쉽지 않다. 마르크스의 이론이 경험한 비극적인 역설을 특히 철저하게 인식했던 프랑크푸르트학파는 학문적인 이론이 현실과 접맥할 때 발생할 수 있는 부작용을 방지하기 위해 항구적인 비판을 의미하는 '규정된 부정', '특정한 상의 형성 금지' 같은 개념들을 제시했고, 개념이 대상에 대해 행사하는 폭력을 가차 없이 비판했다.

5. 비판이론이 문화변동과 문화생성을 긍정적으로 추동한 근거들

지금까지의 논의를 바탕으로 해서 이제 프랑크푸르트학파의 비판이론이 문화변동과 문화생성을 긍정적으로 추동한 근거들을 큰 틀에서 개략적으로나마 살펴볼 차례가 되었다.

호르크하이머는 1930년대 초반에 "철학적 이론과 개별 학문적인 실제의 변증법적인 관통과 전개"를 프랑크푸르트 사회조사연구소의 행동강령으로 표방했다. 개별 학문이 탐구하는 실제를 철학적 이론에 접목시켜 실제를 변증법적으로 관통하면서 이와 동시에 이러한 작업에 힘입어 실제가 더욱 긍정적인 방향으로 전개되어야 한다는 강령을 내세웠다. 프랑크푸르트학파는 출범 당시부터 이미 변증법적 비판이론을 학문적 방향으로 설정했던 것이다. 호르크하이머는 1937년에 「전통적 이론과 비판이론」을 발표함으로써 프랑크푸르트학파가 나아갈 방향이 비판이론임을 공식적으로 명확하게 밝혔다. 1933년 나치가 독일에서 권력을 장악한 시대 상황에서 호르크하이머는 비판이론을 통해 폭력에 제동을 걸 생각을 했다. 그의 이러한 생각은 아도르노와의 정신적인 연대를 통해 집필한 『계몽의 변증법』에서 구체화되었다. 『계몽의 변증법』은 넓은 시각에서 볼 때 (인류 역사 전체에 걸쳐 지속되는 현상들인) 문명 · 역사 · 사회 · 문화 · 이데올로기 · 권력 · 지배에 대한 비판으로 읽힐 수 있고, 좁은 시각에서 볼 때는 20세기 전반부에 창궐한 전체주의에 대한 비판의 특징을 뚜렷하게 드러낸다. 『계몽의 변증법』은 이처럼 매우 다층적이고 다차원적인 책이지만, 이 책의 집필 동기가 나치즘, 파시즘 같은 전체주의 폭력이라는 점에서 볼 때 전체주의 폭력에 대한 가차 없는 비판이 이 책의 일차적인 특징이라고 볼 수 있다. 『계몽의 변증법』에서 본격적으로 그 모습을 드러낸 프랑크푸르트학파의 비판적인 사상은 하버마스, 알브레히트 벨머, 헤르베르트 쉬네델바흐, 악셀 호네트, 마르틴 젤 등으로 이어져 내려와 오늘날까지 인류에게 비판적 사유를 매개하면서 사회변동, 문화변동, 문화생성을 추동하고 있다.

나는 비판이론이 문화변동과 문화생성을 구체적이면서도 긍정적

〈그림 5-3〉 막스 호르크하이머(왼쪽)와 테오도르 아도르노

〈그림 5-4〉『계몽의 변증법』

으로 추동한 첫 번째 근거로 전체주의 비판, 권위비판, 도구적 이성비판을 들고자 한다. 플라톤 이후 서구 철학의 사유에서 가장 중심에 위치하는 이성 개념은 원래 수학적 계산, 합리(ratio)의 의미를 담고 있다. 서양 사상에서 말하는 이성 개념은 중세의 이성 개념을 제외하고는 수학적 이성이라고 불러도 무리가 아닐 정도로 세계에 대한 정밀한 인식을 추구하는 특징을 갖고 있다. 이러한 특징을 가진 이성은 논리와 개념에 근거한 인식, 인과율에 근거한 인식, 세계에 존재하는 사물들의 연관관계와 세계에서 발생하는 일들의 연관관계에 대한 보편적인 인식, 최종적으로 가치에 대한 인식을 추구한다. 하버마스가 그의 중심 저작인『의사소통행위의 이론』에서 명확하게 밝혔듯이, 서양 철학의 "근본 주제는 이성이다".* 서양 철학의 역사는 이성에 대한 논의의 역사라고 볼 수도 있을 정도로 이성은 서구 사상의 핵심에 놓여 있다.

전체주의는 이러한 본질과 특징을 갖고 있는 이성이 도구적인 이성

* Jürgen Habermas (1980), p. 15.

으로 타락하면서 지배의 도구로 총체적으로 전락한 것을 보여주는 지배 체제다. 또한 전체주의는 서구적 의미에서의 이성과는 관련 없이 전개된 사회 — 즉 아시아, 아프리카, 남아메리카의 여러 지역 — 에서도 창궐했다. 전체주의가 작동되는 사회, 전체주의가 태동될 조짐이 보이는 사회에서는 (이런 사회가 어느 문화권에 존재하는지의 여부와는 크게 관련 없이) 비판이론이 전체주의적인 문화를 극복하고 자유와 평등을 향한 문화변동과 문화생성의 도정에 긍정적으로 기여할 수 있다. 비판이론은 20세기 전반 나치즘, 파시즘처럼 전체주의가 그것 자체로 문화가 된 사회, 제2차 세계대전 후에는 공산주의라는 이름으로 창궐한 전체주의인 스탈린주의가 지배했던 구소련 사회, 구 동구권 사회주의 사회를 질곡으로부터 구출하기 위해 역사비판, 문명비판, 학문과 기술 비판, 문화비판, 가치비판, 이데올로기 비판, 권력비판, 지배비판을 장기간에 걸쳐 치열하게 전개함으로써 잘못된 방향에 빠져든 사회와 문화를 올바른 방향으로 변화시키는 역할을 수행했다고 볼 수 있다. 이 글의 모두에서 언급했듯이, 비판이론의 이러한 활동은 권위로부터의 해방을 주창했던 68혁명의 정신적인 기반이 되었으며, 68혁명은 자유와 평등을 향한 인류의 도정에 세계사적인 의미를 갖는 사건이 되었다. 68혁명의 정신은 1980년대 후반 이후 신자유주의의 창궐에도 불구하고 지금 이 시간에도 살아 움직이면서 좁게는 유럽 사회에서, 넓게는 인류 사회에서 이성이 도구적 이성으로 타락하는 데 제동을 걸고 있다.

이것은 비판이론이 인간의 가치가 존중되는 방향으로의 문화변동과 문화생성에 인류문화적인 차원에서 기여했다고 평가받을 수 있는 학문적인 업적이다. 예를 들어 독일 사회의 경우 68혁명 당시 비판이론에 영향을 받았던 대학생들이 나중에 정치인, 관료, 학자, 언론인, 예술가, 시민운동가가 되어 나치가 저지른 죄악에 대한 과거 청산을 항구적으로 지속하는 방향과 독일 사회가 더욱 자유롭고 평등한 사회가 되는 방향으로 담론을 펼쳤으며, 이러한 담론이 정치인과 관료 등에 의해 정책 결정으로 이어졌다는 사실이 구체적으로 확인되고 있다.* 68세대로 정치에 투신한 사람들은 독일사회민주당(SPD)과 녹색당에서 인간의 자유와 평등을 추구하는 정책을 펼치고 독일 사회에서의 비합리적인 권위를 타파하는 데 큰 역할을 했으며, 언론인이 된 사람들도 역시 이와 동일한 역할을 수행함으로써 독일 사회의 문화변동과 반(反)권위적인 문화생성에 기여했다. 68세대는 학계에서도 비판적이고 진보적인 학풍을 주도함으로써 대학이 보수 논리의 온상이 되는 것을 저지했고, 권력에 의해 지배당하는 것을 방지함으로써 대학이 비판적인 문화의 생성에 기여하는 데 견인차 역할을 했다. 이는 학문적인 이론이 긍정적인 방향으로의 문화변동과 문화생성에 공헌한 구체적인 실례다. 전체주의 비판과 권위비판이 가시적으로 출현하는 전체주의 문화와 권위 문화에 대한 직접적이고도 가차 없는 비판이라면, 프랑크푸르트학파가 100년 가까이 지속하고 있는 도구적 이성비판은 인간의 사고와 행위가 도구로 전락하는 위험성에 대해 경고를 보냄으로써 인류 문화가 도구적 이성에 의해 타락에 빠져드는 것을 방지하기 위한 항구적인 비판이라고 볼 수 있다. 도구적 이성비판이 지속적으로 기능하는 사회에서 인간의 자유와 평등, 인간 존중을 향하는 방향으로의 문화변동과 문화생성이 가능하다는 것은 자명하다.

두 번째 근거로 제시하고자 하는 것은 사물화 비판이다. 비판이론은

---

* Cf. R. Erd, D. Hoß, O. Jacobi und P. Noller (1989). 68혁명 발생을 기준으로 20년 후에 출간된 이 책에서는 비판이론이 독일 사회와 독일 문화의 거의 모든 영역에 미친 영향이 구체적으로 서술되고 있다.

루카치가 "인간의 의식이 상품구조에 종속되는 병리 현상으로 규정한 사물화가 사회적인 모든 연관관계에 구조적으로 침투했음"을 비판했고, 사물화로부터 빠져나오기 위한 대안들을 제시했다. 호르크하이머와 아도르노가 제기한 규정된 부정, 이성의 자기자각, 하버마스가 제시한 의사소통적 합리성은 이러한 대안들의 구체적인 실례다. 한국 사회처럼 사물화에 의해 사회 전체가 총체적으로 포획된 사회에서는 문화 자체가 물신화되면서 문화에 내재하는 가치들과 규범들이 사물화에 의해 배제되는 바, 사물화 비판은 이처럼 병리적인 문화의 극복에 직접적으로 기여할 수 있다.

세 번째 근거로 들 수 있는 것은 이데올로기 비판이다. 마르크스의 시각에 따르면 이데올로기는 잘못된 의식이며, 아도르노의 정의에 따르면 사회적으로 필연적인 잘못된 가상이다. 사회가 작동되는 곳에서는 이데올로기가 필연적으로 발생하여 작동된다. 문제는 이데올로기의 작동과 발생을 줄이는 일이다. 권력과 지배체계는 인간의 사고와 행위를 지배를 위한 도구로 관리하려는 속성을 갖고 있다. 인간의 사고와 행위가 권력과 지배체계에 의해 도구로서 관리당하게 되고, 이것이 반복되면 개별 인간의 사고와 행위도 도구화된다. 이러한 메커니즘에서 환호성을 올리는 것이 바로 이데올로기다. 프랑크푸르트학파는 1930년대부터 오늘날까지 이런 속성을 지닌 이데올로기를 지속적으로 고발하고 비판함으로써 인류를 이데올로기의 질곡으로부터 구출하려는 노력을 계속하고 있다.

어떤 특정 집단이나 사회에서 이데올로기가 많이 작동될수록 문화도 이에 상응하여 타락하는 정도가 증대된다. 예컨대 나치즘의 지배체제는 그것 자체로서 이데올로기의 총체적인 실현 형식이었다. 한국인이 1970년대 이후 경험한 군사독재 지배체제에서도 지배권력이 생산하여 작동시키는 여러 종류의 이데올로기가 지배 유지에 결정적인 역할을 수행했다. 비판이론이 추동한 이데올로기 비판은 이데올로기에 의해 문화가 타락하는 것을 저지하고 문화의 전개에서 이데올로기의 기능을 최소화하려는 노력이다. 오늘날의 한국 사회에서처럼 자본권력, 정치권력, 언론권력이 이데올로기를 산출해내는 사회에서는 이데올로기가 심지어 산업화되고 상업화되어 있다. 그뿐만 아니라 이른바 명문대학의 입학을 향한 극한 경쟁을 유발하는 교육권력, 명문대학이 지배권력을 재생산함으로써 스스로 지배권력이 된 교육권력까지 이데올로기 생산에 합세하는 사회에서는 이데올로기 비판의 중요성을 아무리 강조해도 지나치지 않다고 할 수 있을 것이다.

네 번째 근거로 문화산업 비판을 들고자 한다. 문화산업은 문화적 재화들을 상품으로 관리하면서 인간을 문화 상품의 일회적이고도 반복적인 소비에 종속시킴으로써 인간에게서 비판적인 의식을 탈취한다. 이와 동시에 문화산업은 인간을 문화산업 재화들의 반복적 소비에 종속시킴으로써 사회에 의한 인간 지배를 용이하게 한다. TV 방송의 일일연속극 같은 문화산업 재화들의 반복적 소비에 종속된 인간이 문화산업이 제공하는 오락과 유흥에 자신의 주체성을 내줄수록 지배권력에 의한 인간 지배가 더욱 용이해진다는 것은 불을 보듯 명백하다. 문화산업이 창궐하는 사회에서는 자유, 평등, 사랑, 박애, 인간 존중, 약자 보호, 이웃 사랑, 자연 보호 등 인간이 장기적으로 추구했고 중요하다고 인정한 가치들에 의해 유지되는 긍정적인 문화가 발을 붙이기 어렵고 오락에 의해 포획된 물질적이고도 말초적이며 소비적인 문화가 창궐한다. 문화산업이 구조적으로 구축한 오락 메커니즘에 대한 중독은 필연적으로 반복적 중독을 부른다. 문화산업 재화들은 마약과도 같은 속성을 갖고 있다. 인간의 의식이 **오락 메커니즘으로 인해 반복적으로 중독되는 것의 구조화**에서 인간의 깨어 있는 삶이 중지되고, 긍정적 의미에서의 문화는 문화산업에 그 자리를 내주게 된다.

호르크하이머와 아도르노는 『계몽의 변증법』에서 문화산업의 부정적인 기능을 고발했다. 「문화산업, 대중기만으로서의 계몽」이라는 제목으로 시작된 문화산업 비판은 그 제목의 심각성이 보여주듯이 오늘날까지 현재적 중요성을 유지하고 있다. 더 정확하게 말한다면, 문화산업 비판은 오늘날 그 중요성이 더욱 증대되었다고 볼 수 있다. 공영 TV 매체들뿐만 아니라 종편 TV 매체들의 오락 프로그램들이 증명하고 있듯이 한국 사회처럼 사회 전체가 문화산업에 의해 포획된 사회에서는 문화산업 비판 없이는 긍정적 의미에서의 문화변동과 문화생성이 불가능하다고까지 말할 수 있다. 긍정적인 의미에서의 문화가 소멸해가는 사회가 되지 않기 위해서는, 돈, 오락과 향락, 소비의 화신인 문화산업이 창궐하는 사회가 되지 않기 위해서는, 인간에게서 비판의식을 찬탈하고 지배권력에 의한 인간 지배의 공범 역할을 하는 문화산업만이 남은 사회가 되지 않기 위해서는 문화산업 비판이 특히 절박하다. 문화산업 비판이 전제되어야 문화가 긍정적인 방향으로의 문화변동과 문화생성의 궤도에 진입할 수 있다.

마지막으로, 비판이론이 대학의 여러 학문분과들에 영향을 미침으로써 이 학문분과들이 실행한 연구와 교육이 사회에 접속되고 사회에서 구체적으로 결실을 맺으면서 문화변동과 문화생성으로 이어졌다는 사실을 들고자 한다. 비판이론은 세계적으로 철학, 사회학, 정치학, 심리학, 인간학, 문화학, 문예학 등에 특히 강력한 영향을 미친 데서 끝나지 않고 법학과 교육학처럼 실제와 직접적으로 접목된 학문에까지 영향을 미쳤다. 예를 들어 프랑크푸르트대학에서는 법학에서도 비판법학이 태동했고 교육학 분야에서도 비판교육학이 태동함으로써 비판이론이 두 학문처럼 실제와 직접적으로 접목된 학문을 통해 문화변동과 문화생성에 기여했다고 볼 수 있다. 법학처럼 보수적인 패러다임을 가진 학문이 비판적 성찰에 눈을 뜨게 유도한 것도 비판이론이었다.

하버마스는 1985년 『현대성의 철학적 담론』을 출간한 이후 법 연구에 몰두했다. 그 결과 그는 형법에 의한 형사처벌의 패러다임을 의사소통의 패러다임으로 변환시키는 시각을 내놓음으로써 형법을 강제적 처벌수단으로 보는 법문화의 경직성을 극복하는 새로운 가능성을 제공했다. 이렇게 함으로써 하버마스는 법 영역에서의 새로운 문화생성의 가능성을 열어놓았다. 이처럼 새로운 법문화가 정착되면 전관예우, 유전무죄, 무전유죄 같은 폭력적인 법문화의 변화를 기대할 수 있을 것이다. 그 밖에도 여러 가지 근거를 제시할 수 있지만, 지면 관계로 다섯 가지 근거만 드는 것으로 마무리하고자 한다.

6. 비판적 사고의 활성화를 통한 새로운 문화의 생성을 위해

비판적 사고를 추동해야 할 책무를 지닌 대학이 자본과 상업 논리에 의해 철저하게 지배되는 현상, 지배권력을 옹호하는 언론이 득세하고 비판적 논조를 지닌 언론이 쇠퇴하는 현상, 비판적 사고를 말살하는 문화산업이 창궐하는 현상에서 증명되듯이, 현재의 한국 사회에서 비판적 사고는 설 자리를 잃고 있다. 한국 사회에서처럼 비판적 사고가 그것의 사회적인 비중을 상실해가는 사회에서는 도구적 사고에 의해 생산되는, 예를 들어 물질문화 같은 부정적인 문화만이 반복적으로 재생산될 것이다. 이러한 사회에서는 인간이 자신의 삶의 의미를 정신적으로 확인하는 정체성으로서의 문화는 점차 소멸해가고 문화산업만이 환호성을 올리게 될 것이다. 지배권력, 자본, 문화산업에 의해 재생산되는 물질문화가 마침내 그것 스스로 문화가 되면서 문화에 고유한 정신적인 가치들이 문화로부터 배제당하게 될 것이다. 인간이 물질문화에 정신을 내주고 물질문화가 제공하는 향락과 오락에 반복적으로 빠져드는 메커니즘으로 구조화되는 것, 바로 이렇게 되는 것을 추구하는 권력이 지배권력, 자본권력, 문화산업이다. 3자가 일심동체인 것은 불문가지다.

비판적인 사고가 그 기능을 발휘하지 못한 사회에서 인간의 자유와 평등이 증대되는 방향으로의 문화생성은 불가능하다. 앞에서 보았듯이, 프랑크푸르트학파가 비판이론을 통해 거의 100년에 가까운 기간 동안 전개한 비판 활동은 특히 제2차 세계대전 이후 유럽 사회에서의 전체주의적이고도 권위주의적인 문화를 해체시키고 자유와 평등의 증대를 향하는 방향으로의 문화생성에 공헌했으며, 지금 이 시간에도 인류에게 긍정적인 방향으로의 문화생성을 추동하고 있다. 이러한 역사적 사례를 타산지석으로 삼아 이제부터 한국 사회도 비판적 사고의 활성화를 통한 문화변동을 추동하고 새로운 문화생성의 도정에 들어서야 할 것이다. 비판이 금기된 사회, 비판이 함몰된 사회, 비판을 비난과 동일하게 보는 사회에서는 인간을 존중하는 문화, 인간이 행복을 더욱 많이 향유하는 문화로의 변동은 원천적으로 차단된다. 오늘날의 한국 사회와 한국 문화에 절박하게 필요한 것은 다른 것이 아닌 바로 비판의 활성화다. 비판이 그 기능을 발휘하지 못하는 사회는 죽은 사회다. 죽은 사회에서는 죽은 문화만이 창궐하며, 물질과 문화산업이 지배하는 문화는 죽은 문화의 다른 이름이다.

도움받은 글/더 읽어야 할 글

문병호, 『아도르노의 사회이론과 예술이론』, 문학과 지성사, 1993, 2001.

______, 『비판과 화해』, 철학과 현실사, 2006.

______, 『문화산업시대의 문화예술교육』, 자연사랑, 2007.

앤서니 기든스, 『현대 사회학』, 김미숙 등 옮김, 을유문화사, 1996.

Jürgen Habermas, Theorie des kommunikativen Handelns, Band I., Handlungsrationalität und gesellschaftliche Rationalisierung (Frankfurt/M: Suhrkamp, 1980).

R. Erd, D. Hoß, O, Jacobi und P. Noller (hrsg.), Kritische Theorie und Kultur (Frankfurt/M: Suhrkamp, 1980).

혼종과 융합

06. 독일 난민과 이주민 문제, 그리고 실천적 상상력
- 조관연(문화인류학)

07. 접속, 변용 그리고 창조: 「살인의 추억」
- 전윤경(영문학)

08. 시뮬라시옹과 실존, 그리고 융합적 세계: 「매트릭스」
- 안효성(정치철학)

09. 패러다임으로서의 창조와 융합 그리고 미래 교육
- 김진택(매체미학)

06
독일 난민과 이주민 문제, 그리고 실천적 상상력

조관연

1. 왜 난민인가?

지난 몇 년 동안 유럽에서는 아프리카와 중동 지역 출신 난민으로 인해 사회적 논의가 분분했는데, 특히 가장 많은 난민이 몰린 독일에서는 이를 둘러싸고 미디어에서 논쟁이 벌어졌다. 이들의 입장은 극명하게 나눠지는데, 인도적 차원에서 모두 다 수용해야 한다는 입장에서부터, 독일 사회가 감당할 수 있는 숫자만 받아들여야 한다는 입장, 그리고 독일 통합과 단결을 위해 절대로 받아들여서는 안 되는 입장까지 다양했다. 한국에서는 올해 들어 유럽에서의 난민 상황이 요란하게 보도되기 시작했고, 많은 사람이 이 문제의 심각성을 깨닫기 시작했다. 하지만 한국에서는 아직도 이들 난민을 잠재적 테러리스트나 경제적 기회주의자로 간주하는 사람이 적지 않으며, 책임 있는 세계마을 공동체 일원으로서 이들의 문제를 공감하고, 문제를 적극적으로 해결하려는 의지를 가진 사람을 찾기란 매우 힘들다.

인류 역사상 난민은 항상 있어왔지만, 지금 상황은 이전과 그 내용이 약간 다르다. 세계화가 일정 부분 난민 발생에 기여했지만, 이에 강대국의 이해관계와 민주주의의 확산이 더해지면서 그 문제가 매우 복잡해졌다. 이 글은 얼마 전에 벌어졌던 독일 난민 문제를 다시 한 번 되짚어 보고, 난민 또는 이주민 문제를 독일에서 본격적으로 다뤄서 사회적으로 큰 반향을 일으킨 오래된 영화를 소개하고자 한다. 독일에서 난민 문제를 선제적이고 포용적으로 해결할 수 있었던 데는 오랜 기간 동안 사회적 논의가 있었고, 이러한 논의 과정을 거쳐 사회적 합의가 만들어졌기 때문이다. 이런 논의와 사회적 합의는 영화와 신문 그리고 텔레비전을 통해 촉발되고 형성되어가는데, 1973년의 영화 「불안은 영혼을 잠식한다」는 가장 먼저 독일 이주민 문제를 제기한 것으로 평가받고 있다. 이 영화는 독일 국내뿐만 아니라 국제적으로도 높은 평가를 받았

〈그림 6-1〉「불안은 영혼을 잠식한다」 영화 포스터
출처: https://en.wikipedia.org/wiki/Ali:_Fear_Eats_the_Soul#/media/File:Alifeareats.jpg

는데, 현재 한국의 이주민과 난민 문제를 되돌아보는 계기가 될 것으로 생각된다.

2. 독일 난민 문제

독일은 오랜 기간 동안 이주민 또는 난민이 많이 유입된 나라다. 19세기부터 최근까지 제1차 세계대전, 제2차 세계대전, 동유럽, 아프리카, 중동 그리고 아시아 등지에서의 전쟁 등으로 많은 난민이 독일에 정착했다. 이전에도 프랑스 개신교도, 러시아 기독교도, 유대인 등 많았다. 현재 독일 전체 인구의 1/3이 이주배경을 가진 사람이다. 독일은 이들로부터 많은 혜택을 보았다. 현재 독일의 수공업이나 산업기술 상당수는 이들 덕분에 가능했다. 1960년대 이후의 노동이주민은 독일의 경제 기적을 이루는 네 커다란 기여를 했기 때문에 현재 독일인 상당수는 이주민에 대해 상당히 우호적이다. 독일에는 강력한 시민단체나 종교단체들이 있는데, 이들 중 다수는 인류애, 인권 등의 보편적 가치를 주장한다. 즉, 보편적 가치가 국익보다 앞선다고 생각하고 행동한다. 이것이 독일 사회가 가진 큰 도덕적 힘이다. 국가의 진정한 힘은 도덕적 우월함에서 나오는데, 중국이나 일본은 이러한 힘이 상대적으로 약하다.

경제적 관점에서 본다면 현재 독일에서는 노동가능인구가 줄고 있기 때문에 이주민을 받아야만 연금이 보장되고, 경제도 지속적으로 발전할 수 있는 구조를 가지고 있다. 하지만 이러한 이유 때문에 난민을 받아들이는 것만은 아닌데, 시민사회와 종교단체 그리고 진보적 지식인들이 이주민이나 난민 문제에 있어서 정치인에게 강한 압력을 넣기 때문에 가능하다. 이들은 정치인에게 인권이나 세상의 보편적 가치를 요구하고, 왜 외국 이주민이나 난민은 예외적용의 대상이 되어야 하는지를 질문하고 있다. 그리고 나치 시기에 많은 독일인이 정치적 망명을 갔다가 전후에 돌아와서 독일 건설에 주축이 되었던 이야기도 한다. 많은 나라들이 이들을 난민으로 받아들여주지 않았다면, 나치 손에 다 죽임을 당하고 전후 독일 건설도 힘들었을 것이라는 사실도 환기시키고 있다.

많은 사람들, 특히 대부분의 한국 사람은 (이슬람) 이주민 또는 난민 때문에 독일이 혼란에 빠질 것으로 걱정하고 있다. 적지 않은 독일인도 이런 걱정을 하고 있지만, 그렇다고 이 걱정 때문에 생명의 위협을 받는 사람들에게 안전한 피난처와 기본 생계를 보장하는 것을 꺼려서는 안 된다. 왜냐하면 사람 목숨보다 더 중요한 것은 없기 때문이다. 적지 않은 독일인은 이슬람 이주민 또는 난민의 사회통합이 별다른 문제가 아니라고 생각하는데, 왜냐하면 독일은 매우 강한 주도문화를 가지고 있다고 생각하기 때문이다. 외국 이주민은 대부분 사상과 문학, 철학, 도덕, 교육, 경제, 법률, 인권 등에서 잘 정돈되고 합리적으로 운영되는 독일 사회에 상당히 압도된다. 앞에서 이야기한 대로 이는 도덕적 우월성에서 나온다. 그리고 법은 합리적으로 운영되고, 시민은 이를 잘 준수하며, 이를 어길 경우 처벌도 납득할 만하게 실행되고 있다. 그래서 역사적으로 본다면 독일에 온 이주민은 쉽게 독일 사회에 통합된다. 한국도 도덕적으로 우월한 주도문화가 있다면 이주민 수용에 대해 걱정할 필요가 없을 것이다. 왜냐하면 자발적으로 한국 사회에 통합될 것이기 때문이다. 하지만 이런 합리적 주도문화가 없으면 사회는 혼란이나 갈등에 빠지게 된다. 한국인이 법을 지키지 않고, 부패하고, 인종차별주의적 시각을 가진다면 이주민도 이에 준하는 행동을 하기 때문이다.

서구와 이슬람 세계는 오랜 기간 동안 싸웠으며, 그 관계는 매우 복잡미묘하다. 하지만 독일에 사는 이슬람교도 대부분은 경제적 · 사회적 · 문화적 차별만 받지 않는다면 종교를 전면에 내세우지 않는 경향이 있다. 이들은 독일인과 마찬가지로 종교는 개인적인 차원의 믿음이라고 생각하고 있다. 하지만 차별을 받으면 종교가 전면에 부각된다. 독일에 일부 차별정책이 있고, 이 때문에 이슬람 이주민 중 일부가 분노하고 있는 것도 사실이다. 그래서 독일 시민사회는 이슬람 이주민의 사회통합을 위해 정부에 사회적 정의를 요구하고 있다. 더디지만 이주민이나 난민에 대한 정책 개선이 이뤄지고 있다. 하지만 독일의 일부 우파들은 이주민이나 난민정책에 반대하는 이야기를 유포하고 있는데, 독일 녹색당이나 사회당은 이들의 주장에 공개적으로 반대하고 새로운 대안정책을 선보이고 있다. 현재 독일에 있는 난민 중 일부는 나치를 피해 망명 갔던 독일인 상당수가 전후 독일로 돌아왔듯이, 고국에서 사회 갈등이나 전쟁이 종식되면 자발적으로 귀향할 것이다.

난민은 단기적으로 독일에서 어느 정도 사회문화적 갈등을 일으키겠지만, 장기적으로 이들 대부분은 독일 사회가 별다른 차별만 하지 않는다면 독일인이 될 것이다. 그리고 이들은 독일 문화를 다양하게 만들 것이다. 이것이 바로 독일, 아니 인류의 역사였다. 인류 역사에서 전쟁이 없었던 시기는 매우 짧았다. 인류의 역사 중 상당 부분은 난민 역사인데, 한국인도 얼마 전까지 많은 사람들이 난민으로 만주나 러시아로 갔다. 북한에서 남한으로 오는 사람들도 일종의 난민이다. 인류 역사에서 국경이 생긴 지는 얼마 안 되었는데, 난민은 제1차 세계대전 이전까지 그냥 국경을 넘어서 이주할 수 있었다. 하지만 지금은 다르다. 국가가 국경을 통제하고 있으며, 많은 난민이 이 국경을 넘지 못해서 죽어가고 있다. UN의 「인권선언」이나 「난민협약」은 인간의 자유로운 이동권을 보장하라고 요구하고 있지만, 이 요구는 많은 난민에게 보장되지 않고 있으며 오히려 국경은 더 굳게 닫히고 있다.

외부 폭력으로 인해 죽음을 목전에 둔 사람들은 무조건 보호받을 권리가 있는데, 지금 많은 사람들은 이들을 경제적인 이해관계 속에서 바라보고 있다. 얼마나 많은 사람이 일가친척과 친구 그리고 재산을 다 놔두고 다른 나라로 이주할까? 타지에 가면 거의 예외 없이 차별을 받으며, 이 세상 어디에도 고향만큼 안락함이나 안전 그리고 사회적 유대감을 주는 곳은 없다. 대부분의 독일 진보지식인은 이처럼 난민을 받아들여야 한다는 논리를 주장하고 있으며, 이에 반대하는 사람은 이기적인 소시민으로 몰리고 있다. 독일 사회는 난민 한 명당 한 달에 약 120만 원을 지출하고 있는데, 이는 난민 숫자를 고려하면 엄청난 액수다. 유엔 「난민협약」에 의하면 난민은 노동시장에서 일자리를 찾을 수 없기 때문에 해당 정부는 이들에게 기본 의식주를 해결해주고 인간적인 삶을 살기 위한 최소한의 돈도 제공해야 한다고 적시하고 있다. 지난 수년 동안 독일에 온 난민 숫자는 100만 명 이상인데, 독일 정부는 이들을 위해 막대한 재정적 지출을 하고 있다. 하지만 독일의 많은 시민단체나 시민은 가진 자가 사회적 의무를 다하지 않는 사회는 정당하지 않다고 생각하고 있다. 그리고 이를 실행에 옮기기 위해 정치인과 미디어를 압박하고 있는데, 아마도 이것이 독일이 가진 도덕적 우월성이라고 생각한다.

현재 지구상에는 수많은 사회적 갈등이나 전쟁이 벌어지고 있으며, 아시아와 아프리카 여러 나라에서는 천만 명 이상의 난민이 발생했다. 그 숫자는 계속 늘어날 예정인데, 서구 정치인들은 이를 수수방관하고 있다. 하지만 자신들이 이들 난민의 일부를 수용해야 하고 이들 때문에 많은 경제적 · 사회적 비용을 지불해야 하는 상황이 벌어진다면, 서구 정치인들은 이 문제 해결을 위해 적극적으로 나설 것이다. 서구에 대규모 난민이 몰려오면서 이런 조짐이 나타나고 있는데, 대규모 난민의 서구 사회 유입은 국제평화를 정착시키기 위한 무언의 압력이 될 것이다.

이러한 독일에서의 이주민과 난민 정책은 하루아침에 만들어진 것이 아니다. 그리고 시민의식도 하루아침에 형성된 것이 아닌데, 영화 「불안은 영혼을 잠식한다」는 1970년대 독일에 만연한 이주민에 대한 적대감을 보여줄 뿐만 아니라 관객으로 하여금 성찰하도록 만들고 있다. 이런 작은 밀알들이 모여서 만들어진 것이다.

〈그림 6-2〉 한국전쟁 당시 피난민 모습
출처: https://en.wikipedia.org/wiki/Korean_War#/media/File:South_Korean_refugees_mid-1950.jpg

3. 「불안은 영혼을 잠식한다」 속의 이주민

독일은 유럽연합 내에서 가장 인구가 많은 국가이며, 인구수는 약 8,200만 명에 달한다. 독일 경제는 전후 1950년대의 경제성장 이래로 노동이민자에게 의존하고 있다. 당시 소위 '손님노동자(Gastarbeiter)'라 불린 다수의 외국인노동자가 남부 및 남동유럽에 있는 고향으로 돌아갔지만, 아직 독일에 남아서 생활하는 이들도 많다. 독일은 외국인노동자의 나라에서 점차 이민자의 나라로 변했다. 독일로 이주해오는 또 하나의 큰 집단으로는 수세대 전부터 구소련, 루마니아, 폴란드 등에서 살다가 공산체제 붕괴 후 독일로 돌아온 이들을 꼽을 수 있다. 현재 독일 거주민 가운데 이주배경을 가진 사람은 총 1,500만 명에 달한다. 이들 중 700만 명은 외국인이며, 약 800만 명은 독일 국적을 취득했다. 독일에 사는 외국인 가운데 터키인이 250만 명으로 가장 큰 집단을 이루고 있으며, 나머지 150만 명은 주로 구유고슬라비아 또는 그 후속 국가에서 온 이주민이다. 독일에 거주하고 있는 이슬람교도는 400만 명에 달하는 것으로 추정되고 있다.

독일은 외국인노동자를 주로 단순노동 분야에 받아들였기 때문에 많은 이주민이 미숙련 노동자로 일하고 있다. 또한 이주민 가정은 독일에서 사회적으로 향상되거나 경제적으로 윤택한 생활을 하는 데 어려움을 겪는 것으로 드러났다. 그러나 과거 20년 동안 사회통합 분야에서는 약간의 진전이 있었다. 독일 국적 취득을 위한 법적 기준이 완화되었고, 이민자와 독일인 간의 교류가 활성화되었으며, 다른 인종 및 문화의 다양성을 수용하는 분위기가 크게 강화되었다. 2005년 발효된 이민법을 통해 이민정책의 모든 분야를 고려하는 포괄적 법 규정이 처음으로 마련되었다. 현재 연방정부는 독일에 사는 외국인의 통합을 핵심과제로 삼고 있다.

파스빈더의 「불안은 영혼을 잠식한다(Angst essen Seele auf」(1973)는 독일에서 노동이민자 문제가 한창 사회적 현안으로 떠오르던 시기에 만들어진 영화로 외국인노동자에 대한 문제를 공론화시키고, 이들에 대한 독일인의 시선과 태도를 교정하는 데 적지 않은 영향을 끼쳤다. 또한, 이주에 관한 다른 영화들이 탄생할 수 있는 토양을 마련한 작품으로 인정받고 있다.

이 글은 영화 텍스트분석 방법을 통해 영화 속에 존재하는 이주노동자를 둘러싼 다양한 문화적 함의들을 분석하고자 한다. 이 분석이 외국인노동자의 수가 꾸준히 증가하는 한국에서 이주에 대한 상상력의 지평을 넓히는 데 얼마간 도움을 줄 것이다.

1) 감독에 대해

이 영화의 감독인 라이너 파스빈더(Rainer Werner Fassbinder, 1945~1982)는 바이에른 주의 바트뵈리스호펜(Bad Wörishofen)에서 의사인 아버지와 번역가인 어머니 사이에서 태어났는데, 부모의 이혼 후 홀어머니 밑에서 자랐다. 16세에 아우구스부르크의 김나지움(한국의 중 · 고등 인문계통합학교)을 그만두고 아버지를 따라 쾰른으로 갔다. 이곳에서 그는 시와 단막극 그리고 영화각본을 썼는데, 이들 작품은 철학적, 사회비판적 그리고 심리적인 분석이 뛰어난 것으로 평가받고 있다.

그는 어려서부터 영화제작에 관심이 있어서 영화학교에 진학하려고 했으나 계속 실패했다. 2년 동안 연극 개인교습을 받고 난 후 뮌헨의 국

〈그림 6-3〉 파스빈더
출처: https://en.wikipedia.org/wiki/Rainer_Werner_Fassbinder#/media/File:PER51895_061.jpg

가연구시험에 응시했으나 떨어지고, 베를린 독일영화와 텔레비전아카데미(Deutschen Film und Fernsehakademie Berlin)에도 떨어진다. 이후 혼자 영화제작을 연습하면서 기존의 영화관습을 넘어서는 새로운 형식을 발견하기 노력한다. 파스빈더는 1965년부터 1년 동안 크리스토프 로저(Christoph Roser)와 함께 자신의 첫 번째 단편영화인 「도시의 배회자(Der Stadtstreicher)」와 「작은 혼동(Das kleine Chaos)」을 제작했다. 1967년에는 액션연극에 매료되어 동료와 창작집단을 구성해 각본을 공동작업하기도 했다. 1년 후에는 액션연극과 결별하고, 기존 연극의 관행을 비판하는 '반연극 동호인집단'을 구성하여 베를린의 극장과 술집에서 대안적 연극을 공연했다. 10대 후반부터 동호인집단에서 살았는데, 이 구성원들이 그의 가족을 대체했다. 1971에서 1974년까지는 모로코 출신 연극배우인 엘 헤디 벤 살렘(El Hedi ben Salem)과 동거했는데, 그는 「불안은 영혼을 잠식한다」에서 남자주인공으로 등장한다.

그는 1971년부터 활발한 영화활동을 시작한다. '저자들(Autoren)'이라는 영화출판사를 공동창업하고, 장 뤽 고다르와 누벨바그 그리고 미국 범죄영화와 멜로드라마에 영향을 받아 자신의 영화프로젝트를 시작한다. 탱고필름(1971~74)을 만들어 영화 「페트라 폰 칸트의 쓴 울음」(1971), 「불안은 영혼을 잠식한다」(1973), 「자유의 정글의 법칙」(1974)을 제작하고,

브레멘, 보쿰 그리고 프랑크푸르트 등지에서 연극을 연출하기도 한다. 「불안은 영혼을 잠식한다」는 파스빈더의 대표작 중의 하나이고, 전 세계적으로 널리 알려진 독일 영화 중의 하나이기도 하다.

2) 작품 내용

영화의 독일어 제목은 'Angst essen Seele auf'인데, 한국어로는 「불안은 영혼을 잠식한다」라고 번역되었다. 이 번역이 우아하기는 하지만 원제목의 느낌을 제대로 전달하지는 못하고 있는 것 같다. 직역한다면 '두려움(또는 공포)은 영혼을 먹어치운다'가 될 것이다. 이 제목은 아랍의 속담에서 채용한 것인데, 그 의미는 타자 또는 외국인에 대한 막연한 두려움이 인간의 영혼을 피폐하게 만든다는 것이다. 따라서 「두려움은 영혼을 먹어치운다」가 더 적합한 번역일 듯하다. 원 독일어 제목은 동사 변화가 잘못되어 있는데, 이는 대부분의 외국인노동자가 동사 변화를 무시하고 원형을 사용하는 경향을 드러내기 위해서다.

영화의 줄거리는 다음과 같다. 예순을 훌쩍 넘긴 과부 에미 쿠로프스키는 청소부인데, 밤늦게 집에 가다가 내리는 비를 잠시 피하려고 평소 호기심은 있었지만 들어갈 용기가 없었던 뮌헨의 아랍 출신 노동자들이 주로 찾는 작은 술집에 들어간다. 홀로 문가의 테이블에 앉아 콜라를 마시는 에미에게 모로코 출신의 손님노동자인 알리가 다가가서 말을 걸고, 같이 춤출 것을 청한다. 에미보다 스무 살이나 젊은 알리는 건장한 몸을 가지고 있으며, 독일에 온 지 2년밖에 되지 않았지만 비교적 유창하게 독일어를 구사한다. 알리는 늦은 밤 홀로 비를 맞으며 집에 가야 하는 에미를 배웅해주는데, 에미는 이에 대한 보답으로 집으로 초대해서 커피와 코냑을 대접한다. 함께 밤을 지낸 에미와 알리는 서로 좋아하는 감정이 생겨나 자주 에미의 집을 방문하지만, 에미의 주변 사람들은 모두 예외 없이 이들의 관계에 대해 적대적인 태도를 보인다. 사랑과 주위사람들의 적대감에 대한 반항심에서 둘은 결혼한다.

이웃주민은 자신들과 어울리지 않는 이 부부를 조롱하고, 청소부 동료는 합심해서 에미를 투명인간 취급하며, 식료품 가게 주인은 알리에게 물건 파는 것을 거부한다. 에미의 자녀들도 둘의 결혼 사실에 분노한다. 이 같은 적대감은 사회에서도 계속된다. 둘은 독일 전통술집에 갔지만, 종업원은 물끄러미 바라만 볼 뿐 그 누구도 서비스를 제공하려고 하지 않는다. 두 사람은 사회적 냉대와 차별에 분노하고, 기분전환을 위해 뒤늦게 신혼여행을 떠난다. 이들이 신혼여행을 다녀오자 지금까지 적대적 태도를 보이던 사람들이 모두 우호적으로 바뀐다.

매출 감소로 어려움에 처한 가게 주인은 매상을 올리기 위해 이들 부부에게 호의적으로 대한다. 에미의 장남은 어머니에게 보였던 적대적인 태도를 사과하는데, 이는 아이들을 돌봐줄 사람이 필요했기 때문이다. 이웃사람들도 자신들의 적대감을 사과하는데, 이는 힘든 일을 해줄 튼튼한 남자와 물건을 급하게 보관해둘 창고공간이 필요했기 때문이다. 청소부 동료들도 에미를 더 이상 따돌리지 않는데, 이는 임금협상을 위해 한 사람이라도 더 연대할 필요성이 있기 때문이다. 또한, 새롭게 왕따를 놓을 유고슬라비아 출신의 외국인노동자가 충원되었기 때문이기도 하다. 주변의 모든 사람은 자신의 이해관계를 위해 에미와 알리의 관계를 승인한 것이다.

모든 문제가 잘 해결되는 것 같았지만, 정작 어려운 문제는 에미와 알리 둘 사이에서 발생한다. 에미는 알리에게 이웃주민을 도와줄 것을 지시하고, 알리가 얼마나 튼튼한 몸을 가지고 있는지 사람들에게 자랑한다. 이를 통해 알리는 자신이 사랑과 애정을 받고 싶어 하는 욕구를 가진 인간이 아니라 유용한 사물로 간주되고 있다는 사실을 깨닫게 되고, 둘의 관계는 급격히 냉각된다. 알리는 집을 나와 술집을 전전하고 과거의 애인과 사랑을 나눈다. 에미는 알리가 일하는 자동차수리소를 찾아가서 "다른 사람들과 동등한 자유를 가지고 있으며 자신의 자유를 누릴 권리가 있지만, 나에게 다시 돌아와주면 좋겠다"고 간청한다. 에미에게 돌아가기로 결심한 알리는 위궤양 때문에 갑자기 쓰러져 병원으로 이송된다. 외국인노동자에게는 요양치료가 허락되지 않기 때문에 수술해야 하는데, 이러면 대부분 병은 정기적으로 재발하게 된다는 사실을 알게 된 에미는 눈물을 흘린다.

〈그림 6-4〉 에미가 처음으로 아랍 바에 들어가자 아랍인과 독일인이 이상한 눈초리로 보는 모습. 「불안은 영혼을 잠식한다」 영화의 한 장면
출처: http://www.asharperfocus.com/Angst.html

3) 작품의 의의

유럽 여러 나라에서는 1960년대를 기점으로 누벨바그 같은 신조류 영화운동이 활발하게 전개되었다. 독일의 젊은 영화작가와 감독 26명도 1962년에 개최된 제8회 오버하우젠 단편영화제에서 "아버지의 영화는 죽었다"라고 외치며 새로운 독일 영화의 창조를 선언했다(뉴 저먼 시네마). 이 '오버하우젠 선언'을 출발점으로 빔 벤더스, 폴커 슈렌도르프, 알렉산더 클루게, 라이너 베르너 파스빈더, 베르너 헤르조그 등의 감독이 활동했는데, 이들은 전후 독일 영화의 미국화와 독일인의 정체성, 현대화 과정에서 드러나는 중산층의 물질주의적 가치관과 비인간화 문제들을 영화를 통해 공론화하고자 했다. 뉴 저먼 시네마의 영향을 받아 제작된 「불안은 영혼을 잠식한다」는 1974년 칸영화제에서 비평가상을 받았으며, 여주인공은 1974년 독일영화상에서 최우수 여우주연상을 받았다. 이 멜로드라마 영화는 — 할리우드 영화와 달리 — 눈물샘을 자극하지 않으면서 구체적인 이상향을 제시하고 있다. 이 영화는 알아야 할 또는 계몽해야 할 내용을 간접적이고 교훈적인 방식으로 전달하지 않고, 낯설고 정형화된 영화세계와 자신의 세계를 비교하도록 강요하는 방식으로 전달하고 있다. 파스빈더에게 영화는 부조리함을 고발하는 '도덕적 도구(moralische Anstalt)'이기 때문에 그의 영화는 인간이나 성격이나 애매한 관계를 묘사하는 것을 지양하고, 등장인물들의 행동과 대사 사이에서 벌어지는 것들을 자신의 입장에서 비판적으로 생각하도록 자극하고 있다. 이 영화는 1973년 석유파동 이후 본격화된 이주민 문제를 다룬 최초의 독일 영화이며, 이로부터 이주 문제를 다루는 다양한 영화들이 제작되는 계기를 마련해주었다.

4) 영화 속의 장소성

「불안은 영혼을 잠식한다」의 배경이 되는 장소는 독일 바이에른 주의 주도인 뮌헨이다. 뮌헨은 현대 독일 역사에서 나치와 관련해서 독특한 사건들과 의미들로 연결되어 있다. 현재까지도 바이에른 주와 뮌헨은 독일에서 외국인노동자에게 가장 배타적인 정책을 실시하고 있으며, 주민의 분위기 역시 외국인노동자에게 그다지 우호적이지 않다.

① 뮌헨

바이에른 주의 주도인 뮌헨은 독일에서 세 번째로 큰 도시이며, 많은 독일인이 가장 살고 싶어 하는 도시다. 베를린이나 함부르크 또는 쾰른과 달리 뮌헨은 풍부한 문화유산과 양호한 경제상황 그리고 잘 정돈된 거리와 질서를 자랑하고 있는데, 그 이면에는 어두운 나치의 유산이 자리 잡고 있다.

1913년 군 입대를 피하려고 뮌헨으로 도피한 히틀러는 1933년 제국수상에 취임하기까지 — 군 생활을 제외한 대부분의 시간을 — 뮌헨에서 거주했다. 히틀러는 자신의 자서전인 『나의 투쟁』에서 뮌헨에서의 삶을 “가장 행복하고 만족스러웠던 시기”였다고 회상하고 있다. 실제로 그는 1920년 뮌헨의 호프브로이하우스에서 국가사회주의 독일노동자당(나치당)을 결성하고, 반유대인 정책을 포함한 25개 항의 강령을 발표한다. 노동자를 규합하여 대중봉기를 획책하지만 실패하고 6개월 동안 투옥되는데, 이때 『나의 투쟁』 1부를 완성한다. 제1차 세계대전 패전 후 뮌헨은 바이마르공화국의 바이에른 지배를 반대하는 분리주의자와 극우주의자의 근거지가 되었다. 중앙정부가 바이에른 지역의 분리주의 운동에 대한 탄압을 강화하자, 히틀러와 나치당 지지자 6천 명은 이들과 손잡고 1923년 뮌헨의 호프브로이하우스를 습격해서 바이마르정부에 맞서는 폭동을 일으킨다. 히틀러는 바이에른 주 통감을 납치해서 공화제 타도 혁명에 참가하겠다는 약속을 받아내지만, 중앙정부의 무력진압에 항복한다. 체포된 히틀러는 재판을 자신의 입지를 확대하는 계기로 이용한다. 히틀러는 반역죄로 5년형을 선고받지만 8개월 만에 성탄절 특사로 석방되는데, 이 기간에 『나의 투쟁』 2부를 탈고한다. 자서전이 전국적으로 900만 부 이상 팔리면서 히틀러는 독일의 국민적인 영웅으로 떠오른다. 이후 히틀러는 1925년 뮌헨에서 친위대인 SS(Schutzstaffel), 히틀러 유겐트, 독일법조인연맹, 의사연맹, 교사연맹, 부인연맹 같은 조직을 창설했고, 시의회, 주의회, 제국의회선거에서 점점 더 많은 지지율을 확보해나갔다. 1932년에는 자본가, 지주, 퇴역군인의 절대적인 지지를 얻어 선거에서 나치당이 제1당이 되면서 히틀러는 여러 가지 사건을 조작해서 정적을 숙청하고 마침내 1933년 독일 총통이 된다.

히틀러는 1925년 뮌헨을 '(나치즘) 운동의 수도(Hauptstadt der Bewegung)'와 '독일 예술의 수도(Hauptstadt der deutschen Kunst)'로 명명했고, 이런 차원에서 도시정비계획을 수립했다. 나치는 뮌헨을 중심으로 전시회를 통해 민족사회주의의 이상에 맞는 '독일 예술' 작품을 대대적으로 찬양하고, 이에 반대되는 모더니즘 같은 예술작품들을 '타락한 예술(Entartete Kunst)'로 강력하게 비난했다. 나치의 만행은 예술뿐만 아니라 외국인거주자에게도 뻗쳤다. 나치가 집권할 초기 뮌헨에 거주하는 유대인은 전체 시민의 2%에 불과했지만, 독일의 다른 지역에 살고 있는 유대인보다 더 심한 탄압을 받았다. 뮌헨의 유대인은 1933년부터 공공 영역에서 '배제(Ausschaltung)'되기 시작했고, 1935년 뉘른베르크 법이 통과되면서 탄압은 더욱 본격화되었다. 1938년 10월부터는 유대인의 신분증에 'J' 표기가 의무화되었고, 뮌헨의 중앙 시나고그는 파괴되었다. 나치 집권 초기 뮌헨에는 약 1만 2천 명의 유대인이 살고 있었는데, 나치의 탄압으로 인해 7,500명이 망명길을 떠났고, 제2차 세계대전이 끝날 때까지 이 도시에서 살아남은 유대인은 단지 74명에 불과했다. 나치는 유대인을 포함한 외국인과 소수자 그리고 정권에 대항하는 사람들을 체계적으로 말살하기 위해 뮌헨에서 16km 떨어진 다카우(Dachau)에 독일 최초의 강제수용소를 세웠다. 이곳에는 전 세계 30개국에서 끌려온 약 20만 명의 유대인이 수감되었으며, 이들 중 상당수는 고된 노동과 고문, 생체실험, 영양실조, 질병 등으로 고통 받으면서 처참하게 죽어갔다. 인종주의를 기반으로 정권을 잡은 나치당이 탄생하고 기반을 구축한 곳이 바로 뮌헨이다. 히틀러, 괴링, 비밀경찰인 게슈타포, 히틀러의 SS가 모두 뮌헨을 기반으로 시작되었고, 국가사회주의당의 강령을 발표한 호프브로이하우스와 국가사회주의당(나치당) 집회가 열린 쾨니히광장이 아직도 도시 내에 건재하다. 그래서 제2차 세계대전 기간 동안 뮌헨은 다른 어떤 도시들보다 더 많은 연합군의 폭격을 받았으며, 전범재판도 바이에른의 두 번째 도시이며 나치전당대회 장소였던 뉘른베르크에서 열렸다.

나치의 인종주의 유산이 가장 심각한 폐해를 끼친 곳이 뮌헨인데, 「불안은 영혼을 잠식한다」는 이러한 부정적 유산이 아직도 이 도시에 뿌리 깊게 남아 있음을 다음과 같이 보여주고 있다. 우선 알리와 에미는 결혼을 자축하기 위해 평소 한 번도 가보지 못한 — 가장 비싼 곳에서 — 외식을 하기로 결정한다. 이들이 선택한 곳은 히틀러가 1924년부터 1933년까지 자주 드나들던 오스테리아(Osteria) 이탈리아 식당인데, 이들은 이

〈그림 6-5〉 히틀러
출처: https://en.wikipedia.org/wiki/Adolf_Hitler#/media/File:Hitler_portrait_crop.jpg

곳에서 나치 시대의 유대인처럼 대접받는다. 또한, 이들은 기분전환을 하기 위해 브로이하우스를 방문하는데, 어느 누구도 이들 '부정한' 부부 주변에 앉지 않으며, 웨이터들도 이들에게 그 어떤 서비스도 제공하지 않는다. 또한, 주변 이웃과 동료 그리고 일가친척들이 이들 부부에게 보이는 말과 행동은 나치 시대 유대인이 받았던 사회적 냉대를 그대로 연상시킨다. 파스빈더는 영화 속에서 독일의 나치 유산과 뮌헨을 연결하고 있는데, 이 도시의 외국인에 대해 적대적인 사회적 분위기가 바로 히틀러와 나치의 유산임을 말하고 있다.

② 모로코

뮌헨이 나치의 인종주의 유산을 현재화하기 위해 적극적으로 호출된 장소인 데 비해, 모로코는 장소성을 지우기 위해 호출된 장소다. 독일에서 외국인노동자 문제가 본격화된 것은 1970년대 초반부터다. 마셜플랜에 의해 전후 경제가 급속하게 성장하기 시작한 독일은 인력난 부족에 시달리게 된다. 독일 정부는 경제발전을 지속하기 위해 외국인노동자를 '수입'하기로 결정하는데, 문화적 차이가 적은 지중해 연안에서 우선적으로 인력을 충원하려고 했다. 하지만 유럽 주요 국가들의 경제가 전반적으로 호황에 이르자 이들 지역으로부터 인력 수급이 원활하지 않게 되었고, 중동지역까지 모집지역이 확대되었다.

독일 정부의 외국인노동자 모집은 대부분 노동자 수출국의 적극적인 요구에 의해 이뤄졌다. 1953년 가을 이탈리아 정부는 독일에 손님노동자(Gastarbeiter) 파견을 제안했는데, 이는 독일과 이탈리아에서 발생한 무역역조를 개선하기 위해서였다. 독일 정부는 초기에 국내 실업률 때문에 주저했지만, 경쟁력 향상을 옹호하는 경제계의 주장으로 인력을 수급 받기로 결정했다. 이후 이탈리아 정부는 높은 실업률과 공산주의의 정치적 소요를 방지하기 위해 더 많은 손님노동자 파견을 요구했다. 서독 정부는 나토조약국의 압력으로 1953년에 체결된 모집조약(Anwerbe-Abkommen)을 연장하도록 압력을 받았는데, 독일 군대가 구성되면서 청년층 노동자의 인구가 줄고, 주변 경쟁국들이 외국인노동자를 경쟁적으로 유치하자 독일 정부는 1955년부터 기존의 태도를 바꾸어 손님노동자 모집에 적극적으로 나섰다. 1955년 12월 20일 독일과 이탈리아 정부 사이에 모집협정이 조인되었고, 이후 그리스, 스페인(1960), 터키(1961), 모로코(1963), 포르투갈(1964), 튀니지(1965), 유고슬라비아(1968)로 확대되었다.

1960년 손님노동자 수는 전체 서독인구의 1.5%에 달했는데, 독일 역사상 처음으로 완전 고용이 이뤄졌다. 1961년 베를린장벽이 건설되자 서독 정부는 더 이상 동독으로부터 노동력을 공급받지 못하게 되었다. 정부는 경제가 계속 호황을 지속했기 때문에 손님노동자의 모집인원과 국가를 늘려나갔다. 1964년 9월에는 100만 명째 손님노동자가 독일에 도착했는데, 노동부 장관이 나와서 이 사람에게 화환을 걸어주고, 2인승 모페드를 선물로 주었다. 매스미디어는 이를 대대적으로 선전했는데, 이

때 이미 서독 전체 인구의 4%가 외국인노동자였다.

독일 정부는 이들 외국인노동자를 '손님노동자'라고 불렀는데, 이 용어는 "주인인 독일에 잠정적으로 거주하면서 노동력을 제공하는 사람"이라는 뜻을 내포하고 있다. 독일 정부는 이들 외국인노동자를 '손님'이라고 부름으로써 거주기간을 자연스럽게 제한할 수 있었는데, 이들에게는 실제로 2~3년간의 노동기간이 끝난 후 귀국할 것을 규정하는 순환원칙(Rotationsprinzip)이 적용되었다. 하지만 숙련된 인력을 귀국시키고 신규 인력을 채용해서 교육하는 데 경비가 많이 들자 경제계의 강력한 요구에 의해 순환원칙은 거의 사문화된다. 1971년 9월 조사에 의하면 손님노동자의 숫자는 서독 전체 인구의 10.3%에 달했고, 1973년에는 손님노동자와 가족들의 숫자가 약 400만 명을 넘어섰다. 1970년대 초부터 손님노동자는 독일 사회에서 심각한 사회적 문제로 부상하기 시작했는데, 그럼에도 정부는 문화통합이나 손님노동자의 삶의 질 측면이 아니라 노동시장정책과 분배정책 측면에서 주로 논의했다. 독일 정부는 손님노동자를 영구 귀국시키기 위해 다양한 조치를 취했지만, 귀국하는 숫자는 많지 않았다. 이에 따라 독일인과 터키 커뮤니티 사이에서 분노와 적대감 그리고 신랄함이 점차 커졌고, 종종 이주민에 대한 신체적 위협과 인종차별이 발생하기도 했다. 1973년 석유파동에 의해 전 세계 경제가 큰 어려움에 처하자 독일 정부는 치솟는 자국민의 실업률을 낮추기 위해 손님노동자 모집을 중단했는데, 이런 상태는 지금까지 지속되고 있다. 독일 통계청의 1998년 자료에 의하면 터키 출신 이민자가 전체 이민자의 1/4에 달해 그 숫자는 210만 명이었는데, 귀국과 사망 등으로 인해 현재는 160만 명으로 줄어든 상태다. 전체 이주민의 1/3은 27개 유럽연합 국가 출신인데, 이탈리아, 그리스, 포르투갈, 폴란드의 순으로 이주민의 숫자가 많다.

〈그림 6-6〉 독일 폴크스바겐 공장에서 일하던 스페인 손님노동자 모습(1973년)
출처: https://de.wikipedia.org/wiki/Gastarbeiter#/media/File:Bundesarchiv_B_145_Bild-F038815-0012,_Wolfsburg,_VW_Autowerk,_Unterkunft_Gastarbeiter.jpg

영화 주인공인 손님노동자 알리는 모로코 출신이다. 독일 정부와 모로코 정부는 1963년에 손님노동자 모집협정을 맺었지만, 실제로 이주한 노동자의 숫자는 그리 많지 않다. 「불안은 영혼을 잠식한다」가 제작될 당시인 1973년 전국적으로 약 3만 명 정도의 모로코인이 서독에 거주하고 있었는데, 바이에른 주에는 약 1,300명 정도가 살고 있었다. 파스빈더는 각본을 쓸 당시 제목을 「모든 터키인은 알리라 불린다(Alle Türken heißen Ali)」라고 붙였는데, 실제 영화 제작에 들어가면서 이를 「불안은 영혼을 잠식한다」로 바꾼다. 그가 제목과 주인공의 출신국가를 바꾼 이유는 관객을 낯설게 함으로써 주인공과 동일시하거나 몰입하는 것을 방해하기 위해서였다. 당시 대부분의 독일인은 일상생활에서 터키 노동자를 쉽게 접할 수 있어 직간접적인 경험을 통해 나름대로 굳건한 고정관념을 갖고 있었다. 그래서 독일 사회의 손님노동자 문제를 설득으로 바꾸기란 쉽지 않았다. 하지만 대부분의 독일인이 거의 접하지 못한 모로코 출신의 손님노동자를 주인공으로 등장시킴으로써 관객의 고유한 경험이나 고정관념이 끼어들 틈새를 제거할 수 있었다. 파스빈더는 뮌헨을 영화의 배경무대로 선택함으로써 관객의 나치 경험과 기억을 적극적으로 호출했지만, 모로코라는 장소를 선택함으로써 장소성을 무화(無化)시킬 수 있었을 뿐만 아니라 관객의 동일시를 억제하고 낯설게 만들 수 있었다.

5) 영화 속의 이주

이 영화는 손님노동자와 독일인 사이에서 벌어지는 문제를 사회비판적인 시각에서 담고 있다. 파스빈더는 이 문제를 서로 다른 차원에서 그려내고 있는데, 에미 주변사람의 소시민성, 에미의 환대와 그늘에 대해서는 직설적으로 관객에게 메시지를 전달하고 있지만 국가와 경제계의 소시민성에 대해서는 매우 상징적으로 그려내고 있다.

① 손님노동자와 소시민성

이 영화의 중요한 축은 독일 국민의 소시민성(Kleinbürgerlichkeit)이 손님노동자뿐만 아니라 독일인의 영혼을 어떻게 파괴하고 있는지를 묘사하는 것이다. 독일에서 소시민성은 일반적으로 부정적으로 사용되고 있다. 소시민은 자신의 의지에 따라 상황을 비판적으로 성찰함으로써 자신의 주체성을 형성해나가는 사람이 아니라, 비판 없이 사회적 조류에 부화뇌동하고, 정신적 · 물질적 이해관계에 따라 자신의 가치와 태도를 손쉽게 바꾸는 경향을 보이는 사람을 의미한다. 이런 의미에서 영화 속에 등장하는 대부분의 인물은 소시민성에 따라 행동한다. 에미의 주변인물은 대부분 경제적으로 유복한 독일인이 아니며, 또한 이들 대부분은 손님노동자와 긴밀한 관계를 맺어본 적도 없는 사람들이다. 하지만 이들은 아랍 출신 손님노동자에 대해 매우 적대적인 편견을 가지고 있는데, 이는 나치 시대에 대부분의 독일인이 유대인에 대해 갖고 있던 편견과 상당 부분 동일하다. 그 내용을 종합하면 다음과 같다.

- 아무 독일 여자에게 성적으로 치근대는 호색한들
- 목욕도 안하는 더러운 돼지들
- 온 식구가 한 방에서 우글대며 돈밖에 모르는 인색한들
- 역 주변이나 배회하는 게으르고 일하기 싫어하는 놈들
- 신문에 대서특필 되듯이 강간과 범죄를 일삼는 범법자들
- 남을 배려하는 문화가 없는 시끄러운 놈들
- 이상한 냄새가 나고 공간을 더럽게 사용하는 놈들
- 스무 살이나 연상인 여자와 결혼하는 예의범절도 모르는 버릇없는 놈들
- 폭탄과 같이 무섭고 예측이 불가능한 놈들
- 독일어도 못하는 아둔한 놈들

아랍계 출신 노동자에 대한 이 같은 편견은 독일인의 배타성과 우월성을 정당화하기 위해 만들어낸 논리에 불과하므로 당연히 검증될 수도 없으며 실체도 없다. 하지만 독일 소시민은 이를 기꺼이 믿을 준비가 되어 있고, 실제로 이를 굳건하게 믿고 있다. 손님노동자에 대한 이 같은 차별적 시선은 알리로 대표되는 아랍계 손님노동자의 영혼을 파괴하고

있는데, 알리는 이런 상태를 "독일인은 주인이고, 아랍인은 개다", "아랍인은 돼지다" 그리고 "(나의 부당한 처지에 대해) 생각하지 않는다. 생각하면 눈물이 너무 많이 나기 때문에"라고 자신을 유일하게 이해하는 에미에게 고백한다. 독일 소시민의 차별적 시선은 손님노동자뿐만 아니라 이들과 친교를 가지는 (여자) 독일인에게도 적용되는데, 그 속성들은 다음과 같다.

- 머릿속에 섹스밖에 없는 창녀들
- 독일 문화도 모르고 자존심도 없는 무뇌아들
- 집단적 따돌림으로 사회적으로 배제시켜야 하는 존재들

독일 여자들에 대한 차별적 시선은 나치 시대에도 유행했는데, 당시 이는 위험한 외국인과의 교류를 억제해서 '순수한 게르만 피'가 더럽혀지는 것을 막기 위한 사회적 통제 장치였다. 이 영화는 이 같은 나치의 시선이 손님노동자에게 다시 적용되고 있는 것을 고발한다.

파스빈더는 영화 속에서 이 같은 편견의 진위 여부를 가리려 하지 않고, 오히려 이 같은 담화를 발설하는 독일인의 사고방식과 행태를 들여다본다. 에미의 사위는 일하기 싫어서 직장에 병가를 내고 집에서 술을 마시고, 집에서는 자기가 해야 할 일을 아내에게 폭압적으로 명령하며, 장모가 방문하지만 소파에서 일어나지도 그리고 눈길조차 제대로 주지 않는 버릇없는 사람이다. 딸은 이런 남편의 행동을 당연한 것으로 받아들이고 있다. 에미의 아들은 알리와의 결혼 소식을 듣자마자 어머니에게 욕을 퍼부으면서 살림살이를 파괴하는 난동을 부리는 패륜아다. 또한, 에미의 동료 청소부는 상습적인 절도를 일삼다가 직장에서 해고되고, 나머지 동료들은 다른 사람들에 대한 험담으로 소일한다. 이웃 가게

주인은 아랍계 손님노동자와 관계를 맺기 싫어서 알리가 하는 독일어를 못 알아듣는 척하고, 알리의 독일어 실력을 나무라는 사람이다. 이들의 소시민성은 알리 부부와의 타협 장면에서 극적으로 부각된다. 알리에 대해 극단적 혐오감을 보이던 가게 주인은 매상이 부진해지자 매상을 올리기 위해 다시 호의적으로 알리와 에미에게 접근하고, 알리와 결혼한 에미를 타락한 창녀 정도로 여기던 동료 청소부는 임금협상을 위해 더 많은 사람이 필요하여 에미와 화해한다. 이웃주민은 가구를 쌓아둘 창고공간을 빌리기 위해, 그리고 장남은 아이를 돌봐줄 사람이 필요하여 에미와 알리에게 화해를 청한다. 이를 통해 파스빈더는 에미의 주변사람이 손님노동자를 향해 던지던 부정적 시선은 손님노동자의 진실한 모습이 아니라 바로 독일 소시민의 자화상임을 폭로하고 있다. 또한, 파스빈더는 바로 이 소시민성이 나치의 인종주의가 활개를 칠 수 있었던 근원이고, 지금도 독일 사회에 건재하고 있음을 보여주고 있다.

② 손님과 환대

에미의 아버지는 히틀러 숭배자였고, 에미는 당시 다른 사람들이 그러하듯이 아무런 생각 없이 나치당원이 되었다. 하지만 천성이 착한 그녀는 폴란드 출신의 손님노동자와 결혼했고, 이를 통해 손님노동자의 어려움을 잘 이해할 수 있는 능력을 갖추게 되었다. 그래서 그녀는 집으로 가는 길에 아랍풍의 바에 들어간 것이다. 바에서는 아랍계 손님노동자들과 몇몇 독일 사람이 한가롭게 잡담을 나누고 있었는데, 에미가 들어가자 일순간 정적이 흐른다. 아랍인이 주로 사용하는 이 바는 독일 사회와 철저하게 단절되어 있었고, 에미는 무례한 침입자가 된 것이다. 알리는 먼저 나서서 에미를 침입자가 아니라 손님으로 대한다. 에미가 앉아 있는 테이블로 가서 말을 걸고, 같이 춤을 추고, 에미가 마신 콜라값을 대신 내준다. 또한, 늦은 밤 비를 맞으며 홀로 가야 하는 에미를 집까지 바래다준다. 손님노동자인 알리는 정작 독일에서 손님으로서의 당연한 대우인 환대를 받지 못했지만, 자기의 영역으로 들어온 침입자인 에미를 손님으로 환대한 것이다. 집 앞에 도착하자 에미와 알리의 관계는 역전된다. 에미는 알리를 그냥 돌려보내는 것이 손님에 대한 예의가 아니라고 생각하며 알리를 집으로 초대해서 커피와 코냑을 대접한다. 단지 생산수단으로서만 가치를 인정받던 두 사람은 독일 사회에서 인간적으로 소외된 삶을 살아왔는데, 서로 손님으로 따뜻하게 환대하면서 호감이 생기고, 극심한 나이 차이와 다른 종족성에도 불구하고 애정이 싹튼다. 알리는 에미의 집에서 동거하는데, 이때 에미는 계속해서 알리를 손님으로서 환대하기 때문에 알리가 월급에서 생활비 일부를 내는 것을 거절한다.

서로 존중하는 주인과 손님의 관계는 알리와 에미가 결혼하면서 균열한다. 이제는 더 이상 손님이 아니므로 환대해줄 필요가 없어진 것이다. 알리가 고향음식인 쿠스쿠스를 먹고 싶다고 하지만, 에미는 알리에게 독일에서는 그런 음식을 먹지 않는다고 면박을 준다. 또한, 에미는 알리의 동의 없이 이웃주민의 힘든 일을 거들도록 '지시'하기도 하고, 직장 동료에게 — 동물을 평가할 때처럼 — 알리의 근육을 칭찬한다. 알리는 결혼 후 독일 문화에 동화될 것을 요구받고 있으며, 절대적 가치 또는 존엄성을 지닌 손님이 아니라 하인 같은 위치로 전락하게 된다. 등장인물 중에서 손님노동자에게 가장 열린 생각과 우호적인 태도를 보였던 에미는 이 같은 변화가 가지는 문제의 심각성을 전혀 파악하지 못하고 있었다. 에미의 의지와는 달리 둘 사이의 대등한 인간관계가 손상되는 것에 실망한 알리는 가출한다. 뒤늦게 둘 사이의 관계가 잘못되고 있음을 인지한 에미는 알리의 직장을 찾아가서 용서를 구하고 화해를 청한다. 에미는 알리가 자유인이며, 서로 각자 원하는 것을 할 수 있는 권리가 있음을 인정하면서 더 이상 손님이나 하인이 아니라 동반자적 관계를 만들 것을 제안한다. 하지만 화해의 순간에 알리는 많은 손님노동자가 스트레스 때문에 자주 걸리는 위궤양이 발병해서 쓰러지고, 병원에 입원한다. 이 병은 수술이나 요양을 하면 나아질 것이지만, 6개월마다 재발할 것이라는 사실을 알고 에미는 슬픔에 잠긴다. 파스빈더는 위궤양을 통해 손님노동자의 정신적 · 육체적 어려움을 보여줄 뿐만 아니라, 6개월마다 재발하는 불치병이라는 사실을 통해 인종주의적 편견은 — 기독교의 원죄처럼 — 열린 인간에게서조차 자기의 의지와는 상관없이 완전히 뿌리 뽑을 수 없는 암적 존재이며, 끊임없는 자기성찰만이 이의 영향력을 최소화할 수 있다는 메시지를 관객에게 던지고 있다.

③ 국가권력과 소시민성

앞서 설명한 대로 독일 정부는 경제계의 이해관계에 따라 외국인노동자를 손님노동자로 모집했는데, 이는 이들을 절대적 가치를 가진 고귀한 인간으로 환대하기 위해서가 아니라 손님처럼 언젠가는 귀국시키기 위해서였다. 이 때문에 초기 이민노동자에게는 예외 없이 순환원칙이 강요되었다. 경제계의 이해관계에 따라 순환원칙이 포기되었지만, 정부나 경제계는 장기체류하게 된 이들의 사회적 적응이나 통합을 위해 별다른 노력을 하지 않았다. 손님노동자들은 사회 내에서 노동력을 착취하기 위한 수단으로 전락하게 되었으며, 착취 후에는 그들 나름대로 분리된 공간에서 격리 취급되었다. 이들은 회사나 사회가 제공하는 열악한 노동 조건 속에서 일하기 위한 존재였다. 알리는 작은 방을 여섯 명이 나누어 서 쓰는 사실을 에미에게 고백하는데, 에미는 이 사실을 듣고는 비인간적이라고 놀란다. 또한, 알리는 자신의 처지에 대해 생각하면 눈물이 너무 많이 나서 생각하지 않고 살기 위해 노력한다고 이야기하는데, 이는 당시 적지 않은 손님노동자들이 처한 상황을 잘 대변하고 있다. 이주민의 숫자가 늘면서 손님노동자와 독일인 간의 사회적 분리 또는 격리 현상은 계속해서 심화되었다. 1970년대 중반 순환원칙이 사문화되면서 손님노동자들은 같이 살기 위해 고국으로부터 가족을 불러왔는데, 이로 인해 1970년대 중반 이민자의 숫자가 급증했다. 이 같은 현상은 독일인과 이주민 사이의 적대적 긴장과 갈등관계를 더욱 심화했다. 스위스 출신의 세계적인 작가인 막스 프리쉬(Max Frisch, 1911~91)는 이런 현상을 "사람들은 노동력을 호출했는데, 인간이 왔다"고 묘사하고 있다. 막스 프리쉬는 스위스 내에 거주하는 이탈리아 출신 이주노동자들을 대하는 스위스 국민과 정부의 태도를 비판하기 위해 이 말을 남겼는데, 이 말은 독일의 손님 이주자 정책에도 그대로 적용된다.

이상과 같은 경제계의 이해관계에 철저하게 복무하는 정부의 정책은 손님노동자를 하나의 인격으로 인정하는 것이 아니라 노동력을 얻기 위한 수단으로 전락시키고 있는데, 이 같은 물신주의적 태도는 소시민성의 가장 두드러진 특성이기도 하다. 파스빈더는 영화를 통해 뮌헨, 더 나아가 독일에서 손님노동자를 둘러싸고 벌어지는 독일인이 가진 소시민성의 부정적 측면을 비판하는 데 그치는 것이 아니라 정부의 정책과 그 궤를 같이하고 있으며 공모관계임을 고발하고 있다.

4. 우리는 모두 난민이다

독일에서 가장 인종편견이 심한 뮌헨에 사는 소시민을 통해 아랍계 손님노동자에 대한 편견과 이것이 작동하는 방식, 그리고 이것이 손님노동자뿐만 아니라 독일인의 영혼을 얼마나 파괴하고 있는지를 보여주는 작품이다. 이 작품은 독일인 그리고 독일 정부와 경제계에 대해서는 손님노동자를 둘러싼 담론과 그 이면의 소시민적 물신주의의 허구성을 파헤침으로써 신랄한 비판을 했지만, 손님노동자를 고귀한 야만인으로 또는 순수한 피해자로 격상시키고 있어 비판을 받기도 했다. 하지만 이 작품은 1970년대 후반 독일에서 손님노동자 정책을 둘러싼 문제점을 공론화하고 이들이 처한 문제점을 개선하는 데 많은 기여를 한 작품으로 인

〈그림 6-7〉 클린턴 행정부 구성원들
출처: https://en.wikipedia.org/wiki/Multiculturalism#/media/File:President_Clinton%27s_Initiative_on_Race.jpg

정받고 있다.

한국에서도 외국 이주민에 대한 적대적 시선과 차별적 대우가 엄존하고 있으며, 이는 한국의 대외 이미지 실추로 이어지고 있다. 한국은 지난 40여 년 동안 국제사회의 도움을 받아 괄목할 만한 경제적, 사회적 그리고 문화적 발전을 이룩했다. 이제 한국 사회와 국민은 국제사회의 책임 있는 일원으로서 어려움에 처한 사람들을 수용하고 이들과 공존하려는 노력을 진지하게 고민하고 실행해야 한다. 이를 위한 첫걸음은 한국 사회에 있는 이주민이나 난민으로부터 시작되어야 하며, 독일에서의 사례는 이를 위한 실천방안 모색에 많은 시사점을 던져주고 있다.

07
접속, 변용 그리고 창조: 「살인의 추억」

전윤경

디지털 시대의 문화의 접속과 차용 그리고 생성은 새로운 화두가 아니다. 그렇다면 "이 책의 주제인 '문화의 접속과 생성'을 이야기하는데, 왜 이미 개봉한 지 10년도 지난 작품 「살인의 추억」의 봉준호 감독을 이야기하는 것일까?"라는 의문을 품을 수 있다. 그렇다. 왜 봉준호인가? 한국 영화의 르네상스를 이룬 감독 중 한 명이라는 사실, 그리고 그의 작품이 외국에서도 인정받고 있으며 인기도 있어서 외국인 중 봉준호 감독의 작품을 감상한 사람을 여러 명 만나볼 수 있다는 등의 이유를 들 수도 있다. 또 그의 작품을 국내에서만 「살인의 추억」은 500만, 「괴물」은 1,300만, 그리고 「설국열차」는 930만 관객이 관람했다는 사실만으로도 봉준호 감독의 중요성은 증명될 수 있다. 그의 대표작인 이 세 작품의 관객 수만 보더라도 우리나라 인구의 5분의 2에 해당하는 숫자다. 그의 작품이 총 10편 정도 된다고 볼 때 국민의 거의 절반 정도가 이 감독의 작품을 관람했다고 해도 과장된 표현은 아니다. 특히 2014년 기준으로 우리나라의 영화시장 규모가 약 16억 달러, 세계 7위에 위치해 있다는 점, 즉 3위를 달성한 일본의 20억 달러와 큰 차이가 없다는 것을 볼 때 이 규모는 엄청난 수치임을 알 수 있다(게다가 한국 인구가 일본 인구의 절반밖에 되지 않는 것을 감안할 때 인구 대비 영화시장규모가 미국, 중국, 일본에 비해 결코 밀리지 않는다).

1. 할리우드가 한국영화에 집중하는 이유는?

미국의 영화 연구자인 앤드루 힉슨Andrew Higson은 "내셔널 시네마에 대한 연구의 방향이 변해야 하며 영화작품의 가치 평가의 기준 또한 변해야 한다"고 주장하고 있다. 그에 따르면 기존에 영화작품을 연구하던 방식, 즉 텍스트적인 요소에서 자국 내의 문화를 표현하는 방식이 어떻게 다르게 나타나고 있는지, 미학적 요소는 무엇인지를 연구하는 방식보다는 연구자들이 소비현상에 집중하는 연구를 펼쳐야 한다고 주장한다. 그는 각 나라의 사정에 따라 달라질 수 있고 각각의 환경에서 수입 영화와 국내 영화의 구성과 영향력 등 여러 가지를 고려해서 연구해야 하지만, 대중이 선택한 영화를 우선적으로 연구대상으로 삼아야 한다는 것이다. 앤드루의 연구는 할리우드 내에 수입된 해외 영화에 대한 인식의 변화를 일으킴과 동시에 할리우드 영화와 해외 영화 사이에 상호작용이 발생할 수 있다는 사실을 발견하게 되는 계기가 되었다고 평가받고 있다.

그는 영화작품을 연구함에 있어서 국내나 해외작품을 구분하지 말고 소비되는 작품을 우선적으로 연구해야 한다고 주장한다. 미국 내에서는 미국 내에 존재하지 않는 미국인이 아닌 사람들에 의해 미국의 외부에서 만들어지고 있는 문화적 산물에 대해 관심을 가져야 하며, 어떤 방식으로도 '미국적'이라고 정의내리기 힘든 문화적 현상에 대한 연구가 선행되어야 한다고 주장한다. 즉, '미국적'이라는 말은 법적으로 정해진 미국이라는 국가 안에서 발생하는 문화적 변화를 의미한다. 어떠한 의미에서 '외국'이라고 명명된 작품이나 문화 안에서도 미국에 대한 연구가 이뤄질 수 있기 때문에 해외에서 만들어지고 있는 작품이나 문화현상에 대해 관심을 가지고 지속적인 연구가 필요하다는 것이다. 이러한 연구대상의 변화는 트랜스내셔널적인 (다국적) 연구방식으로 명명되며 그 중요성을 인정받고 있다. 미국 내의 자국 내 영화를 바라보거나 문화를 바라보는 시각이 변해야 한다는 의견은 사실 여러 학자들에 의해 주장되고 있으며, 미국만의 문화와 작품만 연구하려는 태도는 미국과 연관된 다른 나라에서의 미국 문화의 변화에 대해 무관심한 행동이며, 이것은 미국에 대해 절반만 연구하는 것과 다름없다는 인식의 확산으로 이어지고 있다. 연구자들은 미국적인 문화를 차용해서 자신들만의 어젠다를 창조해나가는 비非미국인을 인정해야 하는 시대가 도래했다고 인식하고 있다. 그래야 미국이 진짜 미국의 이야기를 잘 써나갈 수 있다고 생각한다.

이를 위해 미국의 영토 안에서 일어나는 모든 것, 미국의 문화가 받아들여진 작품에서 문화가 어떻게 받아들여졌는지, 그 안에서 어떤 변형이 일어났는지 분석해야 한다고 주장한다. 다시 말해 이것이 곧 미국의 문화를 완성시키는 것이기 때문이다.

미국은 그중에서도 현재 한국영화에 주목하고 있다. 이미 한국의 영화시장은 할리우드나 해외 거대 영화제작사들이 관심을 가질 수밖에 없는 매력적인 시장이 된 지 오래다. 할리우드 영화가 한국에서 최초로 개봉하는 것은 하나의 트렌드로 자리 잡아가고 있으며, 10년 전만 해도 극장에서나 볼 수 있었던 할리우드 스타가 영화를 홍보하기 위해 한국을 먼저 찾아온다. 이처럼 한국의 영화시장은 할리우드의 테스트 마켓처럼 되고 있다. 이는 한국의 관객이 영화의 트렌드에 민감하며, 영화에 대한 소감을 인터넷이나 SNS를 통해 활발하게 교환하기 때문이다.

그들이 한국영화시장에 주목하는 이유는 양적인 성장에만 있지 않다. 한국영화는 질적인 측면으로도 큰 발전을 이루고 있는 중이다. 2002년 임권택 감독의 「취화선」이 칸국제영화제에서 감독상을 수상한 이래 2004년에는 이창동 감독의 「오아시스」가 베니스영화제의 감독상을 받았고, 또 김기덕 감독은 「사마리아」로 베를린영화제 감독상, 「빈집」으로는 니스영화제 감독상을, 박찬욱은 「올드보이」로 칸영화제에서 심사위원대상을 받았으며, 2007년에는 김기덕 감독의 「피에타」가 베를린국제영화제에서 황금사자상을 수상했다.

1945년 광복 이후, 아니 한국전쟁과 그 상흔이 지난 1960년대에 들어서야 한국의 영화산업이 본격적으로 시작되었음을 볼 때 불과 반세기만에 이러한 성장을 하고 있는 한국영화는 현재 르네상스를 누리고 있다.

그런데 미국이 한국영화에 주목하는 이유는 이러한 양적 · 질적 성장에만 있지 않다. 그들은 자신들이 추구하던 스타일의 영화가 한국영화를 통해 발전했다고 보고 있다. 그래서 할리우드에 수입되고 있는 한국영화의 경향도 중요한 연구이지만, 할리우드 스타일을 받아들인 한국의 영화를 연구하는 것이 무엇보다 중요하다고 이야기한다.

그리고 이러한 할리우드 영화의 대표적 장르를 사용하고 있는 이들 중 미국 내 연구자들이 주목하는 한국의 감독이 바로 봉준호다. 미국에서만 봉준호 감독에 대해 2007년부터 최근 10년 동안 단독 연구만 해도 10편에 이른다. 실제로 봉준호 감독은 할리우드 영화의 한 장르인 범죄-수사물과 SF장르 중 괴물이 등장하는 장르를 잘 활용하면서 한국인의 문화와 이야기를 담아내는 데 성공한 감독으로 평가받고 있다. 특히 미국 내에선 그의 대표작인 「살인의 추억」에 대한 관심이 높은데, 할리우드 스타일을 받아들인 점에 주목한다. 봉준호 감독 또한 스스로 할리우드 작품을 가지고 왔다고 여러 인터뷰에서 밝히고 있듯이 할리우드 영화의 장르를 빌려와 자신만의 이야기를 담아내는 데 성공한, 즉 새로운 생성을 일으킨 인물이 봉준호 감독이다. 그럼에도 아직까지 국내에서는 봉준호 감독에 대한 평가가 엇갈리고 있다. 자신만의 것이 없는 할리우드형 블록버스터만 제작하여 상업적인 성공을 거둔 감독이라는 것이다. 그만큼 깊이가 없고 철학적 담론을 담고 있지 않다는 것이다. 하지만 봉준호 감독의 작품이 깊이가 없고 철학적 담론을 담고 있지 않다는 국내의 평가와는 달리 할리우드에서는 반대의 입장을 취하고 있다. 사실 할리우드의 봉준호 감독에 대한 이러한 평가에는 그들의 아픈 속내가 드러난다고 볼 수 있다. 그들 또한 유럽영화계에서는 할리우드의 영화가 대중적인 기호에 맞춰져 있고 엔터테인먼트적인 요소가 강하기 때문에 철학적 깊이가 없다는 평가를 받고 있기 때문이다. 이처럼 할리우드 스타일에 사회적·정치적 이슈와 담론을 담아내고 깊이를 더한 봉준호 감독에 대해 그들은 「반지의 제왕」 이후 정체되었던 할리우드 영화를 다시 한 번 진일보시킨 감독으로 평가한다. 그리고 그러한 그의 첫 발걸음이자 성공작이 바로 「살인의 추억」이다.

미국의 연구자들은 할리우드 스타일이 봉준호 감독을 통해 다시 창조되고 있으며, 이런 의미에서 그의 영화를 연구해야 한다고 주장한다. 그렇다면 미국에서 이토록 중요하게 평가받고 있는 봉준호 감독이 왜 한국에서는 그와 상반된 평가가 나오고 있는 것일까? 이러한 점에서 견해의 차이가 어디에서부터 온 것인지 모색하는 것은 가치 있는 일이다. 그러므로 본문에서는 그의 작품인 「살인의 추억」을 중심으로 할리우드 스타일이 그에게 어떻게 수용되고 재창조되었는지 알아보자. 그의 '빌려옴'과 '변형' 그리고 '생성-창조'를 살펴볼 수 있는 의미 있는 일이 될 것이라 의심치 않는다.

2. Hollywood's, Holly우드's 그리고 봉준호 스타일

「살인의 추억」은 봉준호 감독의 두 번째 장편영화로, 2003년 4월 25일에 개봉하여 당시 관객 수 510만 명을 기록한 최고의 흥행작이었다. 김광림의 희곡 「날 보러 와요」를 원작으로 하고 있는 이 영화는 실제 1980년대 화성 연쇄살인사건을 소재로 한다.

화성 연쇄살인사건은 1886년부터 1991년까지 경기도 화성시(당시 화성군) 일대에서 일어난 미해결사건이다. 1986년 9월 19일 경기도 화성시 태안읍 안녕리에서 71세 노인의 하의가 벗겨지고 목이 졸려 살해된 채 발견되면서 시작되었다. 이후 1986년 두 차례, 1987년 세 차례, 1988년 두 차례, 1990년과 1991년에 각각 한 차례씩 총 10회에 걸쳐 불특정다수의 여성 10명이 차례로 강간 살해당했다. 여성들의 연령대는 10대, 20대, 50대, 70대로 다양했다. 피해자들의 음부가 크게 훼손된 것이 특징이며 음부 안에 정액, 머리카락, 담배꽁초 등이 나오는 등 기괴하고 엽기적인 연쇄살인사건이었다. 영화에서 묘사한 국부에서 복숭아 조각이 나오는 것 역시 실제 사건을 기반으로 만들어졌다. 1988년 9월에 일어난 8차 사건은 모방범의 소행으로 밝혀졌지만, 나머지 9명의 살인사건은 아직도 수수께끼이며, 2006년 부로 공소시효가 모두 종료되었다.

당시는 전두환 대통령이 집권하던 독재정치 시대였다. 연인원 180만 명의 경찰이 투입되고, 3,000여 명의 용의자가 수사를 받는 등 국내 살인사건 수사로는 최대의 인력이 동원된다. 당시 많은 강압수사로 악명이 높았으며 화성주민, 특히 남자들은 자주 용의자로 몰려 고초를 겪었다. 그럼에도 불구하고 끝내 범인 검거에는 실패했다. 도심 지역이 아닌 평범하고 한적한 시골에서 발생한 일련의 사건들은 화성군민뿐 아니라 전 국민에게 큰 트라우마를 안겨주었다.

봉준호 감독은 이러한 한국사회의 이슈를 할리우드 스타일인 범죄 수사극의 장르를 빌려와 작품화하고 있다. 그는 스스로 할리우드의 영화를 즐겨 보고 그 스타일을 따라 하고 있는 것도 맞지만, 할리우드 스타일을 싫어하는 면도 있다고 말하고 있다. 이와 같은 봉준호 감독의 미국에 대한 양면적이 생각에 대해 크리스티나 클레인은 "이는 봉준호 감독만의 사고방식이 아니라 한국 국민 대부분이 가지고 있는 미국에 대한 정서"라고 말하고 있다. 그녀는 한국인이 미국에 대해 감사하는 마음이 있는 동시에 반감을 가지고 있다고 보고 있다. 한국인의 이와 같은 모순성은 봉준호 감독의 작품에 그대로 반영되고 있다. 과거에 미국이 우리를 도와줌으로써 전쟁 이후 경제적인 발전을 이룩할 수 있었던 점, 도와준 것에 대한 고마운 마음도 있지만 이후 발생한 미군에 의해 발생한 장갑차 사건 등을 통해 가지고 있는 반미감정도 함께 있다. 봉준호 감독은 이러

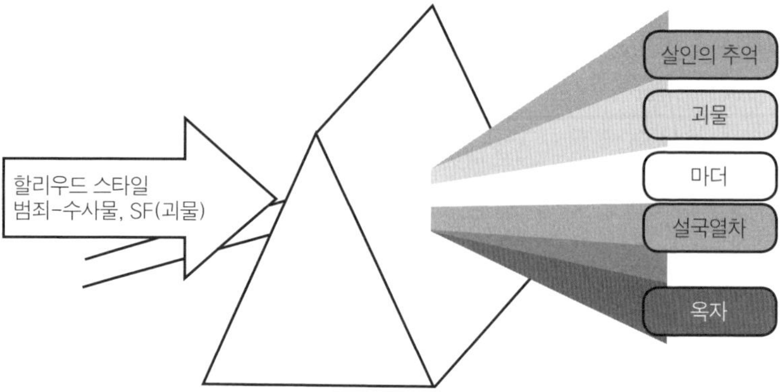

〈그림 7-1〉 봉준호 감독의 스타일

한 감정을 「살인의 추억」에 그대로 표현했다고 이야기한다. 할리우드의 범죄수사물은 한국적인 정서를 지닌 봉준호 감독이라는 프리즘을 만나 굴절되고 변형되어 다른 창작물 — 「살인의 추억」, 「설국열차」, 「마더」, 「괴물」 등 — 로 재탄생되고 있다.

3. 소녀, 살인 그리고 구경꾼들

「살인의 추억」은 벼이삭이 무르익어가는 1986년 10월 23일 오후 가을햇살과 함께 시작한다.

가을 햇살 속에서 소년이 무르익은 벼이삭 사이에 앉아 있는 메뚜기를 잡는 장면이 화면을 가득 메운다. 인기척에 숨어 있던 소년은 고개를 들고 논에서 나온다. 그러면서 카메라 앵글은 고장 난 자동차 주변에서 뛰어노는 동네 아이들과 경운기를 타고 소년 쪽으로 다가오는 남성 두 명을

〈그림 7-2〉 현장 근처 벼 이삭 사이에서 놀고 있는 아이들
출처: N스토어(네이버) 「살인의 추억」

비춰준다. 동네 아이들은 경운기를 따라 뛰어가며 놀고 있다. 이들의 손에는 추수가 다가오는 계절인 가을임을 알리는 잠자리채가 들려 있다.

두 남성이 향한 곳은 논두렁 사이의 배수구다. 소년은 이들이 다가오자 메뚜기를 잡은 유리병을 숨긴다. 소년은 꽤 많은 메뚜기를 잡았다. 1986년 10월 23일, 소녀가 손이 묶인 채 살해당해 있다. 소년은 박 형사와 같은 색상의 비슷한 패턴의 옷을 입고 박 형사의 말과 행동을 그대로 따라 한다. 이들을 따라온 동네 아이들은 사건현장에 놓여 있는 소녀의 속옷으로 보이는 것들을 가지고 논다. 살해된 소녀의 얼굴과 다리에는 개미가 기어 다니고 메뚜기가 앉아 있다.

그 주변 논에서는 살해된 소녀의 것으로 보이는 속옷을 찾아낸 아이들이 "얼레리꼴레리"라고 하면서 놀고 있다. 박 형사와 함께 경운기를 타고 온 남자어른이 이들의 행동을 저지하지만 아이들은 아랑곳하지 않고 속바지를 가지고 논다. 박 형사 또한 이 모습을 보면서 현장을 훼손하지 말라고 소리 지르지만 아이들은 장난을 멈추지 않는다. 메뚜기를 잡아 유리병에 담아놓은 것을 숨긴 소년은 박 형사의 말과 행동을 그대로 따라 한다. 박 형사는 소년의 행동에 놀라서 바라본다. 소년의 이러한 행동은 관객에게는 이상해 보인다. 무리를 지어 놀고 있는 아이들과 떨어져 앉아서 박 형사의 행동을 따라 하는 소년의 모습이 인상적이다.

「살인의 추억」이 사건에 진입하는 방식은 할리우드 영화에서 많이 보아온 스타일이다. 일상적인 생활공간에서, 그것도 매우 평화롭게 보이는 상황 속에서 살해현장이 발견된다거나 충격적인 사건이 일어나는 방식이다. 하지만 표현방식은 할리우드의 그것과는 매우 다르다. 표현방식이 다르다는 것은 어찌 보면 당연하다. 영화를 촬영하는 장소도 미국이 아니라 한국이고 배우들도 다 한국인이니까 너무나 당연한 것으로 여겨질 수 있다.

사실 '논'을 첫 살해현장으로 정한 것은 한국적 선택이다. 이 이야기가 한국의 이야기라는 사실을 바로 알려주는 이미지이기 때문이다. 자연을 촬영하는 방식 또한 한국적이다. 임권택 감독의 스타일이 느껴진다. 물론 임 감독의 경우 해외에서는 이탈리아의 네오리얼리즘의 영향을 받아 발전시켜왔다고 알려져 있지만, 임권택 감독이 한국을 대표하는 감독이라는 사실은 논란의 여지가 없다. 한국을 가장 아름답게 한국적 미학으로 표현해온 임권택 감독의 자연표현 방식을 「살인의 추억」의 오프닝에서 감상할 수 있다는 사실은 봉준호 감독이 할리우드의 장르적 특성과 한국적 미학을 얼마나 고민하면서 활용하고 있는지를 알 수 있다. 그의 이런 방식을 외국에서는 '레고 피스'라고 평가한다. 즉, 어떤 모양을 만들기 위해 레고블록을 찾아서 맞춰가듯이 봉준호 감독은 자신의 작품을 한 블록씩 할리우드 스타일과 한국 스타일 그리고 자신이 알고 있는, 그래서 작품에 필요한 스타일을 뽑아서 사용한다. 즉 그는 자신이 디자인한 작품을 만들기 위해 필요한 레고 블록을 찾아 맞춰서 작품을 완성해간다.

봉준호 감독은 자신이 하고 싶은 사회 또는 정치적 주제를 은유적으로 표현하는 것을 즐긴다. 앞에서 묘사한 사건의 경우, 봉준호 감독이 작품을 통해 이야기하고 싶은 주제는 사건현장에서 뛰어노는 동네 아이들에 의해 일부 표현되고 있다. 무리를 지어서 노는 아이들은 사건현장이라는 단어가 지니고 있는 중요성도 알아듣지 못할 정도로 무지하고 미성숙하다. 그들은 한 소녀의 죽음보다는 그 소녀의 속옷을 가지고 노는 것이 더 즐거운 나이다. 사실 그들의 천진난만함과 명랑함을 비난할 수는 없지만 한 소녀의 죽음에 대한 그들의 태도는 분석해볼 만한 가치가 있다. 자신의 일에만 집중하고 주변을 살펴볼 만한 여유가 없는 그리고 그들이 가지고 놀고 있는 것이 얼마나 중요한 가치를 지닌 것인지 모르는 그들은 어찌보면 한 소녀의 살인사건을 대하는 그 당시의 한국사회에 대한 감독의 은유적 표현으로 볼수도 있다. 이 작품의 시대배경은 1986년 전두환 정권 시절로, 광주사태에 대해 무지했던 한국사회의 태도를 표현하고 있다. 그런데 이 장면에서 간과하면 안 되는 요소는 바로 이런 아이들의 행동을 합리적으로 혼내는 '어른의 부재'다. 아무 잘못 없이 이유도 모른 채 죽어간 한 소녀의 죽음 앞에서 그녀가 당한 폭행의 증거가 될 수도 있는 속옷을 가지고 놀고 있는 동네 아이들을 혼낼 만한 어른은 존재하지 않는다. 그 장소에 함께 있었던 박 형사도, 경운기의 주인인 남성도 이들을 멈추게 할 수 없다. 사실 그 장소의 어른들이 이들을 비난할 수 없는 이유는 그들도 무지하기 때문이다. 이들은 자신들이 하고 있는 행위가 무엇인지도 모르며, 인지하려는 노력도 하지 않는 집단이다. 한국사회에 대한 비유는 두 번째 살인사건으로 이어진다. 살인한 소녀를 '은

밀한 장소 — 논두렁 수로'에 숨겨놓았던 첫 번째 사건과는 달리 두 번째 살인사건은 '공개된 장소 — 논바닥'에서 발견된다. 이 모든 장소들은 부패된 한국에 대한 은유적 표현으로도 볼 수 있다. 이때 사건을 목격한 대중의 반응은 첫 번째처럼 유희적으로 표현되지는 않았지만, 약간의 슬랩스틱적으로 코믹한 요소가 포함되어 있다. 논두렁에서 사건현장으로 뛰어내려오기 위해 급히 달려오던 선배 형사가 논두렁에서 굴러 넘어진다. 이들에게 사건의 긴박감이나 긴장은 찾아볼 수 없다. 범인을 잡아야 한다는 긴박감 또한 찾아볼 수 없다.

이번의 살해사건은 더 많은 대중에게 노출된다. 동네 아이들은 여전히 뛰어다니고 논두렁에서 차를 세워놓고 바라보는 사람들도 존재한다. 봉준호 감독은 한 사람의 잔인한 죽음이 또다시 구경거리로 전락하는 모습을 첫 사건과 비슷한 방식으로 표현하고 있다. 하지만 이 장면에 등장

〈그림 7-3〉 두 번째 살인사건 현장의 모습
출처: N스토어(네이버) 「살인의 추억」

하는 인물의 수를 더 늘리고 성인들을 등장시키고 있다.

또 사건을 수사하는 방식이 첫 사건보다는 좀 더 구체적으로 보여진다. 범인의 발자국을 발견한 경찰이 박 형사에게 보여주자 그는 주변의 나뭇가지를 주워서 동그라미를 그리며 아무런 지시 없이 살해현장 쪽으로 내려간다. 검시관들은 아직 도착하지 않았고 현장훼손을 막기 위한 어떤 조치도 취해지지 않는다. 과학적 수사와는 거리가 먼 풍경이다. 박 형사는 현장보존이 어렵다고 말하면서 감식반이 늦게 도착한다는 불평만 할 뿐 어떤 행동으로도 현장훼손을 막기 위한 조치를 취하지 않는다. 그는 말로만 현장보존이 어렵다고 투덜거린다.

마치 영화를 찍기 위해 배우나 모델이 엎드려 있는 것처럼 박 형사와 주변사람들은 붉은 원피스를 입고 손이 뒤로 묶인 채 살해된 여성을 대한다. 무슨 행사를 진행하는 것처럼 사진을 마구 찍는 것에 대해 불평하면서 같이 온 선배 구희봉 형사반장은 기자들이 많이 와서 불편하다고 박 형사에게 불만을 이야기한다. 형사들보다 더 빨리 사건현장에 도착한 기자들. 그렇다면 기관을 대표하는 형사는 기자보다 이 현장에 늦게 도착했다는 이야기다. 사실 이 영화에 등장하는 형사들은 사건을 해결하고 싶은 의지도 없고 노력도 하지 않는다. 그들은 살해된 여성을 살펴보지는 않고 사건현장에 나타난 기자들을 바라보면서 "그 새끼라도 안 와서 다행이다"라면서 위로한다. 사건현장보다는 기사가 어떻게 나올지, 상관이 그 기사 때문에 자신들에게 어떤 압박을 넣게 될지가 이들의 관심사다. 구 형사반장은 아마도 퇴직을 앞둔 듯 형사생활 말년에 반복되는 살해사건 때문에 귀찮다고 짜증을 낸다. 이때 경운기가 범인의 발자국으로 추정되는 장소를 훼손하면서 지나간다. 말로만 현장보존을 이야기할 뿐 어떤 행동도 취하지 않는다. 역시 또 현장훼손 이유는 늦게 도착하는 감식반 탓이다. 늦게 도착한 감식반은 딱 한 명으로 논두렁에서 현장으로 내려오다가 미끄러워서 넘어진다. 얼마나 우스꽝스러운 상황인가? 사실이 영화를 보는 동안 관객도 살해된 소녀를 잠시 잊고 형사들의 행동에 웃음을 터뜨린다. 이렇게 소녀의 죽음은 잊히게 된 것이다. 누구를 단죄할 수 있을까? 우리도 그렇게 그들과 한패였다.

4. '감각'과 '과학', 박 형사와 서 형사의 대립

영화의 두 사건을 통해 확실히 알게 된 주인공은 박두만 형사다. 그는 지방경찰 소속으로, 직감적으로 모든 사건을 처리하는 형사다. 모든 것을 감으로 처리한다. 사실 박 형사의 경우 할리우드 영화에서도 볼 수 있는 스테레오타입의 형사다. 그와 그의 동료는 매우 서민적인 생활을 한다. 예를 들어 싸구려 술을 마시고 음식을 먹는다. 그리고 사실 일반인들보다 욕을 더 많이 하고, 범인의 자백을 받기 위해 폭력을 사용하는 것에 거리낌이 없으며, 확실한 증거가 없어도 증거를 조작하는 등의 방법을 통해 용의자를 범인으로 몰아넣는 부패한 모습을 보인다, 그러나 봉준호 감독은 이러한 할리우드의 스테레오타입인 박 형사와 그 주변인물을 통해 한국의 사회와 문화를 함께 보여주고 있다.

박 형사는 기술이나 과학과는 거리가 먼 사람이다. 그는 자신만의 방식으로 범인을 잡는다. 기술도 아니고 과학도 아닌 감각적인 방식으로 범인을 잡는 것이다. 타자기를 사용할 때도 그의 스타일은 독수리 타법이다. 그는 모든 것을 손으로 쓰고, 사진도 직접 풀로 붙이면서 사건을 수사한다. 그는 수사에 샤머니즘까지 이용한다. 그는 범인을 찾기 위해 무당도 찾아간다. 무당을 찾아가서 사건을 의뢰하는 박 형사의 모습은 '한국인의 전통적인 방식'이나 '무능하고 부패한 한국'을 상징한다.

하지만 서울에서 내려온 엘리트 형사 서태윤은 "서류는 거짓말을 하지 않는다"는 신념 아래 과학적이고 합리적인 방식으로 수사를 진행한다. 그는 이곳에 도착한 첫날 박 형사와 우연히 만나게 되는데, 박 형사는 서 형사를 강간범으로 오해한다. 사실 이 장면에도 봉준호 감독의 농담이 녹아들어 있다. 사실 박 형사는 불과 몇 분 전 장면에서 자신은 사람을 매우 잘 분별하는 능력을 가지고 있고 감각으로 범인을 알 수 있다고 자신 있게 말한 사람인데, 서 형사를 강간범으로 오인하여 발길질을 하며 폭력을 행사한다. 누가 박 형사의 능력을 믿을 수 있겠는가!

서 형사가 강간범이 아니라는 사실을 알게 된 이후 박 형사의 차 안에서 이들은 서로에게 "싸움을 못해서 어떡해? 형사가", "사람을 그렇게

〈그림 7-4〉 전형적인 한국 형사의 모습을 보이고 있는 박 형사
출처: N스토어(네이버) 「살인의 추억」

못 알아봐서 어떡해? 형사가"라는 말을 주고받는다. 서로 얼마나 다른지 몸으로 부딪히면서 수사하는 박 형사와 두뇌로만 수사하는 서 형사를 동시에 보여준다.

서태윤 형사는 박두만 형사처럼 직접 움직이고 탐문하는 것이 아니라 증거를 찾고 좀 더 합리적인 방식으로 사건을 처리한다. 이들의 성격은 두 형사가 술집에서 나누는 대화를 통해서도 관객에게 전달된다.

박: 어이, 서울 촌놈! 여기 뭐 하러 왔어?

서: 범인 잡으러요.

박: 서울이 그렇게 넓냐? 넓어? 미국보다 넓어?

서: 바나나 던져봐.

박: 미국은 말이야, FBI라고 있어. 수사하는 거 보면 어떻게 하는지 알아?

반짝. 반짝. 반짝. 머리를 존나게 굴려 분석하고……. 왜 그러는지 알아?

땅덩이가 어마어마하거든. 그러니까 대가리를 굴리지 않으면 커버가 안 돼.

그래서 미국에서는 머리를 쓸 수밖에 없는 거야.

그런데 대한민국이란 나라는 말이야. 이 두 발로 몇 발자국 뛰다 보면 다 밟혀. …… 밟히게 돼 있다고.

왜 그러냐? 땅이 좆 만하거든.

옛 말에 대한민국의 형사들은 두 발로 수사한다는 말이 있어.

그러니까 잔대가리나 굴리는 너는 미국에나 가버려.

출처: N스토어(네이버) 「살인의 추억」

미국보다 작은 나라인 한국에 사는 본인은 발로 뛰면서 몸으로 부딪히면서 범인을 잡고, 분석이나 머리를 사용하는 방식은 미국에서나 사용하는 방식이니까 그런 방식으로 범인을 잡으려는 서 형사는 미국에나 가서 범인을 잡으라는 말이다. 박 형사는 서 형사를 미국에나 가버려야 할 존재로 말하면서 그를 미국과 일치시킨다. 하지만 서 형사도 완벽한 아메리칸 스타일은 아니다. 미국적 방식을 따라 하는 한국인일 뿐이다. 즉, 그는 모방적 행위를 할 뿐이다. 봉준호 감독이 할리우드식 스타일을 받아들이며 모방하면서 자신의 스타일을 개발하고 있듯이 서 형사는 미국 시스템을 받아들인 우리 사회의 어설픈 모습을 그려낸다. 박 형사가 그에게 미국 스타일을 따라 하고 있으니 미국으로 가라고 했지만 그 또한 한국사회의 다른 모습이다.

이후에도 이들의 갈등은 계속해서 드러난다. 그러는 중에도 서 형사는 혼자 사건을 해결하기 위해 계속해서 일을 진행한다. 박두만 형사 또한 자신만의 방식으로 수사를 진행한다. 처음에는 서 형사, 즉 미국적인 스타일이 앞선 스타일이라는 것이 증명된다. 그러나 결국 그의 '아메리칸 스타일'은 무용지물이 된다. 이 작품에서는 두 형사의 갈등을 통해 계층의 문제를 다루고 있지만, 작품의 결론에서 서 형사의 스타일이 박 형사의 그것에 비해 그리 성공적이지 못하다는 것을 증명하고 있다. 서 형사 또한 범인의 증거를 찾는 데 실패한다. 그리고 살인은 연쇄적으로 다시 한 번 더 일어난다. 서 형사도 변해가기 시작한다. 그도 발로 뛰고 폭력적으로 변한다. 더욱이 그는 더 무기력해지게 된다. 비 오는 밤, '우울한 편지'가 라디오에서 흘러나오면 항상 범행이 일어났다는 사실도 서 형사가 아닌 권기옥이라는 여성 경찰에 의해 밝혀지기 때문이다. 이들이 이 사실을 발견하고 비 오는 날, 라디오에서 범인이라고 추정되는 인물이 신청한 그 '우울한 편지'가 울려 퍼질 때 경찰지원을 요청했지만, 데모진압을 위해 경찰인력이 동원되었기 때문에 지원을 받지 못했다. 그리고 그날 밤 그들은 살인자로 추정되는 박형규를 추적하지만 놓치고 살인을 막지 못한다. 한국과 미국을 상징하는 박 형사도 서 형사도 모두 범인 검거에 실패 한다. 즉, 발로 뛰어도 합리적인 과학적 수사를 통해서도 범인 검거는 이뤄지지 않고 살인을 막지도 못한 것이다. 더욱이 우리 사회는 살해당하는 소녀(광주사태, 미군 탱크에 의해 살해된 소녀들 등)를 구해주지 못하고 관심도 갖지 않았으며 눈앞에서 범인을 놓치고 만 것이다. 그때 데모진압이 아닌 살인을 막기 위해 경찰이 동원되었다면 그 연쇄살인범은 잡을 수 있었을까?

5. 한국이 해결하지 못한 일은 미국이 해결해준다?

범행을 부인하는 범인(박현규)의 확실한 자백을 받아낼 수 있는 증거는 희생자의 몸에서 나온 범인의 DNA 샘플이 일치하는지 확인하는 데 있다. 그런데 그 당시 국내의 기술로는 샘플을 확인할 방법이 없었다. 한국에는 이것을 분석할 수 있는 기계가 없다. 그래서 샘플을 미국에 보내야 한다. 서 형사와 박 형사는 미국의 앞선 기술이 범인을 잡게 해줄 것이라고 굳게 믿고 있었다. 그들은 기다렸고, 미국의 답은 '불일치'였다.

이 사건을 통해 우리는 미국에 대한 한국사회의 의식을 엿볼 수 있다. 우리는 "미국은 한국보다 앞선 기술을 보유하고 있고, 한국이 할 수 없는 어떤 것들을 할 수 있는 능력을 지닌 나라다"라는 의식을 가지고 있었다. 우리는 스스로 미국과 평등하다고 생각하고 있지 않다.

서 형사와 박 형사는 샘플 분석 결과를 기다리는 동안 할 수 없었던 많은 것을 미국 또는 과학이 해결해줄 것이라는 신념을 가지고 있었다. 그러나 결국 마지막에 그들의 이러한 신념은 모두 무너지게 된다. 자신이 기대했던 결과가 나오지 않았기 때문이다. 결국 미국도, 미국 스타일의 서 형사도 문제 해결을 할 수 없었다. 이는 미국과 미국 스타일 그리고 한국적인 방식 중 그 어떤 것도 한국에 아무런 도움을 줄 수 없다는 것을 보여주는 상징적인 사건이기도 하다. 봉준호 감독은 이 작품에서 서 형사를 통해 한국인이 가지고 있는 미국에 대한 생각을 보여주고 있다. 봉 감독은 국내의 문제를 해결하기 위한 방식 또한 그동안 우리의 선택은 그 어떤 것도 해결하는 방식이 아니었음을 지적하고 있다.

이처럼 한국은 미국에 대해 고마워하는 동시에 분노의 감정도 가지고 있다. 봉준호 감독 또한 그 부분을 인정하고 있으며, 자기 스스로도 자신의 작품을 '정신분열증적인 장르'로 정의한다. 결국 범인 검거는 실패한다.

6. 사건은 스스로 해결해야 한다

봉준호 감독은 작품의 첫 장면과 마지막 장면을 비슷하게 촬영했다. 두 장면 모두 박 형사가 몸을 숙여 첫 살인사건이 일어났던 논두렁의 수로를 바라보는 행동으로 표현된다. 첫 장면에서 그는 소년을 만났는데, 마지막 장면에서는 소녀를 만난다. 그런데 마지막 장면에 앞서 봉준호 감독은 박 형사의 집과 그가 하고 있는 일을 보여준다. 1980년대의 박 형사는 고약한 성격이었고 집에는 TV 외에 특별한 가구가 없다. 그는 오직 국가에서 지시한 일만 한다. 그런데 2003년의 그는 형사 직을 그만두고 중산층이 되어 있으며, 그의 집은 서양화되어 있다. 그의 가족은 이제 식탁에서 밥을 먹고 우유와 오렌지주스를 마신다. 그리고 아들에게 새벽까지 게임했냐며 다그친다. 봉준호 감독은 이러한 박 형사의 변화를 통해 1980년대부터 2000년대까지 한국의 변화를 상징적으로 보여주고 있다.

마지막 장면에서 박두만은 수로를 보면서 과거의 일을 회상한다. 그런데 그것을 본 어떤 소녀가 그에게 그 안에 무엇이 있는지 묻는다. 박두만은 그냥 좀 봤다고 이야기하는데, 여자아이는 신기하다고 되받는다. 왜냐하면 얼마 전에도 어떤 아저씨가 와서 박두만과 같은 행동을 하고 있었기 때문이다. 같은 질문을 했을 때 그 아저씨는 옛날에 여기서 했던 일이 기억나서 오랜만에 한번 와봤다고 이야기했다는 것이다. 관객과 박 형사는 직감적으로 잡지 못한 범인이 왔다 간 것이라는 사실을 알게 된다. 이제 카메라는 박두만의 얼굴로 클로즈업되고 그는 카메라를 정면으로 응시한다. 그리고 검은색으로 페이드아웃되면서 영화는 마무리된다.

이 마지막 장면이 상징하는 것이 중요하다. 이 영화가 전달하려는 메시지를 확인할 수 있는 장면이기 때문이다. 사실 이 영화는 할리우드의 범죄영화 스타일을 많이 빌려왔다. 다소 부패한 경찰의 모습과 폭력적 수사방식 그리고 어눌해 보이고 다소 느려 보이는 형사들의 모습 등은 매우 흡사하다. 특히 살인사건이 발생했는데도 늦게 출동하는 경찰의 모습에서는 파고(1966)의 마지 형사 모습과 너무 비슷해서 놀라움을 감출 수 없었다. 하지만 「살인의 추억」에서는 범인을 검거하기 위한 단서를 추적하기보다는 잡을 수 없는 이유를 보여주는 방식으로 영화를 전개한다.

'봉 스타일'이다. 그는 자신의 영화에서 범인이 천재이기 때문에, 혹은 형사들이나 경찰이 무능하여 범인 검거에 실패한 것이라고 할리우드 스타일로 메시지를 전하지 않는다.

당시 우리나라는 발 빠른 경제성장을 이룩하고 있었다. 동시에 불안한 사회 속에서 이로 인해 잃어버리는 것들이 있었고, 우리는 그것을 무시했다. 즉 경제성장을 위해 우리가 눈감아야 했던 일들이 있었고, 사실 그것은 옳지 않은 일이었다. 「살인의 추억」은 옳지 않은 일이 일어났고 그것을 모른 척한 우리 모두의 이야기를 하고 있는 것이다.

봉준호 감독은 그것을 "1980년대라는 시대 자체가 가진 무능함과

〈그림 7-5〉「살인의 추억」의 첫 장면과 마지막 장면
출처: N스토어(네이버) 「살인의 추억」

조악함"이라고 결론짓는다.

하지만 박 형사와 소녀의 만남을 통해 봉준호 감독은 하나의 메시지를 더 던져준다. 우리가 그 기억을 더듬으며 찾아가볼 때 다시 올바른 사회를 만들 수 있는 작은 단서 하나를 찾을 수 있다는 것이다. 어른의 행동을 따라 하던 소년과 현장을 혼란스럽게 하던 사람들은 모두 사라지고 정리된 장소 — 경제의 부흥을 이룬 한국 — 를 다시 찾은 박 형사는 오늘도 올바른 선택을 하기 위해 잃어버린 그 무엇을 찾아가보는 우리의 모습이다.

도움받은 글/더 읽어야 할 글

권선영 · 김훈순, 「한국 경찰영화의 서사 관습과 경찰이미지」, 청운대학교 방송예술연구소, 2010.

김소영 · 봉준호 외, 『영화 같은 시간』, 이음, 2013.

김영진, 「현대 한국영화의 작가적 경향에 대하여: 장르의 변용성을 중심으로」, 중앙대 박사논문, 2006.

김용수, 「폭력과 그 너머: 봉준호, 박찬욱의 영화」, 한림대학교 인문학연구소, 2008.

문재철, 「문턱세대의 역사의식: 봉준호의 세편의 영화」, 영상예술학회, 2008.

서정남, 「영화와 봉준호의 서사전략」, 한국문학이론과 비평학회, 2015.

성진수, 「동시대 한국영화에서 작가주의의 상업적 수용 양상」, 한국영화학회, 2015.

이동진, 『부메랑 인터뷰 그 영화의 비밀』, 위즈덤하우스, 2009.

최병학, 「사실, 인식, 망각의 연대—봉준호 영화에 나타난 비도덕적 사회의 우발성 유물론—」, 성균관대학교 인문학연구소, 2010.

한미라, 「봉준호 영화의 내러티브 공간이 갖는 지정학적 의미에 관한 연구」, 한국영화학회, 2015.

08
시뮬라시옹과 실존, 그리고 융합적 세계: 「매트릭스」

안효성

1. 시뮬라시옹과 「매트릭스」

프랑스의 사회학자이자 철학자인 장 보드리야르(Jean Baudrillard, 1929~2007)는 실재가 실재 아닌 파생실재로 전환되는 작업을 '시뮬라시옹(Simulation)'이라고 하고, 모든 실재의 인위적인 대체물을 '시뮬라크르(Simulacre)'라고 부른다. 시뮬라크르 개념은 플라톤에 의해 정의된 이데아(idea)계와 질료(matter)계의 존재 층위 구분에 내포되어 있는 개념이다. 플라톤에 의하면, 사람이 살고 있는 물질로 된 세계는 '질료계'로서, 눈에 보이고 감각으로 경험되기에 '가시계'라고도 불리며, 이 세계는 물질적 기초인 질료가 배제된 순수 관념으로 구성된 '이데아'를 원형(원본)으로 삼아 본뜬 '모상계'이기도 하다. 그런데 우리는 이미 '이데아'라는 원본 존재의 모상, 즉 복제물의 세계를 살면서 우리의 감각으로 경험된 여러 복제물를 현실로 인지하며 그것을 모방하여 예술품 같은 여러 추가 복제물을 재차 만들어내기도 한다. 즉, 플라톤의 구분에 의하면 세계는 크게 원형인 이데아, 복제물인 현실, 복제물의 복제물인 시뮬라크르로 이뤄져 있다고 할 수 있다. 보드리야르는 우리가 파생실재 또는 가상실재에 불과한 시뮬라크르의 미혹 속에서 살고 있다고 지적했다. 그에 따르면 특히 현대 자본주의 사회는 사물이 기호로 대체되고 현실의 모사나 이미지, 즉 시뮬라크르들이 실재를 지배하고 대체하는 곳이다. 이 세계에서 재현과 실재의 관계는 역전되며, 더 이상 흉내 낼 대상, 원본이 없어진 시뮬라크르들이 더욱 실재 같은 초과실재(hypcrréalité)를 생산해낸다. 더 이상 원본은 없고 어떤 의미에서는 원본과 모사물의 구별도 없다.*

〈그림 8-1〉 장 보드리야르(1929~2007)

실재보다 더 실재 같은 가상세계의 극단적 모습에 대해 상상해보고, 우리가 그러한 시뮬라크르의 세계에 살고 있음을 매우 대중적인 아이콘으로 고발한 영화가 있다. 세계적 화제를 넘어 영화계의 전설이 되어버린 워쇼스키 자매의 「매트릭스(The Matrix)」가 그것이다. '매트릭스(matrix)'는 컴퓨터 내의 가상공간을 의미하며, 어머니의 자궁 곧 모체를 뜻하는 라틴어 'mater'에서 유래한 말이다. SF 소설가 윌리엄 깁슨은 자신의 소설

* 배영달, 『보드리야르와 시뮬라시옹』, 살림출판사, 2005.

에서 처음으로 컴퓨터 네트워크와 하드웨어, 소프트웨어 프로그램, 데이터 등에 의해 구축된 사이버스페이스를 '매트릭스'라고 불렀는데, 워쇼스키 자매는 여기에서 영화의 제목을 따왔다. 영화에서는 인공지능을 갖고 인간을 통제하는 사이버스페이스이자 인간에게 반기를 든 기계들의 모체를 가리킨다. 즉, 영화에서 매트릭스는 인간을 미혹하는 시뮬라크르를 만들어내 지배하는 장본체로서 등장하며, 그런 점에서 시뮬라시옹의 주체라고 할 수 있다. 「매트릭스」는 현란한 오락물인 할리우드 블록버스터의 모습을 고스란히 보이면서도 심오한 철학적 메시지로 중무장함으로써 SF를 즐기는 전 세계 관객은 물론이고 까다로운 비평가들과 학자들의 찬탄을 불러왔다. 「매트릭스」는 그 어느 철학서 못지않게 — 아니, 대중적 파급 효과를 생각한다면 '못지않게'가 아니라 '더더욱'이 맞을지도 모르겠다 — 인간의 실존과 우리의 현대 및 미래 세계의 지배적 현실에 대한 성찰을 자극한, 실로 보기 드문 걸작임에 틀림없다. 게다가 「매트릭스」의 특별함은 단지 그런 사실에 머무르는 차원의 것이 아니다. 「매트릭스」는 총 3편으로 제작된 영화의 사이를 이어주는 애니메이션 「애니매트릭스(The Animatrix)」까지 포함하여 완결되는데, 작품이 취하고 있는 서사 수단과 표현양식, 문화와 사상, 기술과 과학의 다양성을 비롯하여 인간의 삶과 세계를 둘러싼 종교와 철학, 인간과 기계, 가상과 현실, 과학의 진보와 생물과 문명의 진화, 콘텐츠 장르의 '혼종과 융합'에 대한 성찰과 구현으로 가득 채워져 있다는 사실이야말로 「매트릭스」가 가진 진정한 특별함과 탁월함일 것이다. 생물학적 진화와 문화적 발전 과정은 어차피 혼종과 융합의 역사일지도 모르지만, 오늘날 이러한 혼종과 융합의 양상은 현격히 강화되고 가속화되어가는 실정이다. 「매트릭스」는 이런 현실이 빚어낸 세계와 그 속에서 살아가야 하는 인간 실존의 문제에 대한 심오한 성찰과 절묘하고도 웅장한 서사로 짜인 매우 체계적인 '텍스트-콘텐츠'다. 따라서 애니메이션과 영화를 모두 포함한 「매트릭스」 시리즈의 전체 서사체계를 간단하게나마 철학적으로 분석해보는 것은 의미가 있을 것이다.

2. 종교적 융합과 실존적 구원

먼저 「매트릭스」 1편을 보자. 많은 이들은 이 영화의 기독교적인 기호들을 선명하게 기억하고 있다. 주인공 네오(Neo)의 또 다른 이름 '디 원(The One: 인류를 구원한 그, 곧 예수)',* 여주인공의 이름 '트리니티(Trinity: 삼위일체)',

〈그림 8-2〉 워쇼스키 형제에서 자매로

* 사실 '네오'라는 이름 자체가 The One의 One을 철자만 치환한 'Neo'다.

〈그림 8-3〉「매트릭스 1」 포스터

예언에 따라 구원자 디 원의 존재를 확신하고 나아가 네오가 곧 디 원이라 믿는 '모피어스'의 비행선 이름 '느부갓네살(구약성서에 나오는 왕 이름)', 기계군단에 대항하는 인류의 마지막 보루인 저항군 본부의 이름 '시온(예루살렘 성지의 언덕)', 네오를 따르는 동료 '사이퍼('유다'의 차용)'의 배신, 죽었다가 부활한 네오의 인류 구원(예수의 부활 모티프) 등은 이 영화의 정체가 본질적으로 기독교 영화가 아닌지 의심케 하기에 충분하다. 그 때문에 전작의 광휘를 등에 업고 2003년에 속편 「매트릭스 2 — 리로디드(Reloaded)」가 나왔을 때, 이 영화에서 불교적 코드를 발견한 사람들은 드물었다. 물론 모든 시리즈가 종결된 지 오래인 지금까지도 이 영화에서 기독교적 코드 이외의 다른 사상적인 것 — 특히 종교적으로 — 을 읽어내지 못하는 일반 관객은 꽤 많이 존재한다.

하지만 「매트릭스 2」는 전작부터 이어지는 기독교적 기호를 유지함과 동시에, 곳곳에 불교적 이미지들을 추가로 등장시킴으로써 서구 관객에게 익숙한 기독교적 구원에 진부하게 매달리지 않는 모습을 보인다. 즉 「매트릭스 2」는 네오를 앞세워 초월적 신의 계시와 타력적 구원보다는 인간의 실존적인 선택과 스스로의 깨달음을 강조하는 불교적인 구원의 상(像)을 내보임으로써 종교적인 도그마를 초월한 좀 더 보편적인 해방을 제안하는 것으로 간주할 수 있다.

「매트릭스 2」는 1편에서 이미 끝난 이야기와도 같았던 디 원의 구원 신화를 뒤집고 이야기를 미완의 상태로 되돌린다. 예언을 따르기만 하면 초인적인 디 원으로 각성한 네오가 기계로부터 인간을 해방시켜 세계를 구하는 줄 알았더니 — 실제로 1편만 보았을 때는 이야기가 그렇게 결론 나는 듯했다 — 디 원의 출현과 인류의 구원을 예언한 예언자 오라클은 알고 보니 매트릭스의 권력에 봉사하는 컴퓨터 프로그램일 뿐이다. 게다가 네오가 알아낸 바에 의하면, 오라클만이 시스템의 완전통제를 돕는데 그치는 것이 아니라, 디 원이라는 존재의 목적 자체가 매트릭스의 인간 지배 종결이 아니라 매트릭스의 인간 지배 유지에 있는 것으로, 디 원 역시 매트릭스가 준비한 또 하나의 정교한 통제 시스템의 일환이었다.

이것은 우리에게 구원이 맹목적 믿음에 있지 않음을 알려주는 결정적 반전 혹은 전복의 서사라 할 만하다. 그리고 네오가 매트릭스의 심장부에 들어가 매트릭스의 설계 프로그램과 만나 매트릭스의 진실을 듣게 된 뒤에 요구받는 사항은 한층 더 실존적이다. 네오는 현실로 되돌아가기 위해 두 개의 문 중 하나로만 나갈 수 있다. 한쪽으로 가면 죽음의 위기에 처한 연인(트리니티)을 구하게 되지만 시온 주민은 멸망한다. 다른 한쪽으로 가면 시온은 구하지만 연인은 죽게 된다. 이 극한의 갈등 상황에서 네오는 예언된 인류 구원자의 사명을 선택하지 않고, 자신의 연인을 구한다. 이것은 거친 방법이기는 하나, 전륜성왕(轉輪聖王)의 길을 버리고 붓다의 길을 선택한 고타마 싯다르타와 네오를 일치시키고 있는 상징적인 장면이 아닐 수 없다.

나아가 네오는 구세주의 사명에 짓눌리지도 않고 매트릭스 시스템의 통제적 설계에도 맞서면서 철저히 자신의 자유의지를 구사하는 단독자의

〈그림 8-4〉「매트릭스 2」 포스터

모습을 보임으로써 인과법칙을 넘어선다. 반사명적 · 반대승적 선택을 통해 시스템 통제의 문턱을 넘은 네오는 오히려 이전을 능가하는 초월적 능력을 얻게 되고, 죽었던 트리니티를 되살릴 뿐 아니라 그녀와 함께 시온으로 돌아가 거대하고 가공할 파괴력을 가진 기계병기를 맨손으로 제압하는 모습을 보여준다. 게다가 시온에 들어간 네오를 반기는 한 소년의 "당신이 나를 구했어요"라는 외침 앞에서 "아니오, 당신 자신이 스스로를 구한 겁니다"라고 응답하는 네오의 말은 절대자에 의한 구원이 아닌 자기 스스로에 의한 구원이 더 중요하다고 했던 석가모니 붓다의 메시지를 떠올리게 한다.

한편 네오가 매트릭스의 심장부에 들어갔을 때, 설계 프로그램은 네오가 매트릭스의 수학적 완성의 여섯 번째 예외, 곧 매트릭스의 심장부로 들어온 여섯 번째 구원자라고 들려주었다. 이것은 매트릭스에서는 네오에 이르기까지 여섯 번의 사이클이 반복되고 있음을 의미한다. 그야말로 새로운 우주가 나타날 때마다 새로운 부처가 등장해 미몽에 빠진 중생을 구제한다는 불경의 이야기, 석가모니불이 고해(苦海)의 우주에 나타난 여섯 번째 부처라는 이야기와 유사하다. 더 나아가 앞서 네오가 예언자 오라클을 만나러 가는 도중에 거쳤던 종교물품 가게에서 차례로 등장한 힌두교 신상, 성모마리아상, 예수상, 불상은 「매트릭스」가 기독교나 불교만이 아닌 통종교적 성취를 지향하고자 함을 전달하려 한 것으로 읽을 수도 있을 것이다.

「매트릭스」에서 기독교적 상징과 의미를 넘어 불교적 상징과 의미까지를 읽어내는 것이 필자만의 자의적 독법은 절대 아니다. 「매트릭스」를 열 번이나 봤다는 하버드대 출신 미국인 현각 스님은 2003년 6월 17일 자 「한겨레신문」에 기고한 「매트릭스」에 대한 관람평에서, "「매트릭스 2」가 '정답'보다는 '질문'을 제기하는, 우리 실존의 본질 자체에 대한 큰 질문을 던지는 영화"라고 극찬하면서 1999년 「매트릭스」 1탄이 나왔을 때 영화를 만든 워쇼스키 형제가 팬들과의 인터넷 채팅 인터뷰를 통해 불교가 그들의 사상과 시나리오에 큰 영향을 끼쳤냐는 질문을 받고 분명히 "그렇다!"고 대답했다는 에피소드를 소개한 바 있다. 워쇼스키 자매*가 「매트릭스」를 제작하기 오래전부터 불교에 매혹되어 있었다는 사실은 이제 더 이상 새로운 사실도 아니다.

그럼에도 많은 사람들이 — 심지어 비평가들도 — 「매트릭스」의 불교적 코드에 주목하지 못하고 심지어 2편을 평가절하했던 것은 역시 1편에서 각인된 기독교 코드를 쉽게 드러 낼 수 없었던 데다가 동양의 무술들과 홍콩 누아르식 액션, 「공각기동대」 등의 일본만화, 스트리트 파이터와 플레이스테이션 등의 전자게임 같은 다국적 콘텐츠의 화려한 결합이 더 강력한 이미지로 기능했기 때문으로 보인다. 그러나 이 모든 국경 없

* 이들을 '자매'와 '형제'로 넘나들며 호칭하는 데는 사연이 있다. 본래 「매트릭스」를 제작할 당시만 해도 엄연히 남자 형제였던 래리 워쇼스키와 앤디 워쇼스키 형제는 이후 형인 래리가 먼저 여성으로 성전환하여 '라나 워쇼스키'로 이름을 바꿈으로써 워쇼스키 '남매'가 되더니, 연이어 동생 앤디마저 성전환 수술을 받고 '릴리 워쇼스키'로 개명하여 '자매'가 되어 활동하고 있다. 이 때문에 이 글에서는 그들의 활동 시점에 따라 다른 호칭을 쓴다.

는 콘텐츠의 혼합 안에는 동서고금의 위대한 철학과 종교들의 종합도 포함된다는 것을 간과해서는 안 될 것이다.

3. 가상과 실재의 무경계의 경계성

「애니매트릭스」 '탐정 이야기' 에피소드의 주인공인 사립탐정 — 그는 매트릭스 내에 사로잡혀 매트릭스가 제공하는 시뮬라크르를 실재로 받아들이며 살아가는 사람이다. 「매트릭스」의 설정에서 대개의 인간은 기계에 붙잡혀 배양되면서 육체적으로는 잠든 상태로 기계에게 인간의 생체 에너지를 동력으로 제공하고 정신은 매트릭스에 접속되어 가상의 세계 속에서 그것이 가상임을 미처 깨닫지 못한 채로 살아간다 — 은 그 세계에서 도저히 붙잡히지 않는 수수께끼의 해커 트리니티를 추적하고, 그 과정에서 만난 전직 사립탐정 — 그 역시 트리니티를 추적하다가 돌연 미쳐버린 상태다 — 으로부터 다음과 같은 말을 듣게 된다.

> "트리니티는 실존인물이 아니고 허구이며 횡설수설이다."
>
> "나는 누구지? 난 무얼 하고 있는 거지?"

그렇다. 아마 가상세계 내의 관점에서 보았을 때는 사이버스페이스인 매트릭스 밖에 존재하는 실제 인간 트리니티는 (가상세계 내에는) 실존하지 않는 인물일 수밖에 없을 것이다. 그런데 놀라운 전도가 벌어진다. 지각하는 가상 존재에게 가상 너머의 실재는 도리어 허구이고 난센스가 된다. 그런데 트리니티의 활동과 출몰을 부정하기는 어렵다. 그렇다면 근본적인 의심이 밀려온다. 대체 나는 누구(어떤 존재)이며, 내 행위의 의미와 존재 가치는 무엇인가? 혹 트리니티가 그 허구성에도 불구하고 행여 실재라면 대체 (문제를 지각한 가상 존재가 그간 의심의 여지없이 명백한 실재로서 받아들여온) 이 세계의 정체는 무엇이란 말인가?

역으로 그러한 의심 속에 미쳐버린 전직 사립탐정의 입장이 우리 자신의 입장이 될 수는 없다고 자신할 수 있는가? (심지어 영화를 통해 우리는 매트릭스 안의 상황과 밖의 상황이 서로 영향을 주고받음을 알고 있다. 이쯤 되면 가상실재 또한 완전한 가상이라고 치부하기도 어려워진다.)* 이것은 "전능하고도 악한 신이 우리를 속여 우리가 감각하는 모든 것을 실제가 아님에도 실제인 것처럼 믿게 하는 것이라면 어떻게 할 것인가? 그러한 것이 아니라는 것을 어떻게 확증할 것인가? 무엇이 실재인지 어떻게 판단할 것인가?"를 심각하게 고민한 데카르트(René Descartes, 1596~1650)의 의문과 소위 방법적 회의의 연장선상에 서 있다.

한편 「애니매트릭스」의 또 다른 에피소드 '소년 이야기'에는 마이클 카를 포퍼라는 이름의 소년이 주인공으로 등장한다. 소년은 늘 나음과 같이 궁금해한다.

> "왜 꿈이 현실보다 더 현실처럼 느껴지는 걸까? 어떤 게 진짜인지 어떻게 알 수 있지?"

그리고 이 애절한 질문에 어느 날 미지의 인물이 컴퓨터 모니터를

---

* 플라톤에 따르면 이데아의 모방체인 물질적 현실계(질료계)가 참된 실재계인 이데아에 대비해 가상계이지만, 이데아보다 불완전하고 비독립적인 '약한 실재'인 것일 뿐 전혀 실재가 아닌 것은 아니다.

통해 다음과 같이 응답해온다.

"진실 속에 허상이 있고 허상 속에 진실이 있어. 진실을 알고 싶다면 모든 위험을 감수해야 해."

미지의 인물 — 바로 네오인데, 매트릭스의 속박에서 해방된 네오가 매트릭스에 인위적으로 접속하여 포퍼의 정신과 접촉한 것이다 — 이 전해온 이 놀라운 응답을 보고 소년 포퍼는 되묻는다. "너는 누구니? 나는 혼자니?"라고. (물론 이 마지막 질문은 어떤 면에선 좀 어리석다. 이미 포퍼가 대체 누구냐고 물은 그 다른 이가 '없는 것이라면' 자신의 질문에 대체 그 누가 답해올 수 있었겠는가?)

존재 문제에 대한 근본적 질문을 던질 수 있었던 소년은 "이것은 현실이 아니야. 오히려 현실은 다른 세상에 있어"라고 가정하는 '방법적 회의'를 통해 매트릭스에 저항하는 네오 측과 매트릭스를 지키려는 요원들의 주목을 동시에 받게 되고, 끝내 매트릭스에서의 삶을 포기하는 '자살'이라는 선택을 통해 '자기 입증'을 해냄으로써 스스로를 구원한다. 매트릭스에서 숨을 거둔 소년 포퍼는 대신 매트릭스 밖의 육체에서 죽지 않고 깨어나 "너는 혼자가 아니야"

〈그림 8-5〉「애니매트릭스」 포스터

라고 답했던 네오 측에 거둬진다. 소년은 매트릭스 상의 거짓된 현실을 부정할 수 있었기에 매트릭스에서의 죽음에도 불구하고 현실의 육체는 가상의 죽음 경험으로부터 영향을 받지 않을 수 있었다. 즉, 네오와의 대화가 포퍼의 판단에 도움을 주었을지는 몰라도 포퍼를 살리고 매트릭스의 가상에서 깨어나게 만든 직접적 힘은 소년 포퍼 본인의 믿음과 결단이었다.

이 에피소드의 주인공 이름이 카를 포퍼라는 사실은 흥미롭다. 우리에게 널리 알려진 과학철학자 카를 포퍼(Karl Raimund Popper, 1902~1994)의 이름이 차용된 것은 이 에피소드의 스토리를 염두에 두면 많은 함축을 지니고 있음을 짐작할 수 있다. 과학자 카를 포퍼는 과학의 반증 가능성론을 제기함으로써 고전적인 관찰-귀납의 과학방법론을 비판하고 반증주의를 과학의 합리적 방법론으로 내세웠으며, 개인의 자유와 민주주의를 적극 옹호하고 검증 불가능한 유토피아주의와 획일적 전체주의에 반대했던 점진적 사회공학의 주창자였다. 「매트릭스」는 우리에게 일체의 주어진 것들, 즉 감각에 주어진 것들과 일상에서 듣고 배운 통념들을 여과 없이 받아들이는 데 순응하지 말 것을 경고한다. 끊임없이 의심하고 반증 가능성을 제기하며, 실체적 사실에 도달하기 위한 집요한 노력을 바치는 것만이 우리에게 최대한의 진실과 참된 자유를 가져다줄 것이라는 것이 「매트릭스」의 통찰이며 교훈이라고 할 수 있다.

4. 인간의 실존과 인공지능의 계산

「매트릭스 2」에서는 자신이 인류 해방을 위해 선택받은 존재 '디 원'이라는 것을 확신할 수 없었던 네오가 자신의 운명을 확인하기 위해 매트릭스 세계의 예언자 '오라클'을 은밀히 만나는 장면이 나온다. 면담 과정에서 아직 어떤 선택을 해야 할지 모르겠다는 네오에게 오라클은 이렇게 말한다.

> "이미 선택은 했다. 그 선택에 대한 이해가 필요할 뿐이지."

이것은 대단히 실존철학적인 대사다. 우리는 사실 어떤 방식과 형태로든 늘 선택을 하며, 심지어 그 선택에 의미를 부여하고 정당화하면서 살아간다. (물론 무의미한 선택, 생각 없는 선택도 남발된다.) 다만 그 선택의 의미에 대해 얼마만큼 이해하는가는 또 다른 문제인데, 대개의 경우, 또 다수의 인간은 자기 선택에 대해 충분한 이해가 결여되어 있다. 선택의 의미를 이해하는 자만이 참된 결단을 할 수 있고, 그 결단이 가져올 결과를 능히 떠맡을 수 있을 것이다. 훌륭한 선택은 책임을 동반한다. 우리는 그것을 참된 자기 자신의 주체적인 삶, 즉 '실존(existence)'이라고 부른다.

오라클의 안내와 키 메이커의 도움으로 매트릭스의 메인 프레임으로 들어가 매트릭스의 설계 프로그램과 조우한 네오는 충격적인 진실과 마주한다. 오라클은 인간에 대한 완벽한 통제를 위한 또 하나의 매트릭스 프로그램이며, 네오 자신 또한 매트릭스의 효율적 인간 통제를 위해 매트릭스의 치밀한 계산하에 허용된 협력적 존재였다는 사실이다.

매트릭스의 설명에 따르면, 네오의 삶은 매트릭스의 불균형한 방정식의 나머지의 합집합이다. 한마디로 네오의 존재는 수학적 존재인 매트릭스에서 없애지 못한 우발적 변종이었다. 매트릭스의 입장에선 매우 골치 아픈 예외적 존재로서 결코 해결되지 않는 버그이지만, 매트릭스의 경험상 예상이나 통제의 범위를 완전히 벗어나지 않기도 했으므로 매트릭스는 네오의 존재를 순치하고 예정된 경로를 통해 매트릭스의 중추부에 들여놓는 것을 '반복'해왔다. 그리고 이것은 이번의 네오까지 치면 여섯 번째 사건이 된다.*

그리고 매트릭스는 이 역사가 매우 오래되었으며, 매트릭스가 인간과의 전쟁에 승리해 인간을 지배하던 초기에 매트릭스의 완벽한 수학적 계산과 관리에도 불구하고 인간이 완전히 통제되지 않은 일로 인해 곤혹스러웠던 사실을 고백한다. 정신-생체적 존재인 인간의 불완전성이 야기

〈그림 8-6〉 날아오는 총탄을 정지시켜 막아내는 네오

---

* 앞서 언급했듯이, 이것은 불교에서 고타마 싯다르타(석가모니불)가 여섯 번째 부처로 간주되는 것에 대응하는 설정이다.

하는 예측 불가능성*이 매트릭스의 기계적 완전성의 입장에서는 오히려 감당키 어려운 괴팍함과 까다로움을 가져다준 것이다. 이것은 매트릭스가 업그레이드 버전으로 거듭나도 달라지지 않았다.

따라서 인간 정신의 우발적 변종(의 저항)을 막을 수 없었던 매트릭스는 인간 정신을 더 깊이 이해하고 연구하기 위해 차라리 인간의 특성에 맞게 완전성이 부족한 통제 프로그램을 따로 만들기에 이르렀다. 곧 완벽의 범위에 포함되지 않는 지능, 기성 매트릭스보다는 낮은 수준의 인공지능을 만들어 매트릭스 안에 비밀리에 공존시킨 것인데, 그것이 '오라클'이며 기성의 매트릭스는 갖추고 있지 못한 '직관력'을 갖춘 인공지능의 탄생이었다.

오라클은 인간에 대한 관찰과 실험을 통해 인간에게 선택권만 주면 역설적으로 99%의 인간이 매트릭스 프로그램의 지배를 자발적으로 받아들인다는 사실과 그에 상반되는 변종인 1%의 인간만이 프로그램을 위협한다는 사실을 알아냈고, 소수이지만 재앙의 불씨가 될 수 있는 그 1%를 효과적으로 다스릴 수 있는 기법을 창안했다. 그것이 바로 '희망'의 울타리 안에 그 1%의 인간을 따로 모으는 것이었다. 이것은 변종 저항자가 넓은 범위에서 산개하며 프로그램을 균열시키고, 경우에 따라서는 파국적 종말을 가져올 사고마저 칠 수 있도록 그들의 활동을 방치하는 것에 비하면 매우 효율적이고 안전한 통제 방식이 될 수 있다.

실제로 매트릭스는 오라클과의 협연 속에서 인간 변종들에게 '구세주(디 원)' 예언을 퍼뜨려 그들을 하나로 뭉치게 한 뒤, (오랜 투쟁 끝에 매트릭스의 압도적인 계시적 위력과 대면하고 나서 끝내 인류의 유일한 현실적 생존법을 깨달은) 구세주

* 이것이 실존의 특성이다!

본인의 자발적 선택에 따른 극소수 인간의 생존 — 매트릭스는 네오를 포함해 여자 16명, 남자 8명의 인원으로 제한한다 — 을 제외한 변종 인간 그룹의 말살을 손쉽게 반복해왔다.

생각해보면 매트릭스의 입장에서는 어차피 완전히 막을 수 없는 인간 변종이 출현한다면 이러한 방법이 가장 합리적인 것일지도 모른다. 위 내용들은 인간 존재의 본성과 특이성에 대한 성찰과 동시에 인류사회에서 부정의한 정치가 유지될 수 있는 까닭을 설명해줄 수 있으며, 인류 역사에서 부정의한 체제에 저항하고 민초를 구원하려 했던 여러 선지자들과 영향력 있는 종교들의 출현에도 불구하고 왜 끝내 그 뜻을 이루지 못했는지, 그리고 비단 전체주의나 각종 전제적 통치 형태가 아니더라도 구원의 종교들마저 기득권 정치와 손잡고 결국 또 다른 방식으로 인류를 거대한 지배체제에 순응시켜온 반복된 패턴의 비밀을 밝혀주는 측면이 있다.

딥 러닝 등의 기술 고도화로 인해 인공지능의 발달 수준이 우리의 상상을 초월하는 수준으로 치닫고 있는 현실은 이미 기계적 합리성과 인간적 직관의 경계를 무너뜨리고 있는 것으로 보이고, 그것이 앞으로 인간 고유의 실존 영역을 제약하거나 파괴할지도 모른다는 염려를 하지 않을 수 없는 요즘이라면, 네오가 매트릭스의 간지(奸智)와 인간이 처한 가혹한 운명 앞에서 느낀 충격과 좌절은 결코 영화적 상상력으로만 그치지는 않을 것이다. 그렇다면 「매트릭스」에서 네오의 선택과 실천은 어떠했는가? 「매트릭스」가 들려주는 결말은 무엇인가?

5. 인간과 기계의 공존과 평화, 정신의 융합

「매트릭스 3 — 레볼루션(Revolution)」에서 네오는 끝내 인간을 구원해낸다. 매트릭스의 가공할 위력 앞에서 당대 시온 동료들의 목숨 건사보다는 인류의 보존이라는 대승적 목적을 선택해왔던 이전의 네오들과는 달리 자신의 사랑하는 연인부터 구하고 나서 시온으로 달려갔던 현세의 네오는 매트릭스의 기계 군단과는 물론이고 자율성을 갖춘 변종 바이러스로 변해 매트릭스의 통제마저 벗어나버린 스미스 요원 — 원래는 매트릭스 내에 설치된, 버그를 잡는 통제 프로그램 — 과의 혈투로 만신창이가 되며, 자신의 두 눈도 잃고 끝내 연인 트리니티도 잃는다. 시온의 25만 인류의 목숨도 기계들의 총공세로 인해 풍전등화 신세에 놓이고 만다.

〈그림 8-7〉「매트릭스 3」 포스터

이러한 절체절명의 순간, 네오는 매트릭스와 대담한 타협을 이뤄낸다. 네오는 매트릭스도 더 이상 감당해내기 어려워진 스미스 요원을 자신의 목숨을 걸고 제거하는 대신 매트릭스에게 남은 인류를 모두 살려줄 것을 요구하고,* 이에 응

* 시온의 잔당들만이 아니다. 네오는 매트릭스의 에너지원으로 사용되고 있던 모든 붙잡힌 인간의 해방을 관철해낸다.

한 매트릭스가 인류에 대한 총공격을 잠시 멈춘 사이 매트릭스에 접속해 스미스 요원을 자폭 공격으로 물리친다. 네오의 장렬한 산화 끝에 매트릭스는 전쟁을 멈추고, 인류는 마침내 기계로부터 해방된다.

이러한 「매트릭스」의 결론을 두고 관객과 평단의 반응은 대개 실망스럽다는 쪽이었다. 흔한 SF 액션영화의 결론과 별다른 차이가 없었다는 것이 그 이유였다. 전편들에 가득했던 철학적 함축들은 실종된 것만 같았고, 화려한 영화적 기교와 과장된 액션 장면들, 그리고 식상한 전개만이 남았다는 것이 보통의 평가였다. 하지만 과연 그렇기만 한 것일까?

「매트릭스」의 끝은 이렇게 읽힐 수도 있을 것이다. 네오가 선택한 길은 결코 기계에 대한 나약한 항복이거나 기계와의 타협에 의한 인간의 불완전한 해방에 그치는 것이 아니라 기계와 인간의 평화 공존이었으며, 그를 위해 기계가 네오를 통해 인간에 대한 신뢰를 갖게 함으로써 기계의 지배로부터 인간을 해방시키려는 '대속'이었고, 업의 고리를 끊는 영멸에 들어가는 '입적'이었던 것으로 말이다. 만일 그런 것이라면, 그칠 줄 모르는 파괴적이고 소모적인 반복을 야기할 수밖에 없는 피의 복수와 적의 말살 대신 거룩한 희생의 '화해'를 통한 상생과 공생을 택한 것이니 「매트릭스」의 결말이 갖는 메시지는 실로 위대하다고 할 수 있다.

장렬한 최후의 순간에 이르기까지 네오에게 중첩되게 입혀지는 예수와 붓다의 동시적 이미지는 이 영화를 불교적인 것도 기독교적인 것도 모두 뛰어넘게 만든다. 게다가 영화 「매트릭스」는 인간의 역사에서 전례 없는 대등한 존재로서의 인간과 기계의 공존, 그리고 가상과 실재의 무경계성이라는 미래적 규모의 청사진을 남김으로써 완전히 새로운 차원의 세계와 영성(靈性)의 도래를 예언하거나 최소한 그 필요를 요청하고 있는 것으로 보인다.

【남겨진 질문】

네오의 살신성인 덕분이기는 하지만 전쟁의 종결과 인류 해방은 결국 매트릭스의 결정에 따른 것이었다. 인류 공동의 힘으로 주체적으로 획득한 결과는 아니었다. 나아가 인공지능인 매트릭스야 네오와의 약속대로 매트릭스의 에너지원으로 사로잡혀 길러지던 인간마저 다 해방시켜준다 치더라도 인간을 신뢰할 수 있다는 보장은 어디에 있을까? 시온의 인간 중에는 현실의 고충을 견디다 못해 결국 허구적 욕망이라도 채우기 위해 다시금 매트릭스로 되돌아가려는, 그것을 위해서라면 동료들에 대한 배신도 서슴지 않는 인물들이 있었다는 사실(「매트릭스 1」에서 사이퍼의 배신, 「애니매트릭스」 '프로그램' 에피소드 등), 그리고 무엇보다 이 끔찍한 인간의 노예생활을 불러온 인간과 기계 사이에 벌어진 전쟁의 원인은 자신들이 감당하지 못할 수준의 기계문명을 만들어놓은 뒤 자신들의 성취물을 미처 통제하지 못하고 폭력과 억압, 불신으로 일관해온 인간의 우매하고 난폭한 태도에 있었다는 사실(「애니매트릭스」 '두 번째 르네상스 파트 1 · 2' 에피소드)을 잊어서는 안 될 것이다. 그렇다면 평화공존의 책임은 전적으로 인간에게 달려있지 않겠는가?

도움받은 글/더 읽어야 할 글

글렌 예페스 편, 이수영 · 민병직 옮김, 『우리는 매트릭스 안에 살고 있나: 매트릭스의 철학 매트릭스의 과학』, 굿모닝미디어, 2003.

마크 롤랜즈, 조동섭 · 한선희 외 옮김, 『SF 철학』, media 2.0, 2005.

배영달, 『보드리야르와 시뮬라시옹』, 살림출판사, 2005.

슬라보예 지젝 등, 이운경 옮김, 『매트릭스로 철학하기』, 한문화, 2003.

R.데카르트, 소두영 옮김, 『방법서설/성찰/철학의 원리』, 동서문화사, 2016.

이정우 외, 『철학으로 매트릭스 읽기』, 이룸, 2003.

장 보드리야르, 하태환 옮김, 『시뮬라시옹』, 민음사, 2001.

09
패러다임으로서의 창조와 융합 그리고 미래 교육

김진택

1. 영원한 지식 생성 패턴, 창조와 융합

'창조와 융합'이라는 말을 시작으로 입을 떼려 하니 이런 생각이 든다. '아마도 몇 년 사이에 우리가 언급한 창조와 융합이라는 말의 횟수가 지금까지 우리가 한국어로 말하고 쓴 유구한 시간 동안 그 단어들을 사용한 횟수보다 많지 않았을까?'라고.

찬찬히 고민되어 탄생한 말이라기보다는 정치적 · 경제적 · 문화적 슬로건으로 사용된 상황이라는 점을 누구나 인정해야 한다면, 마찬가지 이유로 이러한 상황이 달라진다면 우리는 이 말들을 전처럼 많이 쓰지 않게 될 것이다. 그러나 중요한 것은 다음과 같은 것이다.

이제 이 말들이 지녔던 선언적 슬로건의 거품이 빠져나간다 하더라도 그것과는 관계없이 우리 인류의 지식 패러다임이 변한 것은 사실이다. 이 사실과 관련하여 내가 학교 강의든, 다양한 분을 만나는 특강에서든 틈만 나면 항상 강조한 부분이 있다. 바로 우리의 사유와 지식은 언제나 창조와 융합의 패턴으로 진화했다는 사실이다. 그저 우리가 경험한 수백 년 전 관료주의적 사회형태와 지식체계가 그것들을 잊게 만들었을 뿐이고, 전문화와 효율화를 강조한 근대사회가 전지하는 생산의 속도만을 강조하며 우리에게 착시 효과를 주었을 뿐이다. 이러한 착시의 역사와 시간 속에서 잊히기는 했어도 창조와 융합의 패턴은 정신과 지식의 생성의 흐름에 면면히 흐르고 있었다.

지금 우리가 맞이하는 시대는 그러한 관료적 지식체계와 사회구조로는 더 이상의 가치를 생산해내기 어려워졌다. 새롭게 당면하는 문제들을 해결하기 어려워진 시대임을 절실히 느끼고 있고, 그러한 사례와 증거들을 전 지구적으로 체험하고 있지 않는가? 이제 창조와 융합이라는 지식 생산의 패턴이 마치 르네상스를 맞이하듯 다시 태어나고 새롭게 진화하는 시대를 맞이한다고 생각해야 하는 것이 맞지 않나 싶다.

교육 역시 그렇게 창조와 융합의 기본적인 메커니즘으로 움직여야 하는 것이 당연한 이치일 것이다. 지금 내가 학생들과 열심히 뭔가 해보려고 하는 일들은 모두 이러한 변혁과 전환의 과정에 근거한다. 내가 일하고 있는 2011년에 신설된 포스텍 창의IT융합공학과는 이러한 지식 패러다임의 흐름을 반영하기 위해 새롭게 시도하는 교육 시스템을 만들고 2012년 처음으로 신입생을 받았다. 다른 공대에서는 볼 수 없는 인문 · 사회 · 예술적 성찰과 IT기술이 창조적으로 융합하는 교과목들을 만들고 실천해오고 있는데, 지면을 빌려 조금이나마 학생들과 이러저런 모색을 해왔던 고민의 흔적들을 보여드릴 수 있게 되어 기쁘게 생각한다.

인문적 성찰과 사회적 안목, 그리고 예술적 감성과 상상력이 문제를 새롭게 인식하고 그것을 해결할 잠재성을 고민하는 과정에서 기술이 적적히 활용된다면 그것이 바로 새로운 가치를 생산하고 인간과 사회, 미래를 함께 고민하는 작업이 될 것이라는 믿음에서 남들이 알아주지 않아도 우리끼리는 그렇게 하자고 격려하며 실천하는 것들을 소개할까 한다.

2. 지식융합의 실천, 인문기술융합교육

우선, 학과 소개가 필요할 듯하다. 내가 몸 담고 있는 포스텍 창의IT융합공학과는 만들어진 지 이제 6년이 되어가는 젊은 학과인데, 학과가 만들어질 당시부터 다음의 현실 인식을 명확히 하고 교육 정체성을 만들어갔다. 지금껏 패스트 팔로워(Fast Fallower)의 입장에서 벗어나 스스로 새로운 영역을 개척해나가야 하는 퍼스트 무버(First Mover)의 입장으로 질적인 전환을 맞이하고 있는 한국의 미래는 그에 걸맞은 혁신적 인재를 요구하고 있다는 인식이 선명하게 공유된 것이다.

이에 '창의'와 '융합'을 중심으로 획기적이고 혁신적인 교육의 체질을 강화하고, 공학을 무기로 하면서도 그것의 활용 폭과 깊이를 더욱 넓고 깊게 해줄 수 있는 인문학과 예술을 함께 사유하는 '융합' 교육이 절실하게 필요하다는 데 뜻이 모아졌다. 이미 국외 선진 기관 및 대학들은 굳이 창의와 융합이라는 말을 언급하지 않으면서도 학생들의 창의성을 진작시키고 생산적인 지식을 만들어내는 융합 교육을 실천 · 선도하며 인재들을 교육시키고 있는 상황이었다.

따라서 창의융합교육은 단순한 슬로건이 아닌, 진지하고도 치밀하게 시도되어야 할 교육 문화의 혁신이 전제되는 일이다. 새로운 지식의 생산과 가치 창조는 다학제 간의 결코 쉽지 않은 경계 넘나들기와 고도로 성숙한 지식의 교환과 공유의 과정을 반드시 거치게 되는데, 이 과정을 학생들이 체현할 수 있도록 유도하고 방향을 제시해야 하는 것이 우리 학과교육의 정체성이다. 즉, 창의와 융합의 패턴으로 새로운 가치와 의미를 생산하는 것이다.

여기서 설명할 '창의 스튜디오'는 인문학적 지식과 성찰에 기반을 두고 구체적인 현실 문제에 솔루션을 기획하고 해결책을 제안하는 프로젝트이자 창공의 전공 필수 과목이다.

3. 앞으로 던지고 투사하라, 'Pro-Ject'에 충실하라

'창의 스튜디오'는 몇 개의 과목을 함께 묶어 일컫는 과목군인데, 학과의 학생들은 2학년부터 수강할 수 있다. 3학점이 주어지고, 현재 개설된 5과목 중 2과목을 필수로 이수하도록 되어 있으며, 그 외 다른 과목을 수강하고 싶다면 그것은 전공선택으로 이수할 수 있다.

이 스튜디오 과목군에는 '인터랙션 디자인', '인간중심 디자인', '생명감성과 트랜스휴먼', '놀이와 게임 설계', '비즈니스 모델'의 5개 스튜디오 수업이 개설되어 있다. 이외에도 창의 스튜디오 과목들과 유사한 성격의 과목으로 '창조적 기업가 정신', '궁리실현공작소'의 2개 과목이 개설되어 있기도 하다.

각각의 스튜디오 과목들은 다루는 주제들과 문제에 접근하는 방식이 다르지만, 이들 과목은 모두 디자인 싱킹(Design Thinking) 방식을 기반으로 하여 창의적 문제해결 과정을 진행하는 공통점을 가지고 있고, 인문학 기반의 사유로부터 시작하여 인문기술융합 콘텐츠와 프로젝트를 기획하고 구현하는 것을 또 하나의 공통점으로 가지고 있다. 기존 교육에서 답답하게 학생들의 상상력과 굳어버린 편협한 세계관을 부수고 확장시키는 일을 시급하게 실천하는 과목이기도 하다.

자유롭고 창조적인 상상력을 디자인하는 과정을 적극적으로 유도하여 생물처럼 진화하고 살아 숨 쉬는 공학기술을 끊임없이 연마하고 융합하며 연구하도록 하는 유연한 태도와 창조적 관점을 훈련하는 것이다.

'창의 스튜디오'를 담당하는 교수들은 인문학을 전공한 교수들이지만, 여기에 멈추지 않고 과학기술과 상호관계하며 진화하는 인간을 탐구하는 태도에 기반을 두고 인문기술융합 혹은 지식융합적 교육과 연구를 선도적으로 실천하려는 노력을 하고 있다. 미래사회에서는 공학적 분야에서만 문제의식이 탐구되는 것은 매우 협소한 솔루션이다. 이는 공학적 구현과 실현의 영역을 스스로 좁히는 것과 같다. 이에 '창의 스튜디오'는 인문 · 사회 · 예술의 영역을 넘나드는 상상력과 지식의 잠재성을 현실의 영역에서 최대한 적용하고, 학생들로 하여금 그러한 문제의식과 창의적 지식 관계망을 구축할 수 있도록 유도하는 작업을 한다.

이렇게 얻어진 새롭고 참신한 문제의식과 현실적 문제들을 바라보는 융합적 시각은 학생들의 창설 과목 등을 통해 공학적 구현으로 이어지는 연구 주제로 이어지고, 학생들은 자신이 관심 있는 공학적 아이디어는 언제든지 구체적 솔루션으로 변환될 수 있는 콘텐츠의 씨앗이 된다는 것을 인식하게 된다. 즉, 자신의 공학적 지식이 인문학적 통찰과 만나는 과정을 지나면 그것이 인간과 사회에 가치를 만들어내는 일이 된다는 것을 인식하게 된다.

'창의 스튜디오' 과목은 교수와 학생들 간의 긴밀한 소통이 기본 전제다. 특히 프로젝트의 성격과 범위가 매우 다양하고 광범위하므로 담당 교수들은 학생들의 자유로운 상상력이 질 높은 콘텐츠로 꽃피울 수 있도록 적극적으로 유도하고, 성실한 피드백을 제공하며, 프로젝트가 성공적으로 이뤄질 수 있도록 한다. 학생들은 물론 교수들도 경험해보지 못한 새로운 성격의 프로젝트 기반 수업이자 문제 발견/해결에 근거하는 수업이기에 일상적인 생활에서도 융합적 상상력을 기반으로 끊임없이 구체적인 문제 발견/해결 노력을 훈련하는 일이 결코 쉬운 일이 아니었다. 그러나 점점 학생들의 창의적 상상력 자체를 고무할 수 있는 인문기술융합적 사유가 절실하며, 이것이 학생들의 융합적 자질에 기본으로 스며들어야만 미래 인재로 성장할 수 있다는 점을 놓칠 수 없었기에 '창의 스튜디오' 과목은 언제나 진행 중인 창의적인 아이디어가 숨 쉬는 공간이 되었다. 이러한 과정을 통해 각각의 과목에 따라 조금씩은 다르지만, 파이널 프로젝트로는 기본적으로 프로토타입으로 완성되거나, 다양한 공모전 기획서들로, 때로는 다양한 학술대회의 학생 논문 발표를 가능할 수 있는 수준의 논문 작성으로 결과물들이 나오도록 하고 있다.

'창의 스튜디오' 과목의 기본 운영 매뉴얼을 소개한다.

- 학제 간, 다분야 지식의 융합과 네트워크를 생성하며 이뤄진다.
- 구체적 문제해결에 인문 · 사회 · 예술적 상상력이 공학적 실천을 구현하는 기반이 되도록 한다.
- 개인 작업은 물론 팀원들과 함께하는 협업의 중요성과 소통의 긍

정적 힘을 훈련하도록 한다.

- 자유로운 토론과 수업 분위기에 기반을 두면서도 프로젝트 관리의 엄격함을 유지한다.
- 학생들에게 성공만이 아닌 실패의 과정을 자산으로 가져갈 수 있도록 유도한다.
- 인간과 사회, 세계에 대한 통찰을 기반으로 이론적 근거만큼의 실천적 치밀함을 강조한다.
- 학생들 사이의 피드백과 교수와의 토론 과정 속에서 다양한 문제 해결방법을 얻게 한다.

여기서 길러진 인문기술융합적 안목과 문제의식은 '나 홀로' 공학 연구의 위태로움과 독단의 연구 태도를 극복할 수 있는 역량을 길러주게 된다. 구체적인 현실의 문제를 융합적 · 통합적 관점에서 아우르는 판단력과 현실을 섬세한 시나리오로 설계할 수 있는 치밀하면서도 유연한 소통형 인재가 만들어지는 것이다. 이렇게 건강한 방식으로 현실을 이해하고 문제를 파악할 수 있는 문제의식과 태도는 '창의IT설계' 과목으로 연동되어 생명처럼 진화하는 공학연구를 응원하고 이끌어주는 지식 패턴이 되고, 이것이 '창조적 기업가 정신'이나 '비즈니스 모델' 스튜디오 과목으로 연계되어 창업과 혁신적 비즈니스 모델을 기획하는 작업으로 자라나 성숙한 자본주의를 실천하는 교육으로 성장한다.

여기서 소개할 인문기술융합 콘텐츠들은 현재 내가 개설해서 운영하고 있는 '생명감성과 트랜스휴먼 스튜디오'와 '궁리실현공작소', 그리고 '융합적 상상력과 공학력 디자인'이라는 수업을 통해 학생들과 프로젝트를 진행한 것들 중 몇 가지다. 한 과목당 4인 1조로 구성된 조별 파이널 프로젝트가 있고, 중간중간 소규모 프로젝트를 수행하기에 벌써 꽤 많은 프로젝트가 쌓여가고 있는데, 이 프로젝트들을 모아 내년에는 책으로 엮어 많은 분들과 만나려고 한다. 그중 몇 가지만 만나보자.

4. 서툴지만 빛나는 가치를 위한 좌충우돌 프로젝트

우선, 2014년 2학기에 파이널 프로젝트로 진행한 '하얀나무' 프로젝트부터 설명해볼까 한다. 학제적으로 말한다면, 인터랙션 기반 커뮤니케이션 디자인의 범주에서 볼 수 있는 프로젝트였다. 실제로 청암도서관에서 시연했던 프로젝트다. 수업을 하는 동안 인문적 가치와 상징이 중요한 메타포로 작용하면서 IT기술이 그것을 적절하게 실현해주었을 때 그 콘텐츠의 의미와 가치가 더욱 크게 만들어진 가치 디자인의 좋은 사례들을 함께 공유하고 고민했는데, 한 팀이 파이널 프로젝트에서 '기부'라는 활동을 이러한 시각에서 접근했다. 생각처럼 잘 이뤄지지 않는 기부문화에 자연스럽게 참여하도록 하기 위해 우리는 직관적으로 다가가는 행동에 관해 기부에 자연스럽게 참여하는 인간행동 디자인에 주목했다. 여기서 '자동판매기에서 나오는 잔돈을 기부로 연결하면 어떨까?' 하는 아이디어가 나왔는데, 이것을 '어떻게 하면 좀 더 직관적으로 재미있고 새로운 체험으로 연결하여 기부로 이어지는 행동으로 연결할 수 있을까?'라는 부분에서 그래픽디자인이 우리의 행동과 인터랙션되는 인터페이스 디자인을 고민했다. 그리고 그것은 바로 '나무'라는 이미지를 중심으로 진행되었다. 자동판매기 앞에 모금함이 있고 그 앞 스크린에는 나무 한

〈그림 9-1〉 프로젝트가 실현된 포스텍 청암도서관 모습

〈그림 9-2〉 SNS로 학생들과 공유한 포스터

〈그림 9-3〉 8시간 동안 실천한 클라우드 소싱 기반 인터랙션 디자인 콘텐츠 '하얀나무' 프로젝트의 완성 이미지. 열매가 수북히 맺혔다.

그루가 컴퓨터그래픽 이미지로 보인다. 이 모금함에 자동판매기에서 나온 동전을 넣으면 동전이 하나씩 들어갈 때마다 앞에 있는 스크린의 나무에 열매가 맺히는 이미지를 만나는 것이다. 잊히기 쉬운 동전이 그저 버려지는 의미가 아니라 작지만 하나의 다른 가치로 변환되는 과정을 나무에 열매가 맺히는 직관적 이미지와 은유를 적용한 인터페이스 디자인을 쓰게 된 것이다. 교내 카페에서 잔돈을 기부하도록 한 작은 모금함에는 한 달에 5만 원이 채 넘지 못하는데, 이 프로젝트를 실시한 날 6시간 만에 3만여 원의 기부금을 모금할 수 있었다.

기술적으로는 원래 의도대로 되지 않았다. '프로젝션 매핑'이라는 기술을 활용해서 실제 나무에 이미지를 투사하고 그 나무에 열매가 맺히게 하고 싶었지만, 프로그램을 운용하는 데 시간이 너무 오래 걸려서 그냥 컴퓨터그래픽 코딩을 활용해서 구현했다. 동전이 모금함에 들어가는 것을 센싱해서 신호를 보내야 하는데, 이 센싱은 2학년 학생들이 구현하기 어려워서 결국 레고를 조립했다. 나는 이 과정이 매우 즐겁고 자랑스러웠다. 문제가 있을 때 가능한 방법으로 최대한의 솔루션을 찾아보려는 순망치한의 정신이 긍정적으로 작용하는 과정이 필요하다.

다음은 '온도감응성 잉크를 활용한 QR코드 서비스'다. 2014년 2학기 '융합적 상상력과 공학력 디자인' 수업에서 수행한 파이널 프로젝트였다. 온도에 따라 색이 변하는 잉크를 이용하여 특정상황에만 QR코드가 나타나게 하고 그것을 사용자가 활용하도록 유도하는 프로젝트다. 추운 날, 버스정류장을 상상해보자. 그곳에 연탄을 기부하자는 포스터가 붙어 있다. 어느 기업의 후원을 통해 연탄 기부가 가능한데, 바로 그 포스터에 손을 대어볼 수 있는 부분이 있다. 시민은 장갑에서 손을 빼서 그곳에 갖다 댄다. 그러면 온도에 감응하는 잉크 부분이 변하면서 QR코드

〈그림 9-4〉 시온 잉크를 활용하면 온도에 따라 색과 디자인이 바뀌는 제품이 만들어진다. 시온 잉크 콘텐츠에서 영감을 얻었다.

로 변한다. 손을 갖다 대어 체온을 전달하면 QR코드가 나타나게 되고, 이를 휴대폰으로 찍으면 연탄 기부 페이지로 넘어갈 수 있도록 한 프로젝트다. 시간 제약 때문에 기업 스폰서로 연결하는 프로젝트까지는 하지 못하고 시연까지만 구현한 프로젝트였지만, 자신의 따뜻한 체온이 연탄을 기부하게 만드는 가치 디자인을 구현했다는 데 많은 의미를 두고 기뻐한 시간이었다. 온도 감응 잉크와 디지털 인식 기능이 결합하면 더욱 많은 영역에 활용이 가능하다. 예를 들면, 아무리 배가 고파도 컵라면이 익는 동안은 어쩔 수 없이 기다려야 한다. 바로 그 시간에 컵라면 용기 뚜껑의 이미지가 온도의 변화에 따라 QR코드를 비롯한 디지털 인식 기호로 변하게 되고, 그것을 인식하는 과정에 다양한 이벤트와 활동들을 접목한다면 재미있는 홍보이벤트와 프로젝트를 실행할 수 있을 것이라 생각한다.

세 번째로 소개할 콘텐츠는 '계단 이용 유도 기부 시스템 서비스'

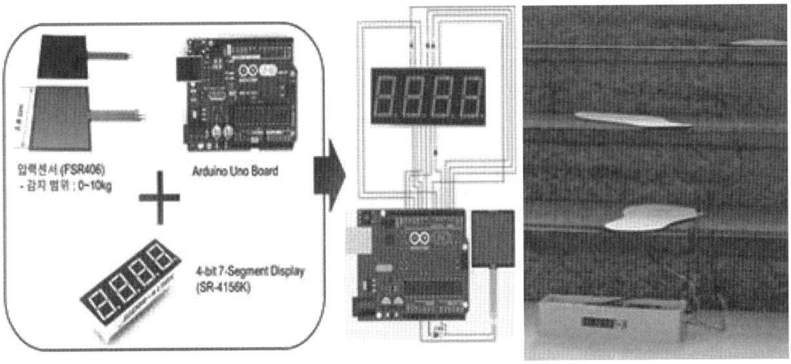

〈그림 9-5〉 압력 센서 Arduino Uno board, 그리고 4-bit 7-Segment Display를 이용하여 회로를 구성함. 압력 센서의 감지 범위는 0~10kg으로 설정하여 일정한 신체 무게가 감지되면 카운트 됨

다. 우리 학과가 사용하고 있는 'C5'라는 건물이 있는데, 엘리베이터 대신 계단을 많이 이용하도록 사용자들을 유도하고 계단을 이용할 때마다 그 데이터를 기부로 연결하는 시스템이다. '빅워크'라는 앱을 개발하여 운영하는 사회적 기업이 있다. 사용자가 빅워크 앱을 작동시키고 걸으면 자동적으로 걸은 거리를 측정하고 그 거리만큼(100m에 10원 적립) 기부금액으로 전환하여(그 금액은 빅워크 스폰서가 지불) 걷지 못하는 어린아이들의 수술비와 인공보철기를 지원하거나 사회적으로 의미 있는 일에 사용하는 사회적 기업이다. 이 회사와 협력하여 C5 건물에 학생들이 계단을 걸어서 오르내릴 때마다 기부되는 시스템을 프로토타입으로 제작한 프로젝트다. 시스템은 오픈 플랫폼 아두이노와 압력 센서 세그먼트를 이용해서 구현했다. 즉, 사람이 밟으면 데이터가 센싱되는 시스템이고, 이 데이터를 빅워크로 보내면 포스텍 C5 구성원의 이름으로 기부되는 커뮤니케이션 디자인 프로젝트로 이해하면 된다. 실내여서 내비게이션이 작동하지 않고 모두에게 앱을 설치하라고 강제할 수 없는 상황에서 1층 계단 입구와 각 층의 출구 부분에 감압 센서를 설치하여 자연스럽게 입력된 거리

값이 축적되고 이것이 한 달에 한 번씩 빅워크로 전송되는 서비스다. 프로토타입은 성공적으로 시연되었고 올해 말에는 실제 영구적으로 C5 정체성을 나타내는 시스템으로 설치하기 위해 계획하고 있다. 사실 나의 건강을 위한 개인적이고 이기적인 행위가 모이고 모여 커다란 의미가 될 수 있음을 보여주는 프로젝트다.

이와 비슷한 프로젝트로 2015년 1학기에 했던 사물인터넷 기반 우산 활용 기부 시스템 어플리케이션이 있다. 비가 내리는 양만큼 우산에 측정된 수치만큼 기부로 연결되는 어플리케이션이라고 이해하면 되는데, 빅워크에서 아이디어를 얻은 커뮤니케이션 디자인이다. 기본 콘셉트는 기부우산을 사서 비를 맞고 걸어 기부우산이 맞은 비의 양만큼 일정하게 책정된 금액만큼의 식수를 물 부족 국가에 공급하는 것이다. 프로젝트 이름이자 어플리케이션의 이름이 '난우'다. 발음 나는 대로 읽으면 '나누'가 되는데, 무언가를 '나누다'라는 뜻이다. 사용자인 나는 돈을 내지 않아도 되고, 우산을 쓰고 돌아다니기만 하면 후원 기업들이 대신 기부해주는 비즈니스 모델을 가지고 있다. 일종의 CSR(Corporate Social Responsibility) 프로젝트 모델을 적극적으로 도입한 것이다. 후원 기업은 기업 로고가 기부우산에 인쇄되어 있어서 걸어 다니는 광고판 역할을 기대할 수 있고, 창의적인 커뮤니케이션 디자인 콘텐츠로 기획되어 기업의 이미지 향상에 도움을 받는다. 홍보비를 식수 기부로 돌려 사용하는 것이다. 함께 상상해보자. 어차피 사야 할 우산이라면 '난우' 우산으로 산다. 그리고 비가 오면 '난우' 우산을 펼쳐들고 기분 좋게 빗속을 걸어간다. 우울한 비가 오는 풍경 한가운데 산뜻한 디자인의 '난우' 우산들이 중간중간 눈에 띄는 광경을 본다. 그리고 "어? 저거 난우 우산이다. 기부하는 우산!" 하며 난우 우산을 바라보면서 미래의 '난우' 앱을 다운 받고,

'난우' 우산을 구입하여 빗길을 색깔 있게 걸어 다니는 모습을 말이다.

학생들은 오픈소스인 'App Inventor'를 이용하여 '난우' 앱 버전을 프로토타이핑 했다. 공공데이터 제공 사이트에서 기상청의 api를 받아오는 데는 심사 기간이 걸려서 연결하지 못했지만, 난우 앱의 전반적인 인터페이스와 디자인, 부가 기능 등을 구현하여 프로토타입을 구현하는 데까지는 실천한 프로젝트다. 포스텍 서버를 이용해서 학교 내에서는 앱 프로토타입을 실천해볼 수 있었다.

마지막으로 소개할 콘텐츠는 2015년 2학기 '궁리실현공작소'에서 실천한 소규모 프로젝트 중 하나인 '쓰레기 투표함'인데, 인간의 행동패턴을 기반으로 한 투표 기능 센싱 휴지통이다. 이는 해외 사례를 전환시킨 프로젝트다. 런던의 한 담벼락에는 담배꽁초를 버리는 휴지통을 투명한 박스처럼 만들어 간단한 투표를 할 수 있는 쓰레기통이 있다고 한다. 쓰레기통에는 "세계 최고의 축구 선수는? 호날두/매시" 이렇게 적혀 있

〈그림 9-6〉 런던의 담배꽁초 쓰레기를 효과적으로 줄이는 데 성공한, 유머 코드를 활용한 투표 쓰레기통

고, 흡연자들은 두 사람 중 한 사람의 이름이 적힌 곳에 꽁초를 버리면서 투표행위를 할 수 있다. 재미있기도 하지만 의미심장한 쓰레기통이다.

이 사례를 재미있게 여긴 한 팀이 아두이노와 빛 감지 센서, 그리고 디지털 계기판을 활용해 포스텍 학생들이 사용할 쓰레기통을 만든 프로젝트다. 쓰레기를 '버리는' 의미 없는 행위가 '투표'라는 자신의 의사와 생각을 '표현'할 수 있는 '의미 있는' 행위로 전환되는 것에 가치 디자인의 의미가 담겨 있다. 벤치마킹한 런던의 쓰레기통이 아날로그 방식으로 쓰레기가 차는 것이 눈에 보이는 방식으로 투표행위를 가능하게 만든다면, 이 프로젝트는 학교에서 사용하는 쓰레기통이므로 내용물을 버리고 다시 놓아야 하는 회전율을 고려한 쓰레기통이다. 즉, 쌓이는 것으로 카운트하는 것이 아니라 버리는 행위를 하는 순간에 투표 카운트가 가능하게 하기 위해 빛 감응 센서를 부착하고 그 정보가 바로 디지털 계기판에 표시되도록 하는 시스템을 구현했다. 철제 구조물을 만들기 어려웠기에 과학상자를 이용해서 최대한 설계를 쉽게 구현했고, 아두이노를 사용하여 시스템을 작동시켜 적외선 센서를 통해 입력하고 7-segment display를 사용하여 몇 개의 쓰레기가 버려졌는지 확인할 수 있게 제작했다. 시연은 학생들이 많이 지나다니는 포스텍 건물 중 무은재기념관에 설치하여

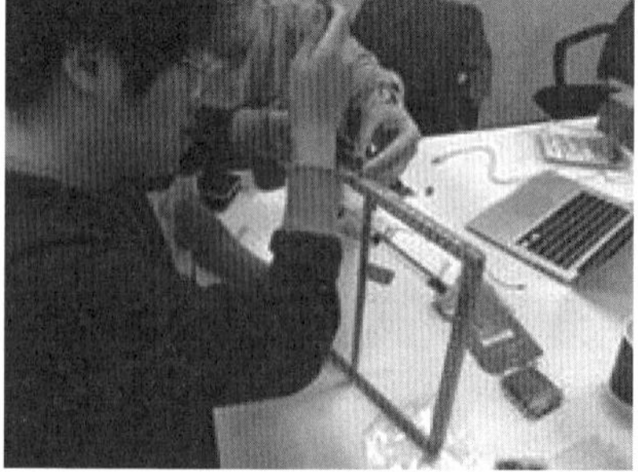

〈그림 9-7〉 공대생이라고 항상 멋진 기술을 구현할 줄 아는 것이 아니다. 이렇게 과학상자를 이용하는 일도 마다하지 않는 '이 없으면 잇몸으로'의 근성이 중요하고, 이렇게라도 뭔가 끝을 내는 것이 중요하다.

간단한 질문을 제시하고 그것에 찬반을 표현하는 방식으로 실험했다. 대화를 위한 단순한 주제거리인 아이돌그룹을 대상으로 하기도 했고(AOA/걸스데이), 학생들이 사회적 문제에도 대화를 나누도록 유도하기 위해 '교과서 국정화 찬성/반대' 같은 주제를 투표 대상으로 하기도 했다. 실제 포스텍 학생들이 단조로운 생활 속에서 그나마 이러한 프로젝트를 통해 특정 주제를 가지고 대화를 나누고 소통의 시간을 만들어가게 되었다는 것에 보람을 느꼈던 프로젝트였다.

창조와 융합은 단순히 슬로건이나 전략이 아니라 우리의 사유와 행동의 기본 패턴이기에 언제나 우리가 훈련하면 되는 친숙한 의식과 인식의 모습이라는 점, ICT와 인문적 성찰이 융합하여 새로운 가치를 구현하려면 언제나 그랬듯이 인간을 중심에 놓는 행위여야 할 것이라는 점이다. 기술과 함께 진화하는 인간의 여정에서 현재 그 어느 때보다 기술에 대한 올바른 인식과 실천의 과제가 우리 앞에 놓여 있다.

이미지 출처

〈그림 9-9〉 http://www.boredpanda.com/cigarette-butt-voting-neat-streets-hubbub-london/

〈그림 9-9〉. 위의 이미지들은 포항공대 창의IT융합공학과 '생명감성 & 트랜스휴먼 스튜디오'와 '융합적 상상력과 공학력 디자인' 수업을 함께한 학생들의 프로젝트 과정을 담은 것이다.

상상과 창의

10. ACGN 시장과 중국 2차원문화
- 석향란(애니메이션)

11. 만화 레터링의 미학: 글씨는 어떻게 번역되는가?
- 신홍주(만화학)

12. 18세기 동서 패션의 동시성: 한양과 파리의 풍경
- 이영재(패션디자인)

13. 드라마가 담은 조선의 풍속화: 「바람의 화원」
- 김민옥(문화콘텐츠학)

10
ACGN 시장과 중국 2차원문화

석향란

1. 중국 2차원문화의 개념

현재 중국 콘텐츠시장을 이해하는 키워드는 2차원문화(二次元文化)다. 2차원문화는 한국에서 지금까지 통용되어온 2D 개념과는 다르다. '1차원'이 점과 점을 이어놓은 선의 공간이라면, '2차원'은 너비와 높이가 있는 평면공간을 말한다. '3차원'은 너비와 높이뿐만 아니라 깊이도 가지고 있는 생활 속의 현실세계를 말한다. '2차원'이라는 단어의 사용은 일본에서부터 시작되었는데, 초기의 일본 애니메이션이나 게임이 2D로 이뤄졌다는 데서 비롯되었고, 지금은 2-Dimension이 아닌 만화나 애니메이션 등 추상적 개념을 말한다.

중국의 2차원문화는 '가공세계(架空世界)', 즉 만들어진 허구의 세계관을 일컫는데, 'ACGN 세계' 즉 애니메이션(Animation), 만화(Comic), 게임

(Game), 경소설(Light Novel)로 대변되는 콘텐츠시장을 의미한다. 이는 일본어에서의 'にじげん(二次元)'이며, 영어에서의 '판다지(Fantasy)'와 비슷한 의미를 가지고 있다. 다시 말해 실제 존재하지 않는 현실을 마치 있는 것처럼 만들어내는 콘텐츠가 모두 '2차원문화'로 정의된다.

ACGN을 주요 매체로 하는 2차원문화는 현재 중국에서 가장 각광받고 있는 분야다. 2차원문화의 수용자가 집중된 1990년대 이후 출생자들이 경제활동에 참여하면서 그들이 열광하는 '2차원문화'는 하나의 독특한 문화현상을 형성하기 시작했다. 한 산업의 흥행배경에는 언제나 수용자의 수요가 있듯이, 주류 수용자층의 전환은 2차원문화의 발전을 이끌게 되었다. 현재 1990년대 출생자들의 대부분이 노동연령에 접어들면서 2차원문화는 점차 가장 각광받는 주류문화로 부상했다. 2차원문화 수용자들의 애착은 2차원문화로부터 파생된 상품들로까지 확장되었고, 2차원문화 또한 사람들의 일상생활 속 곳곳에 스며들었다. 그리하여 '2차원문화'라는 신생단어는 「2015년 중국 2차원상업보고(中国二次元行业报告)」에서 정식으로 정의 내려졌고, "ACGN을 주요 매체로 하는 평면세계에서 점차적으로 형성된 독특한 집단의 가치관과 이념"*이라는 뜻을 가진다.

* 원어 정의는 "以ACGN为主要载体的平面世界中, 逐渐形成的独特群体的价值观与理念"이다.

2. 2차원문화의 수용자

중국은 건국 이래 두 차례에 걸쳐 영아의 출생률이 거대한 파도가 밀려오듯이 갑자기 증가한 '영아조류(嬰儿潮)'를 맞이했다. 제1차 '영아조류'는 1962년부터 1972년까지의 10년간으로, 이 시기에 매년 2,500만 명의 인구가 증가했다. 제2차 조류는 1981년부터 1991년까지의 10년간으로, 이때는 매년 2,250만 명씩 증가했다. 제3차 조류는 아직 오지 않았으나, 중국이 2015년에 '1자녀 정책'을 폐지하면서 앞으로 해마다 100만 명이 넘는 '둘째'가 태어날 전망이라고 한다. 이 시기의 뉴스들을 보면, 거의 모든 타이틀이 "중국의 두 자녀 허용 정책으로 세계 영·유아용품 시장이 흐뭇해하고 있다"라는 기사들인데, 이는 수용자의 변화가 모든 경제에 영향을 미침을 암시하는 예시다.

두 차례의 '영아조류'는 20년의 간격을 두고 있는데, 제2차 조류의 영아들은 대부분 제1차 조류의 자녀들이다. 푸리에 변환(Fourier Transform)이론을 적용해보면, 제2차 영아조류는 때마침 중국이 1978년 개혁개방(改革开放) 이래 과학기술과 생산력, 그리고 정보화가 폭발적으로 발전한 시기와 겹친다. 중국의 1980년대 생들이 개혁개방 직후 세대로 영화와 음악 그리고 문학에서 홍콩과 대만문화(港台文化)의 영향을 많이 받았다면, 1990년대 생들은 인터넷이 대대적으로 보급된 상황에 태어나 어릴 때부터 2차원문화의 범주인 게임과 이미지, 영상 등의 홍수 속에 어린 시절을 보냈다. 현재는 그러한 1990년대 생들이 경제활동에 참여하면서 그들이 열광하는 '2차원문화'는 하나의 독특한 문화현상을 형성하기 시작했다. 한 산업의 흥행배경에는 언제나 수용자의 수요가 있듯이, 주류 수용자층의 전환은 2차원문화의 발전을 이끌게 되었다. 현재 1990년대 생의 가장 젊은 층인 1999년생까지 노동연령에 뛰어들면서 2차원문화는 점차 가장 각광받는 주류문화로 부상했다. 2차원문화의 주요 수용자인 그들은 이제 가장 강력한 구매능력을 갖춰가고 있다. 2차원문화에 대한 그들의 애착은 2차원문화로부터 파생된 상품들로까지 확장했고, 2차원문화 또한 일상생활 속 곳곳에 스며들었다.

세계적인 인기 패션브랜드 루이비통(Louis Vuitton)은 일본의 대표 RPG 게임 「파이널 판타지 13」의 주인공인 라이트닝을 2016년 봄 모델로 등장시켰다. 2016 봄 신상을 입은 라이트닝은 수많은 실제 모델들을 제치고 당당히 '2016 루이비통 시리즈 4'의 주인공이 되었고, 전 세계의 루이비통 매장은 모두 2차원 게임캐릭터 라이트닝의 사진들로 도배되었다. 라이트닝이 의류모델로 등장한 것은 이번이 처음이 아니라 2012년 이탈리아 패션브랜드 프라다(PRADA)의 모델로 활약한 적도 있다. 2013년 구찌(GUCCI)는 일본 만화가 아라키 히로히코(荒木飛呂彦)의 「죠죠의 기묘한 모험(JOJO)」을 테마로 전 세계 80여 개의 구찌매장을 장식했다. 2014년에는 스포츠브랜드 조던(Jordan)이 일본 만화가 이노우에 다케히코(井上雄彦)의 만화작품 「슬램덩크」와 콜라보레이션을 통한 'Jordan × Slam Dunk' 시리즈는 2차원 수용자들에게 거대한 열풍을 몰고 왔다.

ACGN 캐릭터는 일상에 개입하는 것 외에도 생활환경 곳곳에 2차원문화를 테마로 한 음식점이나 카페 등도 꾸준히 증가하고 있다. 이러한 현상은 모두 소비층에 새로운 변화가 왔음을 암시하며, 이 또한 상업계가 2차원문화 세대를 공략하기 위한 뛰어난 심리전술이다.

3. 2차원문화의 생산환경

중국의 애니메이션산업에 이목이 집중된 것은 2002년부터로, 2002년부터 바로 애니메이션산업이 정식으로 '경영성문화산업(经营性文化产业)'*으로 거듭났다.

2004년부터는 중국 중앙정부뿐만 아니라 지방정부들에서도 애니메이션산업에 대한 여러 가지 정책을 내놓았으며, 애니메이션산업이 신문 출판, 방송영상산업, 소프트웨어 미디어산업 등의 분야들로 영향력을 확대하기 시작했다.

2006년 4월부터 국가가 애니메이션산업을 전력 지지하여 중국 중앙정부로부터 전문기금이 애니메이션산업에 투자되기 시작했고, 베이징, 상하이, 광둥, 장쑤, 저장, 쓰촨 등에서는 애니메이션산업 발전을 위한 법규들도 새로 제정되었다.

중국 애니메이션산업의 생산량은 날로 늘어나게 되었는데, 2008년 중국 애니메이션 총생산량은 이미 일본을 넘어섰고, 2011년에는 러닝타임 26만 분에 도달했는데, 이는 일본애니메이션 생산량의 2.5배였다. 〈그림 10-1〉을 보면 2003년부터 2011년까지의 9년 사이에 중국 애니메이션산업의 총생산량은 수직상승하여 21배나 증가한 것을 볼 수 있다.

2012년에 와서 중국 애니메이션 생산량은 드디어 26만 1,000분으로 미국과 일본을 제치고 '세계 제1의 애니메이션 대국'이 되었다. 그러나 '대국'이라고 해서 모두 '강국'은 아니다. 2004년에 채택된 중국 애니

---

* 일반적인 문화산업은 의식형태의 행정사업으로서, 비영리적이며 국가행정사업비로 운영된다. 이와 반대로 경영성문화산업은 경영활동을 통해 얻는 수입 중 세금만 국가에 지불한 뒤 그 외의 자주경영이 가능하다.

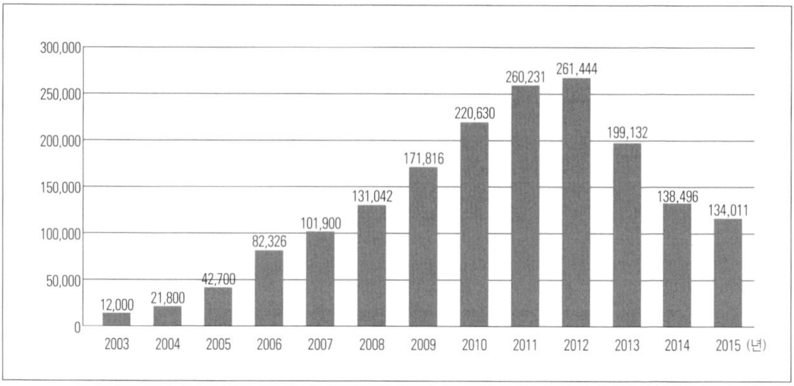

〈그림 10-1〉 중국 애니메이션 제작수량 비교도*

메이션 지지정책에는 세금감면과 입지제공뿐만 아니라, 생산량과 방송량에 따라 분 단위로 보조금이 나왔다. 그러다 보니 정작 애니메이션의 품질을 그다지 신경을 쓰지 않는 '맹목적인 대량생산'의 국면이 발생했고, 양적으로는 포화상태가 되었으나 질적으로는 몰락의 위기에 처할 정도가 되었다.

이에 중국 애니메이션은 '맹목적인 대량생산'의 악순환을 끊고 '품질향상'의 길을 택하게 되었다. 〈그림 10-1〉을 보면 2012년에 26만 1,444분이던 애니메이션 생산량이 2013년에는 19만 분으로, 그리고 2014년에는 13만 분이 됨으로써 2012년의 생산량과 비교했을 때 절반 정도가 줄어든 것을 볼 수 있다. 중국 애니메이션은 2013년부터는 품질이 눈에 띄게 높아졌는데, 이 시기를 중국에서는 '이성의 회귀시기'라고 부른다.

---

* 2003년부터 2011년까지의 통계수치는 중국국가광전총국(中国国家广电总局)에서, 2012년부터 2014년까지의 통계수치는 「국민경제와 사회발전 통계보(国民经济和社会发展统计公报)」에서 참고하여 필자가 정리한 도표다.

‘이성의 회귀시기’ 특징을 보면 ACGN 2차원문화의 생산자들은 수용자와의 소통을 우선순위에 놓고 사회와 인터넷상에 반영된 제안들을 채택하면서 전 연령화(全龄化)의 길을 모색하고 있다. 중국에서 ‘2015년 최고의 양심작(良心作)’이라고 불리는 「몽키 킹: 영웅의 귀환(大圣归来)」은 2015년 7월에 개봉하여 9억 5,600만 위안(한화 약 1,800억 원)이라는 흥행기록을 세우면서 ‘평판’과 ‘흥행’이라는 두 마리 토끼를 잡아 중국 애니메이션산업을 절정으로 이끈 애니메이션이다. 「몽키 킹: 영웅의 귀환」 핵심 마니아층은 21~30세가 70%를 차지하는데, 이는 ‘애니메이션은 어린이들만을 위한 것’이라는 고정관념을 깨고 전 연령화에 성공한 2차원문화의 대표적인 성공사례가 되었다. 그뿐만 아니라 2015년 제68회 칸영화제를 통해 해외에서도 큰 주목을 받은 「몽키 킹」은 ‘이성의 회귀시기’에 들어선 전형적인 대표작으로서, 중국 애니메이션의 위상을 한층 더 높여주었다.

2014년 말에 들어와서는 중국국가광전총국(中国国家广播电影电视总局)에서 우수한 국산 애니메이션을 지원하기 위한 ‘국산 애니메이션 허가증 발행제도’를 실시했는데, 이는 애니메이션 투자자들의 투자 영역을 넓혀주었을 뿐만 아니라, 애니메이션산업 발전을 위한 자금 조달의 어려움을 해결해주었다.

2015년에 이르러 중국의 금융업도 국산 애니메이션에 눈길을 돌리기 시작했고, 여러 은행 내에 중소 애니메이션기업을 위한 전문 서비스 부문이 설립되기도 했다. 또한 애니메이션기업과 프로젝트에 대해 심사단계를 간략화하고 대출한도를 높여주었다.

4. 2차원문화의 생태현상

현재 중국에서 주류로 각광받고 있는 2차원문화는 2005년 이후부터 인스턴트 메신저(IM)와 SNS, 그리고 동영상 공유 사이트를 핵심으로 한 웹 2.0시대로 들어섰는데, 이러한 매체들이 2차원문화의 전파채널과 수용자 소통 플랫폼을 형성했다. 그리고 2010년에 이르러 스마트폰이 보편화되면서 수용자들은 장소에 구애받지 않고 자투리 시간에 2차원문화를 즐길 수 있게 되었다.

Acfun이나 Bilibili 등 중국의 2차원문화 웹사이트는 중국 2차원 수용자들에게 이니셜에 '사이트'를 붙여 'A사이트', 'B사이트' 등 애칭으로 불리면서 각광받고 있다. 그 외에도 'C사이트'로 불리는 Tucao, 'D사이트'로 불리는 Drawyoo, 'E사이트'로 불리는 Hentai 등 'Z사이트'까지 있다. 중국시장의 주요 소비자는 이런 웹사이트들이나 어플리케이션(App)을 통해 2차원문화를 흡수하는 동시에 자신이 직접 1인 미디어 형식으로 2차 창작을 진행하기도 한다. 수용자인 동시에 생산자로서의 역할을 볼 수 있는 활동들로는 '성우', '탄막', '택무' 등이 있다.

1) 성우 — 만화더빙시스템

U17은 2006년에 설립된 중국의 대형 웹툰 플랫폼이다. 이는 유일하게 순수 중국 만화작품만 올릴 수 있는 플랫폼으로, 수천 명의 중국 만화작가들이 포진해 있다. U17에서 가장 특별한 기능을 꼽자면, 바로 '만화더빙시스템'이다. 인기가 높은 웹툰의 말풍선들에는 〈그림 10-2〉에서

처럼 스피커 모양의 작은 아이콘이, 컷 밖에는 마이크 모양의 아이콘이 있다. 마이크 모양의 아이콘을 누르면 만화 속 대사에 직접 더빙을 할 수 있다. 웹툰을 즐겨 보는 독자라면 누구나 스마트폰이나 PC를 통해 손

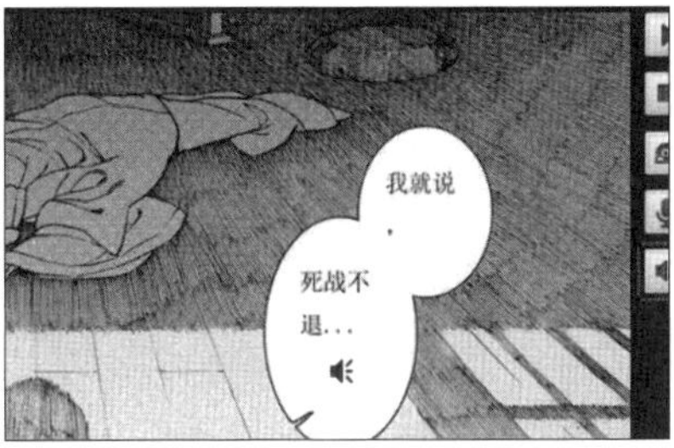

〈그림 10-2〉 만화 말풍선에 탑재된 더빙시스템

쉬운 녹음이 가능하며, 자신이 좋아하는 캐릭터가 되어 마음껏 연기를 펼칠 수 있다. 이러한 더빙기능은 U17만의 특별한 독자적인 교감형식을 만들어내어 독자와 만화작품 간의 원활한 커뮤니케이션을 촉진했다.

더빙을 통한 적극적인 참여는 만화작품의 독자로 하여금 단순한 수용자가 아닌 2차 생산자로 거듭나게 한다. 또한 그 만화작품이 애니메이션화될 때는 작품과 캐릭터를 완벽히 이해하고 있는 그들 중에서 성우를 뽑아 캐릭터를 연기하도록 한 전례도 적지 않다.

2) 탄막(弾幕, barrage) — ACGN의 기호

ACGN의 기호로 불리고 있는 탄막은 중국의 신생 유행어인데, 원뜻은 "대량의 화포(火炮)들이 함께 연거푸 포격을 가하는 것"을 이른다. 2차원문화에서의 탄막은 실시간으로 달리는 댓글들이 동시다발적으로 스크린 곳곳에 나타나는 새로운 종류의 '영상논평' 형식을 말한다. '탄막' 기능을 통한 독특한 영상체험은 인터넷을 기반으로 한 실시간 댓글이 시공간을 뛰어넘어 수용자들과 기묘한 '공시성(共时性)의 관계'를 만들어냈으

〈그림 10-3〉 실시간으로 스크린에 나타나는 탄막

며, 이는 일종의 가상 '커뮤니티식 관람 분위기'를 형성했다.

탄막은 일본 탄막 동영상사이트인 'NICONICO'에서 처음으로 시작되었고, 중국에서는 'A사이트'라고 불리는 AcFun에서 최초로 사용했다. 'Anime Comic Fun'의 줄임말인 AcFun은 2007년 6월에 설립된 탄막 동영상사이트다. 이는 중국 최초의 탄막 동영상사이트인 동시에 중국 2차원문화의 '창시자'이며 '선두주자'로 불리고 있다.

AcFun 다음으로 탄막을 사용하기 시작한 곳은 'B사이트'라고 불리는 Bilibili다. 2009년 6월에 설립된 Bilibili 사이트는 현재 중국에서 2차원문화 이슈와 인터넷 신생용어의 발원지로 꼽힌다. 인터넷사이트별 트래픽 조사기관인 ALEXA의 통계에 의하면, Bilibili는 세계 사이트 순위 228위, 중국 사이트 순위 36위인 세계적인 주류 사이트다.

3) 택무(宅舞)를 중심으로 한 2.5차원문화의 확장

2차원문화에 이어 '2.5차원문화'에 대한 논의도 필요하다. 2차원은 현실에 없는 가상세계이고 3차원은 현실세계라면, '2.5차원문화'란 2차원과 3차원의 사이인 것으로, 3차원세계의 실제 사람이 2차원세계의 캐릭터를 모방하여 연기하거나 인위적으로 애니메이션과 합성하는 현상들을 말한다. 즉, 일종의 ACGN 작품에서 파생된 것으로, 코스튬 플레이(Costume Play)나 ACGN을 테마로 한 무대극 등이 2.5차원문화의 범주다.

하쓰네 미쿠 캐릭터

「월드 오브 워크래프트」의 알렉스트라자 캐릭터

「리그 오브 레전드」 Cosplay 무대극

〈그림 10-4〉 2.5차원 코스튬 플레이

① 택무 — 2.5차원 1인 미디어

택무는 2.5차원의 표현형식 중 하나인데, ACGN 수용자가 1인 미디어 형식으로 녹화하여 ACGN 탄막(弹幕)사이트나 동영상사이트에 배포하는 가무영상을 말한다.

〈그림 10-5〉 2.5차원 택무

대부분의 2차원문화 키워드는 일본에서 파생되었지만, '택무'는 중국어에서만 사용되는 명사다. 택무는 ACGN 중심의 오타쿠(おたく) 문화와 상관된 가무를 말하는데, ACGN 캐릭터로 코스튬 플레이를 하고 춤을 춘다거나, ACGN 주제의 배경음악(BGM)으로 춤추는 것을 말한다. 이 또한 '만화 더빙'이나 '동영상 탄막'과 마찬가지로 2차원문화 수용자와 2차원 작품 간의 적극적인 교감방식 중 하나다.

② 2차원 캐릭터의 AR 공연

하쓰네 미쿠(初音ミク)는 2009년 7월 2일 출시된 SEGA의 리듬게임 시리즈인 「하츠네 미쿠: Project DIVA」의 게임 캐릭터다. 미쿠 캐릭터는 탄생되면서부터 지금까지 2차원세계에서 꾸준히 사랑받아온 캐릭터다. 2015년 중국 상하이에서 열린 '하쓰네 미쿠 2015 마법의 미래 콘서트'에는 2차원 캐릭터 스타 미쿠를 보기 위해 각 지역에서 6천여 명의 미쿠 팬이 모여들었다. 콘서트는 3차원 현실세계로 뛰어들어온 2차원 캐릭터와 2차원 수용자들이 면대면의 교감을 펼치는 자리였으며, 심지어 2차원 캐릭터인 미쿠에게 사랑을 고백하는 작은 이벤트까지 있었다.

〈그림 10-6〉 하쓰네 미쿠 AR 공연 현장

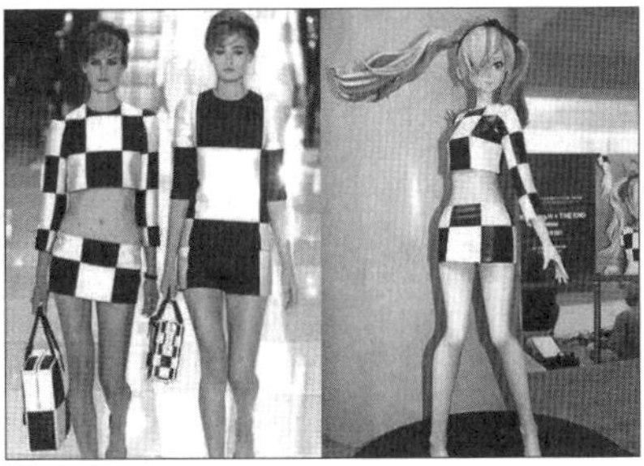

〈그림 10-7〉 루이비통이 디자인한 미쿠 의상

2013년 도쿄에서 열린 콘서트에서 선보인 미쿠 의상은 모두 세계 유명 의류브랜드 루이비통에서 디자인했는데, 이 의상들은 2차원문화 수용자들에게 많은 인기를 얻어 그들을 브랜드의 새로운 소비층으로 가담하게 했다.

③ SNH48 — 2.5차원 소녀그룹

2013년 중국에는 미쿠 패밀리에 버금가는 인기를 누리고 있는 소녀들이 있다. 그들은 '중국 우상 소녀 천단-SNH48'이라는 소녀그룹인데, 게임이나 만화에서 갓 튀어나온 듯한 외모를 가지고 있다. SNH48은 2012년 10월에 중국 상하이 사파전매유한회사(上海丝芭文化传媒有限公司)에 의해 결성된 중국 본토화 소녀그룹이다. SNH48의 112명 맴버들은 각자 캐릭터와 스토리가 확실하여 각 소녀를 테마로 의상이나 완구 등 여러 가지 파생상품이 생산·판매되고 있다. 상상 속의 모든 소녀상들을 가지고 있는 이 그룹은 2차원 수용자들에게 사랑을 듬뿍 받고 있는데, 연간 수입이 평균 10억 달러다.

〈그림 10-8〉 2.5차원 소녀그룹 SNH48

5. 2차원 IP의 소비

2015년은 중국의 모든 문화콘텐츠산업이 전성기를 맞아 급속도로 성장한 해인데, 원래 비주류 문화였던 2차원문화 또한 함께 비약적인 발전을 가져왔다. 자국의 2차원문화산업에 큰 기대를 가지고 있는 중국의 젊은 수용자층은 막강한 소비능력을 갖춘 준비된 소비자다. 이처럼 유혹적인 시장은 더욱더 많은 자본들로 하여금 2차원문화산업에 뛰어들게 함으로써 치열한 경쟁의 폭풍을 몰고 왔다.

중국의 '젊은 문화'는 현재의 주류 매체를 통해 널리 전파되었으며, '2차원문화'라는 이름하에 더욱더 많은 대중을 끌어들여 주류대중문화로 부상하고 있다. 2015년에 열린 '제11회 중국 국제애니메이션 페스티벌'

에는 78개 국가의 137만여 명이 참여했고, 93억 5,400만 위안(한화 약 1조 7,000억 원)의 계약이 성사되었으며 현장에서 54억 9,200만 위안(한화 약 1조 원)의 소비가 있었는데, 중국 애니메이션 페스티벌의 역사를 갱신한 이 숫자는 애니메이션이 '소수의 문화'로부터 진정한 '대중의 문화'로 변화했음을 직접적으로 보여주었다.

통계에 의하면, 2015년 중국의 2차원문화 수용자는 2억 2,000만 명(핵심 수용자는 6,000만 명)이고 전체 1990년대 생, 2000년대 생의 62.9%를 차지한다. 즉, 젊은 층의 3명 중 2명은 2차원문화의 수용자인 셈이다. 2015년 중국 자국의 만화 · 애니메이션 보급률은 전체 만화 · 애니메이션의 40%로서 처음으로 일본을 넘어섰다. 또한 2차원문화 중에서도 중국 자국 내 ACGN의 소비는 1인당 약 1,700위안이었다.

〈그림 10-9〉를 보면 2014년에 이미 주류 2차원문화 수용자의 규모가 4,984만 명에 달했고, 일반 2차원문화 수용자의 규모도 1억 명을 넘어섰다. 아이리서치(iResearch)의 분석에 따르면 이러한 수치 증가율은 꾸준히 '안전성장'을 유지할 것이며, 2차원문화 IP에 대한 운영도 날로 현저

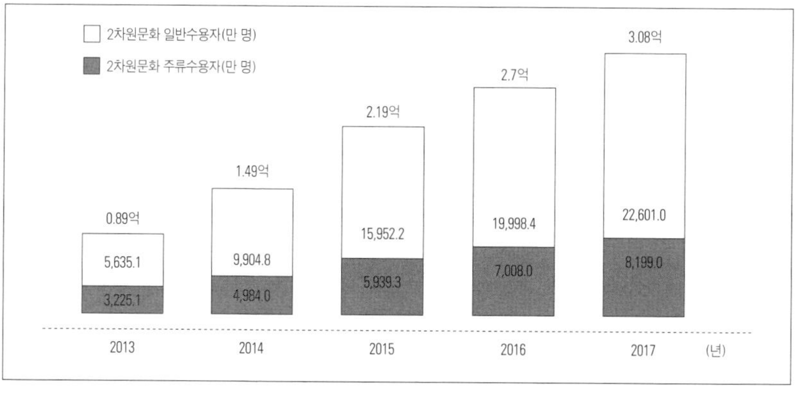

〈그림 10-9〉 2013~2017년 중국 2차원문화 수용자 규모

하게 증가할 것이라고 한다.

IP(Intellectual Property)라고 불리는 지적재산권(知识产权)은 2차원문화의 핵심 경쟁력이다. '내용소비(内容消费)'는 ACGN 분야의 가장 기본적인 소비요소다. 양질의 IP는 영화, 드라마, 애니메이션, 게임 그리고 각종 파생상품과 오프라인 행사 등의 형식들로 확장되면서 하나의 큰 산업체계를 이루고 가치의 극대화를 실현할 수 있다. 그 때문에 IP는 현재 중국 애니메이션업계의 핵심 경쟁력이 되었고, 2차원 콘텐츠에서의 IP는 해당 작품이 가지는 독창적인 흥행요소가 되었다.

중국은 56개 민족과 5천여 년이라는 역사 속에 무궁무진한 문화자원을 소유하고 있고, 그 속에는 2차원문화의 핵심경쟁력이 될 수 있는 다양한 IP들이 존재한다. 해외의 2차원문화시장에서는 이미 오래전부터 중국 IP가 가지고 있는 상업적 가치를 인식하고, 중국문화에 높은 관심을 보였다. 디즈니의 애니메이션 「뮬란」이나 드림웍스의 「쿵푸팬더」, 일본과 한국의 「삼국지」 관련 게임 등은 모두 '중국의 요소'를 곁들인 2차원문화 파생작품이다.

거대한 시장을 보유하고 있는 중국에서는 2차원문화의 수용자가 집중된 1990년대 생들이 곧 사회의 주류 소비층이 될 것이며, 머지않아 2000년대 생들도 그 소비군단에 합류할 것이다. 「몽키 킹」에 이어 「리틀 도어 갓즈(小门神, Little Door Gods)」(2016), 「대어해당(大鱼海棠, Big Fish & Begonia)」(2016) 같은 훌륭한 2차원문화 작품들이 속출하고 있는 현재, 소비능력을 갖춘 젊은 수용자층은 더욱 늘어날 것이며 2차원문화시장은 날로 방대해질 것이다.

도움받은 글/더 읽어야 할 글

「2015년 중국 2차원상업보고(2015年中国二次元行业报告)」, 2015.

「국민경제와 사회발전 통계보(国民经济和社会发展统计公报)」, 2015.

「iResearch(艾瑞数据)」의 통계, 2015.

「2015애치예 만화 · 애니메이션 · 게임 포럼(爱奇艺动漫游戏嘉年华论坛)」, 2015.

「아시아 CGI애니메이션 콘퍼런스 2016(亚洲CGI动漫会议2016)」, 2016.

석향란, 「중국 2차원문화의 시장 확대 현상 연구」, 『2016 제17회 한국애니메이션학회 춘계학술대회 및 광주 세계 웹 콘텐츠 페스티벌 연합컨퍼런스』, 2016.

11
만화 레터링의 미학: 글씨는 어떻게 번역되는가?

신홍주

"번역자는 곧 반역자"라는 이탈리아의 금언은 상이한 문화권의 텍스트를 번역하는 일이 얼마나 지난한 일인지 짚어준다. 시각예술에 포함된 텍스트라면, 번역에 더하여 텍스트의 조형성을 조율하는 어려움이 배가된다. 서사성을 지니는 만화는 여타 시각예술에 비해 텍스트가 큰 비중을 차지한다. 텍스트를 시각화한 글씨는 그림과 함께 조형요소의 한 축을 이루며, 서사 전개에 핵심적 역할을 수행한다. 따라서 번역만화에서 글씨의 '번역'은 텍스트의 번역 못지않게 중요한 문제로 대두된다.

글씨는 조형성과 가독성을 모두 포괄하는 개념으로, 만화와 디자인 분야에서 '레터링(lettering)'으로 통칭된다. 일반적으로 레터링은 특정한 조형적 목적을 가지고 문자(letter)를 그리거나 디자인하는 것을 뜻한다. 레터링은 타이포그래피(typography), 캘리그래피(calligraphy)와 혼용되는 경우가 많은데, 이 용어들의 개념적 차이는 구분되어야 한다. 타이포그래피는 본래 유형화된 활자(type)로 조판하는 활판인쇄술을 가리켰으나, 오늘날에는 멀티미디어나 인터넷 등의 매스커뮤니케이션에서 활자나 폰트를 통해 이뤄지는 시각적 표현을 두루 포괄한다. 이에 비해, 캘리그래피는 손으로 쓴 글씨를 통해 미적 가치와 개성을 강조하는 표현 방식이다. 타이포그래피가 규격화된 활자 또는 폰트의 조합과 편집이므로 기계적인 반복이 가능한 데 비해, 레터링과 캘리그래피는 시각적 연출 의도에 따라 글자의 형태를 창조하는 것이므로 일회성과 우연성이 두드러진다. 다만, 레터링은 타이포그래피의 활용과 변용 역시 포괄하며, 손글씨인 경우에도 상대적으로 가독성이 중시된다는 측면에서 캘리그래피와 구별된다. 최근에는 웹 환경과 모바일 기기의 발달, SNS의 범람으로 인해 언어를 청각매체보다는 시각매체로 접하는 경향이 강화되는 추세다. 이에 따라 논리적 · 정서적 정보 전달에 있어서 문자 디자인의 중요성이 더욱 커지고 있다. 그러나 이러한 기술적 · 사회적 변화 이전부터 만화는 그림과의 연속성 속에서 레터링을 독자적 조형요소로 활용해왔다.

이 글에서는 우선 레터링을 만화의 예술형식 및 언어와의 관계 속에서 고찰함으로써 문자 차원의 조형성과 텍스트 차원의 의미가 레터링을 통해 구현되는 양상을 살펴보고자 한다. 이러한 논의를 바탕으로 번역만화의 구체적 사례에서 레터링이 어떤 기능과 의미효과를 가지는지 검토하게 될 것이다. 나아가 이질적 문화가 서로 접속할 때 흔히 발생하는 오해와 시행착오의 과정을 짚어봄으로써 문화적 차이가 새로운 창조의 여백으로 변환될 가능성을 탐색해보기로 한다.

1. 레터링: 언어의 분절성과 조형적 연속성의 결합

만화에서 레터링은 의성어와 의태어 및 말풍선과 내레이션 박스 안팎의 문자를 모두 포괄한다. 레터링은 그림과 함께 조형적 요소로 작용하면서도 문자를 대상으로 하기에 판독되어야 한다는 양면성을 지닌다. 의성어나 의태어의 레터링은 상대적으로 조형성이 강조되어 그림에 밀착되는 양상을 보인다. 한편, 말풍선이나 내레이션 박스 안팎에 있는 레터링은 서사 전개를 위한 정보 전달에서 핵심적 역할을 수행하므로 가독성에 초점이 맞춰지는 경향이 있다.

만화가이자 만화이론가인 스콧 맥클라우드(Scott McCloud)는 문자와 그림의 관계를 시각예술의 어휘로 설명한 바 있다. 시각예술의 어휘는 화면상의 순수조형(The Picture Plane), 재현된 '실재(Reality)', 언어(Language)의 세 꼭짓점으로 이뤄진 삼각형의 형태로 제시되는데, 언어의 꼭짓점은 의미(Meaning)의 영역으로 확장될 수 있다(그림 11-1). 화면의 순수조형을 나타내는 A는 현실 세계의 특정 대상을 지시하는 것이 아니라 점, 선, 면 등의 조형요소 자체를 의미한다. 사실성의 극단을 나타내는 B는 현실 세계가 보이는 그대로 재현(representation)된 것이며, 언어를 가리키는 D는 지시 대상과의 형태적 유사성을 잃고 기호화된 것을 뜻한다. 표상의 변 BC가 언어의 꼭짓점 D을 지나 연장되면, 언어가 축자적 의미에서 나아가 언어 기호의 형식적 · 내용적 임계를 시험하는 시의 영역에 이르게 된다. 시각예술의 어휘 삼각형 내부에서 좌표는 연속적 공간 속에 위치하며, 동서고금의 시각예술에 나타나는 사조나 작품의 형식적 특징은 이 삼각형 내의 좌표로 상당 부분 설명될 수 있다. 다만, 만화는 문학, 영화 등과 서사성을 공유하는 특징으로 인해 표상의 변 BC를 가장 중요한 축으로 삼아

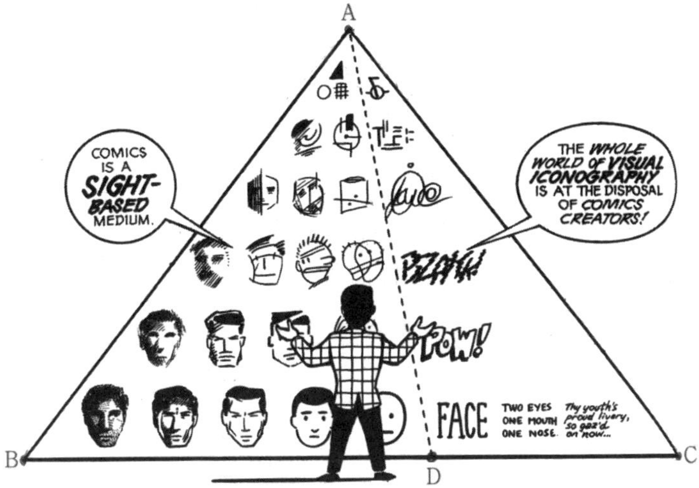

A: 순수조형(The Picture Plane)
B: '실재(Reality)'
C: 의미(Meaning)
D: 언어(Language)

AB: 시각의 변(The Retinal Edge)
AC: 개념의 변(The Conceptual Edge)
BC: 표상의 변(The Representational Edge)
AD: 언어경계선(The Language Border)

〈그림 11-1〉 시각예술의 어휘

움직이게 된다.

위 그림에서 레터링과 관련하여 주목해야 할 영역은 삼각형 ADC다. 레터링은 조형적 측면에서 언어경계선 AD를 따라 연속적인 좌푯값을 가질 수 있으며, 의미가 읽혀야 하는 문자의 특성상 조형성과 가독성 사이에서 줄타기를 하게 된다. 레터링이 조형성에 치우쳐 순수조형 지점인 A에 근접하면 의미전달이 어려워지고, 조형적 의도에 대한 고찰 없이 표상의 변 근처에 머물면 편의적인 관행적 서체에 머물기 십상이다. 또한, 레터링이 언어경계선 너머에 있는 그림과 조화를 이루는지의 여부도 시각적 완성도에서 중요한 요소로 작용한다.

시각예술의 어휘 삼각형이 그림과의 연속선상에서 레터링의 조형적 측면을 설명한다면, 가독성 측면에서 언어와 레터링의 관계를 살펴볼 필요가 있다. 레터링의 대상인 문자는 언어의 내적 체계와 별개의 영역이면서도 언어의 시각적 형상물로서 언어적 특성을 반영하기 때문이다. 언어는 연속된 세계를 분절적으로 표상한 기호체계다. 구조주의를 정초한 페르디낭 드 소쉬르(Ferdinand de Saussure)는 언어를 청각영상인 기표(signifiant)와 개념인 기의(signifié)의 결합으로 설명했다. 소리(son)와 사고(pensée)는 각각 기표와 기의의 재료가 되는데, 이들은 기호의 도움이 없다면 불확정적이고 경계가 규정되지 않는 불분명한 덩어리에 불과하다. 소리와 사고는 각각 차이에 의해 변별되는 가치체계에 따라 분절되고 서로에게 고정되어 언어라는 기호체계의 양면을 이룬다.

문제는 연속된 세계가 언어라는 구조틀을 통과하면서 분절적으로 구조화되는 과정에서 분절된 단위 사이에 불가피하게 틈이 발생한다는 점이다. 가령, 연속적으로 변하는 무지개 빛깔은 빨주노초파남보의 일곱 마디로 분절되어 마디마다 서로 구분되는 이름을 갖는다. 그러나 빨강과 주황 사이의 미세한 빛깔 차이는 일곱 가지 무지개 색의 이름으로 포착되지 못한다. 게다가 무지개의 빛깔을 어느 지점에서 몇 가지로 분절할지, 그 분절된 마디에 어떤 소리를 연결 지을지는 시대와 지역, 언어에 따라 다르게 나타난다. 소쉬르의 용어를 빌리면, 기표와 기의가 현실 속에서 어떤 내적 필연성도 갖지 않는 자의적(arbitraire) · 무연적(無緣的, immotivé) 관계에 있기에 벌어지는 일이다.

사실, 분절성은 언어의 한계라기보다 언어의 본질적 조건으로, 이를 극복 또는 초월하려는 시도는 다양한 예술 장르에서 존재해왔다. 배우가 대사를 통해 축자적 의미 너머의 정서를 전달하는 것은 언어적 방식의 일종이며, 캔버스에 가상의 세계를 시각적으로 구축하는 그림은 비언어적 방식에 속한다. 레터링은 문자의 조형성을 통해 언어의 분절성을 극복하려는 시도로 볼 수 있다. 획의 형태, 크기, 도구와 재료의 차이에 따른 필선의 느낌은 텍스트의 의미만으로 파악되지 않는 뉘앙스를 시각적으로 구현한다. 즉, 언어의 분절된 틈 사이로 사라지는 것들이 레터링의 조형성을 통해 일정 부분 복원될 가능성이 열리는 것이다.

따라서 만화가 다른 언어로 번역될 때, 레터링은 문자의 조형성과 텍스트의 의미라는 이중적 측면에서 세심하게 고려되어야 한다. 그러나 현실적으로 외국만화가 한국에서 출판되는 경우, 그간 텍스트의 내용 번역에 급급한 나머지 레터링의 조형적 측면에 무심한 경향이 없지 않았다. 다행히 2000년대 들어 캘리그래피 등 문자 디자인에 대한 관심이 높아지고 한국에 수입되는 외국만화가 상대적으로 다변화되면서 레터링에 대한 인식이 개선되는 추세다.

이 시기의 외국만화 중 특히 『유리의 도시』는 레터링의 '번역'과 관련하여 면밀히 검토해볼 필요가 있다. 작품 내적으로 레터링이 캐릭터와 서사에 긴밀하게 연동하고 있으며, 작품 외적으로 한국어 번역본의 초판과 개정판이 레터링에 대해 판이하게 다른 인식을 보여주기 때문이다. 이 작품의 원서와 초판, 개정판에 나타난 레터링의 기능과 의미효과를 비교 · 분석함으로써 레터링 번역의 시행착오와 개선의 가능성을 탐구해 볼 수 있을 것이다.

2. 레터링의 번역 사례: 만화 『유리의 도시』

만화 『유리의 도시(City of Glass)』는 폴 오스터(Paul Auster)의 소설 『뉴욕 3부작(The New York Trilogy)』 중 1부인 동명 작품을 만화화한 것이다. 필명으로 추리물을 써온 소설가 퀸이 잘못 걸려온 전화로 인해 탐정 노릇을 하며 벌어지는 이야기로, 언어와 정체성의 관계, 이야기와 담화의 진실성에 대한 질문을 다루고 있다. 이 작품은 원작의 추상적 주제를 만화의 시각적 언어로 성공적으로 변환시켰다는 호평을 받으며 미국의 만화 평론지 『코믹스저널(The Comics Journal)』에 의해 '20세기 영어권 100대 만화'로 선정되기도 했다.

만화 『유리의 도시』 원서에서 레터링은 타이프체를 제외하면 모두 손글씨로 쓰였다. 레터링은 언어경계선 너머의 이미지와 시각적 연속성을 가지므로 손글씨인지 아닌지의 여부는 조형적 통일성의 측면에서 큰 변수로 작용한다. 손글씨의 비균질한 획은 타이포그래피의 유형화된 선과 달리 그림, 만화 기호 등의 이미지와 어우러져 시각적 연속성을 강화한다. 타이포그래피 중 손글씨의 느낌을 주는 것들이 있긴 하지만, 손글씨에서 글자, 자간, 행간 하나하나의 미묘한 차이와 개별성은 정형화된 타이포그래피로 구현할 수 없는 생동감을 풍긴다.

이 작품에 나오는 레터링의 종류는 그림의 일부로 제시된 의성어, 의태어를 제외하면 기본형을 포함하여 총 열 가지다. 이들은 서사에서 담당하는 기능에 따라 캐릭터 차별화, 시점 표현, 심리의 외면화, 해설이라는 네 가지 범주로 구분해볼 수 있다. 이 중 캐릭터 차별화에 레터링의 다섯 가지 유형이 할애되어 레터링 연출에서 가장 큰 비중을 차지한다. 만화는 시각적으로 경험하는 단일 감각매체이지만, 레터링의 조형성을 통해 캐릭터의 음색, 말투 등의 공감각적 심상을 환기시킴으로써 텍스트의 의미와 정서를 강화한다. 가령, 타락한 언어를 회복시키려는 종교학자 스틸먼은 서양의 필사본 느낌을 살린 레터링을 통해 고풍스러움과 전통의 권위를 부여받는다. 반면, 아들이자 실어증 환자인 스틸먼 주니어는 단속적이고 혼란스러운 발화 내용에 걸맞게 대·소문자가 맥락 없이 섞인 레터링으로 대변된다(그림 11-2).

또한 레터링을 통한 시점 표현의 대비는 중층적 서술구조를 효과적으로 부각시킨다. 이 작품에서 액자 구성은 소설이라는 허구적 이야기의 존재 의미를 묻는 장치로 쓰이고 있다. 액자 바깥의 1인칭 관찰자는 자신이 소설가 오스터의 친구이며, 오스터에게 건네받은 공책을 토대로 이 이야기를 서술하게 되었노라고 밝힌다. 그런데 소설 원작의 실제 저자가

〈그림 11-2〉 아버지 스틸먼의 레터링(왼쪽)은 말풍선의 첫 글자를 키우고 납작한 펜촉으로 쓰인 글씨 형태를 살려 중세 필사본의 전통을 시각적으로 소환했다. 반면, 스틸먼 주니어는 레터링에 대·소문자를 섞고 자간을 상대적으로 넓게 처리하여 실어증 환자의 맥락 없는 발화 내용을 부각시켰다. 또한 인물의 입에서 직접 흘러나오는 말풍선은 생뚱한 느낌을 주는 동시에 말풍선의 기호적 성격을 인지시킨다.

〈그림 11-3〉 타이프체의 기계적 느낌(왼쪽)과 공책에 적힌 필기체(오른쪽)의 대조에 의해 서술의 중층성이 부각된다.

폴 오스터이므로 이 1인칭 관찰자는 실제 저자와 다른 허구적 인물임이 자명하게 드러난다. 작품 전체에서 한 번도 모습을 드러내지 않는 이 1인칭 관찰자는 타자기에 찍혀 나오는 타이프체로 대변됨으로써 서술의 익명성과 객관적 거리감이 강조된다. 이에 반해, 주인공 퀸의 시점으로 서술된 내용은 공책에 기록된 필기체로 제시되어 주관성과 사적 느낌을 부각시킨다(그림 11-3).

이 밖에도 레터링의 크기 변화가 캐릭터의 심리를 외면화시키거나 레터링이 텍스트의 내용을 알기 쉽게 해설해주기도 한다. 후자의 사례로, 에덴동산에서 아담이 사물의 이름을 명명하는 대목을 꼽을 수 있다. 이 장면에서 아담이 발화하는 '그림자'는 레터링을 통해 실제 그림자로 시각화되어 독자의 이해를 돕는다(그림 11-4).

이 작품의 한국어 번역본은 출판사 열린책들에서 2006년 황보석의 번역으로 처음 나왔으며, 2011년 열린책들의 자회사인 미메시스에서 개정판이 나왔다. 초판과 개정판의 역자와 텍스트가 동일하므로 레터링의 조형성에 집중하기 좋은 사례라 할 수 있다. 원서와 번역본의 레터링에

〈그림 11-4〉 언어의 타락 이전, 말이 지시 대상과 일치했던 아담의 언어를 레터링으로 표현했다.

서 가장 큰 차이는 원서의 손글씨 레터링이 번역본에서는 거의 컴퓨터 글꼴로 처리되었다는 점이다. 자모음에 따라 정형화된 글꼴은 그림, 만화 기호의 비정형적 이미지 속에서 이질적인 요소로 인지되어 시각적 통일성을 해치는 경향이 있다.

초판의 레터링은 일부 의성어를 아예 번역하지 않았을 뿐더러 원서의 열 가지 레터링을 여섯 가지로 단순화시켰다는 점에서 문제를 드러냈다. 특히 원서에서 캐릭터에 따라 구분된 다섯 가지 레터링이 초판에서는 한 가지로 통일됨으로써 캐릭터의 성격과 음색, 정서가 몰개성하게 뭉개지는 결과를 낳았다. 시점 표현과 해설에 대한 레터링의 경우, 원서의 구분을 반영하기는 했으나 글꼴 선정과 레터링 연출이 성공적이라고 보기는 어렵다. 기본형 글꼴과 주인공 시점의 공책 필체가 형태감이 유사해서 서술의 중층성을 시각적으로 부각시키지 못했다. 또한, 아담의 언어는 원서의 레터링을 지워버리는 통에 '그림자'라는 말이 곧 그림자가 된다는 내용을 시각적으로 전달하는 데 오히려 방해가 되었다(그림 11-5).

〈그림 11-5〉 원서(왼쪽)과 달리 초판(가운데)에서는 말풍선 안의 'Shadow' 레터링을 없애고 한글로 처리했으나, 개정판(오른쪽)에서는 한국어를 병기했다. 여기에서 'Shadow'는 단순히 텍스트가 아니라 유사 도상기호로 작용하여 말과 지시대상의 일치를 시각화하게 되므로 개정판이 원서의 연출 의도에 부합한다.

전반적으로 초판은 조형요소로서의 레터링에 대한 몰이해와 언어를 다룬 주제의식에 대한 인식 부족을 드러냈다. 이로 인해 텍스트 층위의 번역만 이뤄졌을 뿐 레터링의 조형적 측면을 번역하는 데까지 이르지 못했다. 그럼에도 초판에서 기본형 글꼴의 선택은 눈여겨볼 대목이다. 레터링이 손글씨로 처리된 외국만화가 한국에서 번역 · 출판될 때, 본문 텍스트는 무난하게 명조체나 고딕체 종류로 처리되는 경우가 다반사다. 이에 비해, 초판은 컴퓨터 글꼴 중에서도 손글씨의 느낌이 나는 글꼴을 사용하여 원서의 레터링이 손글씨라는 점을 최소한 글꼴의 선택에 반영한 셈이다.

초판에 비해 2011년 출간된 개정판은 레터링에 대해 진일보한 인식을 보여준다. 일단 초판에서 방치한 의성어를 모두 번역하여 병기했다. 레터링의 종류에서도 아들 스틸먼의 전화 목소리를 제외하면 원서의 레터링

〈그림 11-6〉 레터링이 원서(왼쪽)에서는 손글씨로 연출된 데 비해 번역본에서는 컴퓨터 글꼴로 처리되어 그림과 문자의 조형적 연속성이 상대적으로 약화되었다. 그럼에도 초판(가운데)에서는 한 가지 글꼴로 처리된 레터링이 개정판(오른쪽)에서는 캐릭터에 따라 변별되어 레터링에 대해 개선된 인식을 보여준다. 다만, 원서에서 아들 스틸먼의 전화기 목소리를 대변하는 레터링은 대소문자의 혼합, 들쭉날쭉한 줄, 불규칙한 글자 크기를 통해 실어증 환자의 불안정한 심리를 표현했지만, 이러한 연출은 번역본에서 무시되었다.

구분을 모두 반영하여 총 아홉 가지 글꼴을 사용했다(그림 11-6). 개정판에서도 레터링을 거의 컴퓨터 글꼴로 처리했다는 아쉬움은 여전히 남지만, 출판사 측에서 레터링의 중요성을 뒤늦게나마 간파하고 원서의 레터링에 대해 고민한 흔적을 결과물로 내놓았다는 점은 고무적인 일이다.

다만 원서 레터링의 조형성과 의미효과가 문화적 · 언어적 차이에 의해 번역본에서 어떻게 굴절되는지는 고찰해볼 필요가 있다. 가령, 원서의 영어에 있는 대문자와 소문자, 활자체와 필기체의 구분이 한글에는 없거나 상대적으로 뚜렷하지 않다. 대 · 소문자의 혼합에서 느껴지는 어수선함이나 활자체의 공적 느낌과 필기체의 사적 느낌을 대조시키는 효과는 한글 레터링으로 표현하기 어렵다. 즉, 문화권과 언어권에 따라 기록의 관습과 문자가 달라지므로 레터링의 조형적 번역이 불가능한 경우

〈그림 11-7〉 개정판(오른쪽)에서 말풍선의 첫 글자는 원서와 형태적으로 유사하지만, 필사본에 대한 문화적 맥락의 차이로 인해 원서의 고풍스러운 느낌까지 살리지는 못했다.

가 발생하게 된다. 나아가 조형적 번역이 어느 정도 가능한 경우에도 역사적 맥락과 그에 대한 경험치의 차이로 인해 의미 효과는 달라지는 결과를 낳을 수 있다.

이러한 문제는 아버지 스틸먼을 대변하는 레터링에서 단적으로 나타난다(그림 11-7). 개정판은 원서에 나오는 필사본 글씨의 느낌을 살리기 위해 한국어에서도 형태적으로 유사한 글꼴을 사용했다. 그러나 서구 필사본의 역사적 전통에 상대적으로 익숙하지 않은 한국 독자들은 말풍선 첫머리에 부각된 글씨를 시각적으로는 인지할지언정 그 글씨의 문화적 뉘앙스까지 파악하기는 어렵다.

이러한 사례는 레터링의 번역이 단순히 기술적 · 조형적 문제에 국한되는 것이 아니라 문자를 둘러싼 문화적 맥락을 새로이 축적하고 창조해가는 과정임을 보여준다. 가령, 아들 스틸먼의 레터링에 나타난 대 · 소문자의 혼합을 한국어본에서는 여러 글꼴의 혼합으로 표현해볼 수 있을 것이다. 아버지 스틸먼의 레터링 첫 글자는 『훈민정음 해례본』의 글자를 가져다 쓰거나 혁필화의 형태를 취함으로써 한국 문화의 전통적 미감을 호출하는 것이 가능할 것이다. 레터링의 번역에서 문화적 · 역사적 맥락까지 포괄하려는 적극적 시도가 병행되지 않는다면 원서에 대한 기술적 · 조형적 근사치가 의미 효과의 근사치까지 보장해줄 수 없다.

3. 반역으로서의 번역

초판본과 비슷한 시기에 출간된 『씬시티 1(Sin City: The Hard Goodbye)』과 『300』은 번역만화의 레터링과 관련하여 선구적 사례로 주목할 만하다. 원서의 레터링 중 의성어, 의태어를 만화가인 김수박이 전담하여 한글 레터링으로 다시 작업했으며, 이를 서지사항에 '레터링 김수박'으로 명기한 것이다. 기존 번역만화에서 의성어, 의태어가 번역조차 되지 않고 방치되는 경우가 적지 않았던 데 비해, 김수박의 한글 레터링은 그림과 밀착되어 시각적 통일성에 기여한다. 이러한 시도는 2000년대 이후 SNS와 모바일 기기가 널리 보급되고 일상에서 손글씨의 필요성이 급격히 줄어들면서 역설적으로 손글씨의 개성, 일회성, 고유성이 주목받기 시작한 것과 궤를 같이한다. 그럼에도 말풍선이나 내레이션 박스 안의 레터링은 원서의 손글씨와 달리 고딕체 글꼴로 일괄 처리됨으로써 레터링에 대한 인식이 여전히 과도기에 있음을 드러냈다.

2010년대에 들어서자 레터링 연출에 공을 들인 번역만화가 대거 나오기 시작했다. 자전적 성장 만화인 『담요(Blankets)』는 원서의 레터링이 손글씨인 점을 반영하여 드물게도 번역본의 레터링 역시 손글씨로 연출한 모범적인 사례다. 서지사항에도 '손글씨 정은규'로 레터링 담당자를 명기하여 『씬시티』의 전례를 이어갔다. 중년의 건축가가 겪는 자아탐구의 여정을 다룬 『아스테리오스 폴립(Asterios Polyp)』, 미국의 근현대사와 가족사를 절묘하게 교차시킨 『지미 코리건: 세상에서 가장 똑똑한 아이(Jimmy Corrigan: The Smartest Kid on Earth)』 역시 원서에서 플롯과 캐릭터에 따라 세심하게 연출된 레터링을 번역본에 성실하게 반영하여 문자가 갖는 조형적 힘을 상당 부분 살려냈다. 그러나 전반적으로 원서의 레터링 구분을 기계적으로 반영하거나 조형적 유사성을 모방하는 차원에 머무른 상태로, 문화적 맥락에 따른 레터링의 연출과 의미효과에 대해 심층적인 논의가 필요한 시점이다.

물론 한국적 맥락에 맞게 레터링을 번역하는 과정에서 의미 효과의 누락이나 변질은 불가피한 측면이 있다. 그러나 "번역자는 곧 반역자"라는 금언이 누구의 편에 서 있는지 생각해볼 필요가 있다. 러일 통역사로 일했던 일본 작가 요네하라 마리(米原万里)는 『미녀냐 추녀냐』에서 한 동료의 이야기를 전한다. 저자에 따르면, 일본어와 러시아어는 서로 대응하는 개념이 아예 없어서 통역이 난감한 경우가 많으나, 영어 · 프랑스어 등 유럽어 계열과 러시아어는 단어끼리 일대일 대응을 이루는 경우가 많아 통역이 상대적으로 수월하다. 물 흐르는 듯 유려한 영러 통역을 지켜보며 저자는 영러 통역사들을 부러워했는데, 동료는 그들을 오히려 가여워하더란다. 영러 통역이 마치 기계같이 이뤄지는 느낌인 데 반해, 러일 통역은 통역사의 상상력과 창의력이 발휘될 여지가 많으니 좋다는 것이 이유였다.

원어를 쓰는 집단의 관점에서 번역은 늘 반역일 수밖에 없다. 그러나 '원어'와 '번역어'는 텍스트를 둘러싼 상대적 개념일 뿐이다. '번역어'를 쓰는 관점에서 본다면, 기존에 없던 것을 있도록 하는 번역이 그 자체로 미달이거나 과잉일 수 없다. 언어뿐 아니라 외래문화의 번역과 수용

과정에서 문화적 차이를 장애물이 아닌 창조적 여백으로 여기는 담대함이 필요하다. 번역은 모방이되 창조를 통해서만 실현되는 모방이며, 그런 의미에서 번역과 창조는 동의어이기 때문이다.

도움받은 글/더 읽어야 할 글

데이비드 마추켈리, 폴 오스터 & 폴 카라식(1994), 『유리의 도시』, 황보석 역, 열린책들, 2006.
데이비드 마추켈리, 폴 오스터 & 폴 카라식(1994), 『유리의 도시』, 황보석 역, 미메시스, 2011.
신홍주, 「만화 레터링의 서사적 활용과 조형적 번역에 대한 연구」, 『애니메이션 연구』, 12권 3호, 2016, pp. 164-183.
요네하라 마리, 『미녀냐 추녀냐』, 김윤수 역, 마음산책, 2008.
페르디낭 드 소쉬르, 『일반언어학 강의』, 최승언 역, 민음사, 1990.
Mazzucchelli, D. & Karasik, P., *City of Glass*, Avon Books, 1994.
Scott McCloud, *Understanding Comics: The Invisible Art*, Kitchen Sink, 1993.

12
18세기 동서 패션의 동시성: 한양과 파리의 풍경

이영재

2015년 9월, 대학의 바쁜 학기 중 일정을 뒤로하고 파리행 비행기에 몸을 실었다. 중국 기업과 패션디자인 기획 프로젝트를 하면서 유럽 패션시장 동향 및 자료 수집을 위한 명분이었지만, 하늘의 뜻을 안다는 지천명의 나이에 만나는 파리는 나에게 새로운 감회를 안겨주었다. 패션을 전공하면서 파리는 늘 동경의 대상이었고 언제가 파리지엔느가 되어 파리 거리를 걷겠다는 로망을 품어왔다. 그러나 영어권이라는 이점으로 뉴욕 패션스쿨을 선택했고 패션업계의 미국시장 부흥과 신흥 북유럽국가들의 부상, 프랑스 국력 침체로 파리는 나와 점점 거리가 멀어지는 듯했다. 그러다가 우연한 기회에 파리 갤러리 초청으로 예술 의상 개인전을 열게 되었고, 이제는 서울시내에서 전철 타듯 편하게 전철을 이용하면서 혼자서 파리를 즐기게 되었다.

현대 여성복은 한마디로 프랑스 여성들의 옷이다. 20세기 들어 프랑스 파리지엔느가 입었던 여성복이 세계 여성들의 의복이 되었다. 개발도상국이나 후진국들만 그들의 민속의상을 입고 있을 뿐 세계 각국의 패션을 좀 안다는 여성들은 파리지엔느, 뉴요커를 꿈꾼다. 패션산업은 한 국가의 예술문화 안에서 디자인, 생산기술, 마케팅으로 이뤄지는 종합체로서 20세기 중반 이후 경제 선진국이 패션 종주국이 되는 현상이 나타나게 된다.

그렇다면 "프랑스 여성복이 전 세계 여성복이 되는 국제복화 현상이 20세기에 들어서서 처음 일어난 일로 그전에는 파리와 서울 여성들의 패션교류가 전혀 없었을까?"라는 질문을 던지게 된다. 실재하는 문헌기록의 연결고리를 찾아보면 이전에도 비슷한 점이 많았음을 증명하는 것이 가능하다. 재미있는 점은 조선 후기 영·정조(1724~1800) 시대 양반가 부인들이나 기생들의 옷차림에서 나타나는 조형미와 동시대인 프랑스 루이 15·16세(1715~1792) 시대 귀족 부인 중심인 파리지엔느의 드레스와 헤어스타일의 조형미가 비슷하다는 사실이다.

18세기 후반 프랑스 여성복 스타일과 조선 후기 여성복 스타일은 거대한 부피의 머리, 머리 위의 과잉장식과 꼭 끼는 상의, 풍성한 스커트 실루엣 등 외형상 모습과 조형적 특징들이 비슷한 것을 발견할 수 있다. 하후상박(下厚上薄)의 실루엣이 그것이다. 이 시기는 비행기 출현 이전이며 매스미디어도 발전되기 전이므로 지리적으로 먼 거리의 서유럽 프랑스와 조선의 패션이 동시에 유행하는 것은 현실적으로 불가능한 것처럼 여겨지지만, 그럼에도 불구하고 본고에서 비슷한 양상이 나타난 원인을 찾아보는 것은 흥미로운 일이 될 것이다.

1. 조선 후기 서양과의 교류

기록상으로 우리 민족 여성들이 서양 패션을 접한 것은 통일신라시대에 "슬슬금(瑟瑟鈝)을 금한다"는 복식금제령에서 찾을 수 있다. '슬슬금'은 지금의 중동, 당시 서역지방에서 밀수입한 비취 같은 보석류로 통일신라 귀족부인들의 보석으로 패용되었고, 이에 대한 유행으로 밀수가 사회적인 문제가 되자 이를 나라에서 금지한다는 법령을 내렸다. 즉, 장보고가 해상왕으로 동남아 일대의 바다를 장악하고 있을 무렵 서역에서 밀수한 슬슬금을 귀족 부인들이 몰래 패용했고 나라에서 이를 금지한 법령을 내린 것이다.* 신라시대 실크로드를 통한 서역과의 교류가 활발했고 최근 학계에서 로마를 멸망시킨 흉노족이 신라인이라는 학설이 제기되면서 서양과의 활발한 교류가 있었음을 알 수 있다. 필자는 관련 논문에서 이에 대한 학설을 소개한 바 있다.** 여성 패션 분야는 아니지만 서양문물 교류에 관한 기록들을 살펴보면서 여성 패션의 비슷한 조형적 의지에 대한 해답의 실마리를 찾을 수 있을 것으로 기대하게 된 계기였다.

조선시대 들어 서양문물을 적극 수용한 이로 선조대에 서양천주학에 관심을 가진 허균에 대한 언급이 있다. 정묘호란(1627)과 병자호란(1632)의 양난 이후 청나라에 볼모로 잡혀갔던 소현세자는 예수회 선교사 아담 샬과 가깝게 지내며 과학기술이 발전된 많은 서양문물을 접했고, 1645년 서양 과학서적과 천주교 번역서적, 지구의 등을 조선에 갖고 들어왔으나

---

* 이경자, 『한국복식사론』, 일지사, 1983.

** 이영재, 「조선 허리띠와 패물의 원류에 대한 연구」, 『한국생활과학회지』, 23(5), 2014, pp. 906–907.

조정에서 이를 받아들이지 않았다.* 서양의 외국인이 한국문화와 문물에 관심을 가진 사례로는 1627년 인조 5년에 네덜란드인 벨테브레가 표류하다가 조선에 들어와 귀화하여 '박연'이라는 이름으로 활동한 것이다. 그는 조총, 화포 등 신무기를 개량·보수하고 화학재료인 염초 생산에 주력했다. 그는 자신이 견문한 동양 각국의 풍물과 천기관측에 대해 이야기했고 선악(善惡)과 화복(禍福)의 이치를 말하는 등 도자(道者)의 풍모를 보였다고 기록되었으나, 기독교 교리를 말한 것으로 추측된다.** 1653년 또 다른 네덜란드인 하멜이 제주도에 표착했을 때 통역을 맡으며 이들에게 조선의 풍속과 말을 가르쳤다. 하멜은 박연과 달리 13년 만인 1666년 본국으로 돌아갔다. 그곳에서 『하멜표류기』를 출판했는데, 서양에 조선이라는 극동아시아의 나라를 소개한 최초의 저서였다. 『하멜표류기』 1부에는 난파, 표류에 대해 기술하고 2부에서 조선에 대해 자세히 기록하고 있다.

실사구시(實事求是)의 실학이 서양의 합리주의, 실용주의 철학과 맥을 같이하기에 여성패션의 교류에 어떤 공헌을 했는지 살펴보았으나 직접적인 기록을 찾을 수는 없었다. 그러나 실학이 당시 지배적이었던 유교철학을 희석하는 데 한몫했고, 이런 부분들이 조선 여성들이 미의식 발현에 적극적인 태도를 갖게 했을 것으로 유추할 수 있다. 실학과 함께 여성들에게 깊이 전파된 천주교도 하나님 앞에 평등한 인간이라는 관념을 심어주었고, 자신들의 몸치장에 좀 더 대범함을 갖게 했을 것으로 연결지어 생각할 수 있다. 즉, 실학과 함께 천주교의 전파과정도 여성들의 가

* 김정환, 『근대로 가는 길 — 조선후기 편』, 도서출판 푸른숲, 1997, p. 31.

** 김정환, 앞의 책, p. 87.

치관을 변화시키는 데 영향을 미쳤다고 해석할 수 있다. 공교롭게 실학의 대가로 500여 권의 저술을 남긴 다산 정약용의 생애와 천주교 전파과 정도 맞물린다. 정약용은 정조 8년인 1784년 이승훈이 조선에 최초로 세운 교회에서 형 정약종과 함께 복음 전파의 필요성을 들었지만 실질적인 종교인의 모습을 나타내지 않고 학문에 몰두했다. 조선의 천주교는 선교사가 들어오기 전에 이미 포교가 되어 있는 특이한 상황이었다. 1794년 중국인 신부 주문모가 파견되고 그가 조직한 명도회 초대 회장에 정약종이, 2대 회장에 정약용의 맏형인 정약현의 사위 황사영이 활동하여 정약용 집안은 명실 공히 천주교 집안이었다. 황사영은 후에 '황사영 백서 사건'으로 역사에 기록된 인물이다. 1800년 정약용, 김건순 등은 '경신회'라는 전도 단체를 조직했다. 정약종은 1801년 처형당해 순교했고 정약용도 정약전과 함께 유배를 가게 되었다. 정약전은 흑산도에서 최초의 수산학 서적인 『자산어보』를 저술했고, 정약용은 현실과 자신의 한계에 대한 대안으로 천주교를 받아들였으며, 그 외의 많은 실학자들도 천주교에 귀의했다. 즉, 사상적으로는 천주학, 기독교와 서양의 합리적 실용주의, 과학기술 문물에 영향받은 실학자들의 활동이 두드러졌다.

1787년 프랑스 함대 페루즈가 제주도에 나타나 측량하고 울릉도에 접근했다는 기록*이 남아 있어 미미하나마 서양 세력 중 이 글의 연구대상인 프랑스와 접촉이 있었음을 알 수 있다. 이 시기가 이 글의 연구시기와 같지만, 애석하게도 페루즈의 등장과 함께 조선 여성들에게 프랑스 여성패션을 전파했다는 증거나 기록을 찾을 수 없었다.

---

* 김정환, 앞의 책, p. 369.

2. 조선 후기 여성복식

조선시대 우리 민족의 의복체계를 한마디로 요약하자면 '이원구조'라고 할 수 있다. 중국으로부터 이등체감의 법칙에 따라 하사받은 공복(公服)과 서민이 일상생활 속에서 착용했던 고유 복식(服飾) 두 종류가 공존했다. 왕이나 양반들도 공복 속에 편복의 형태로 서민의 의복과 동일한 형태의 것을 입었고 공복은 신분에 따른 오늘날의 유니폼, 즉 제복 역할을 했다.

18세기 후반 조선은 영 · 정조시대로 정치적으로는 붕당정치를 종식시키고자 탕평책을 실시하여 서민생활을 안정시키는 데 주력했고, 부의 이동이 생기면서 양반과 상민 간의 계층적 이동도 가능해졌다. 경제적으로는 실학의 영향으로 중상주의가 대두되고 상업 활동이 활발해졌으며, 문화적으로는 조선시대 최고의 전성기를 맞게 된다. 서민의 삶을 그림으로 남긴 김홍도와 양반과 기생들의 놀이를 화폭에 남긴 신윤복이 있어 당시의 의생활을 알 수 있다.

필자는 홍콩에서 발행하는 A & HCI급 저널 「ARTS OF ASIA」에 관련 논문을 게재하여 조선 후기 풍속화가 김홍도와 신윤복의 작품세계를 소개하며 그 우수성을 널리 알린 바 있다.* 이 일을 계기로 2011년 8월 9일 KBS 1TV 「명작스캔들」 프로그램에서 신윤복의 「월하정인도」에 대한 인터뷰를 했다.

당시 여성복은 저고리 길이가 짧아 치마말기를 했으며, 저고리 품이 좁아져 상체가 꼭 끼는 대신 치마는 주름을 많이 잡아 풍성하고 길이도

---

* Young-jae, Lee, Comparative Analysis of Korean Genre Painting 'Hong-do KIM and Yun-bok SHIN', ARTS OF ASIA, 2017.

〈그림 12-1〉 신윤복의 「월야밀회」

〈그림 12-2〉 신윤복의 「주유청강」

길었다. 조선 후기 영·정조 시대는 익히 아는 바와 같이 정치·경제·문화적으로 최고의 절정기였고, 폐쇄적인 유교사회의 영향으로 사대부 여인들보다 기방의 기생들의 활동이 자유로웠다. 〈그림 12-1〉은 신윤복의 「월야밀회」로, 기생으로 유추되는 두 여인의 옷차림을 살펴볼 수 있다. 또한 〈그림 12-2〉의 「주유청강」을 보면 양반과 풍류를 즐기는 기생의 모습을 볼 수 있는데, 이들을 묘사한 문헌에서 단순히 술과 웃음을 파는 기쁨조의 역할을 넘어 같이 시를 읊고 인생의 풍류를 함께 즐기고 있었던 것을 알 수 있다. 그림 속의 양반으로 통칭되는 사대부들은 기생들과 연애하며 인생을 함께 즐겼다.

1) 치마, 저고리

조선시대는 유교의 영향으로 양반가 여성의 사회적 활동에 제약이 많아 남성들에 비해 외출 시 착용하는 포(袍)류가 발달하지 않고 치마, 저고리 위주의 의복이 주류를 이뤘다. 치마와 저고리가 평상복과 외출복으로 항상 착용했으며 그 종류도 다양했다. 소매 끝동, 고름에 다른 색으로 배색을 했으면 '반회장저고리', 하지 않았으면 '민저고리'라 칭했다. 겨드랑이 부위를 '곁마기'라 불렀는데, 이곳에 다른 배색을 하면 '삼회장저고리'라 불렀다. 〈그림 12-1〉의 오른쪽 상단의 앞모습이 보이는 여성이 회장저고리를 입고 있다. 평소에는 민저고리와 반회장저고리를 즐겨 입었고 행사나 예의를 갖춰야 할 때 비단으로 된 삼회장저고리를 착용했다. 또한, 한 겹의 얇은 옷감으로 만들어 주로 여름에 입었던 적삼이 있었고, 안감과 겉감의 두 겹으로 만든 겹저고리는 봄가을에 입었으며, 솜을 두어 누볐던 누비저고리는 추운 겨울에 착용했다. 겨울에는 솜저고리와 모피를 안에 대어 만든 갖저고리를 입었다.

현재 우리는 한복(韓服)을 결혼할 때와 명절에 의례적으로 착용하고 있고 그때만 접할 수 있다. 한복의 아름다움을 논할 때 깃의 곡선, 버선코와 저고리 소매 배래 곡선의 미(美)를 언급한다. 여기서 깃은 가문의 당파에 따라 달라졌다는 기록을 찾아볼 수 있다. 노론가의 깃은 당코 끝이 움푹 파여 세련된 선으로 된 반면, 소론가의 깃은 당코를 파지 않고 밖으로 삼각 모양으로 뾰족하게 만든 것을 즐겨 입었다고 한다.* 당시 붕당정치가 얼마나 심했으면 여성들 저고리 깃 모양까지 변화시켰을까 놀라울 따름이다.

그러면 소매 배래는 어떤가? 저고리 소매의 배래가 지금 우리가 입는 곡선 형태가 된 것은 조선 후기 개화기부터다. 앞의 신윤복 회화에서 볼 수 있듯이 소매 배래가 직선에 가까운 완만한 곡선이었고, 소매통 폭이 좁고 꼭 끼었다. 뒤에서 당시 프랑스 여성복과 비교할 때 다시 논하겠

---

* 홍나영 · 신혜성 · 이은진, 『동아시아 복식의 역사』, 교문사, 2011, p. 349.

〈그림 12-3〉「단오풍정」

〈그림 12-4〉「미인도」

지만, 지고리 길이가 무척 짧아 젖가슴이 노출될 정도였고 폭이나 소매통이 너무 꼭 끼어 입고 벗기가 힘들어서 세탁할 때 진동을 뜯었다는 기록이 있을 정도였다. 그럼 조선 후기 여성들은 가슴을 노출하고 다녔을까? 아니다. 꼭 끼고 짧은 저고리에 비교해 상대적으로 풍성하고 넉넉한 치마를 입었고, 치마말기가 넓어 가슴을 충분히 둘둘 말아 가릴 수 있었다.

〈그림 12-3〉은 신윤복의 「단오풍정」으로, 그네를 타는 여인의 노랑 삼회장저고리와 빨강 치마 안의 풍성한 속바지를 볼 수 있다. 오른쪽 하단의 머리에 술과 안주를 이고 가는 여인은 저고리 길이가 짧아 젖가슴이 보인다. 〈그림 12-4〉는 신윤복이 그린 「미인도」다. 가녀린 어깨에 꽉 끼는 저고리와 소매를 살펴볼 수 있다. 저고리와 치마 사이에 보이는 흰

색이 치마말기로, 저고리 길이가 짧아 속에 있어야 할 것이 노출되어 보이고 있다. 치마말기는 저고리 길이가 짧아 젖가슴과 겨드랑이 밑이 보이게 되자 가리기 위해 허리띠를 넓게 해서 사용한 것이다. 머리모양은 가체를 얹어 크게 만들었고, 옷고름 길이가 짧은 것이 특이하다. 고름 길이는 보통 저고리 길이와 반비례했는데, 조선 초기 저고리 길이가 길어 허리선까지 길었을 때 정도의 짧은 고름이 보이고 있다. 조선 후기에는 저고리 길이가 짧아지면서 상대적으로 고름 길이가 길어졌는데, 앞의 그림은 예외다.

즉 조선 초기 허리선 아래까지 내려왔던 저고리 길이가 점점 짧아져 후기에 이르러 가슴선 위까지 올라왔고, 저고리 품도 일자형의 여유가 있던 형태에서 꼭 끼는 형태로 변한 것이다. 깃 모양도 '목판깃'이라 하여 직선 형태의 것에서 곡선 형태의 당코깃으로 모양이 변했다.

치마는 '풀치마'라 불렀다. 풀치마는 여성의 젖가슴 부분을 동여매던 허리띠 바로 아래에 직선으로 재단된 치맛감을 허리띠 사이즈에 맞게 주름을 잡아 봉제하여 알파벳 에이(A) 모양의 에이라인(A-line)을 형성하게 만든 것이다. 궁이나 양반가에서 12폭 치마를 휘감은 여인들을 묘사하곤 했는데, 이렇듯 폭이 넓어지면 에이라인을 넘어서 부피가 매우 큰 형태가 되어 꼭 끼는 저고리와 함께 하후상박(下厚上薄)의 고유양식을 형성*하게 된다.

---

* op. cit., p. 349.

2) 다양한 속옷

저고리 안에 입었던 속옷은 속적삼과 속저고리로 속적삼이 피부에 닿았고 그 위에 속저고리, 저고리, 배자, 두루마기 순으로 착용했다. 저고리 형태의 변화와 함께 치마도 같이 변했는데, 초기의 에이라인 형태에서 치마의 주름을 많이 잡아 12폭까지 증가하는 형태로 변했다. 이를 착장 모양으로 보면 앞의 그림들과 같다. 치마 겉감의 폭이 큰 것도 풍성한 하체의 형태를 만드는 데 한몫을 했지만, 여러 단계로 갖춰 입은 속옷들도 큰 부피를 형성하는 데 일조하게 된다. 상의에는 속적삼을 피부 바로 위에 입고 그 위에 적삼과 저고리를 입는 데 비해 하의에는 다리속곳, 속속곳, 속바지, 단속곳을 입었으며, 예장용으로 그 위에 다시 너른바지와 무지기, 대슘치마를 덧입었다. 무지기와 대슘치마만 치마 형태이고 나머지는 바지 형태로, 이렇듯 바지 착용이 많은 것은 남시베리아로부터 유입된 스키타이계 유목민족이 우리 민족의 조상이라는 학설을 뒷받침하는 증거다. 치마 안에 바지를 갖춰 입는 것은 고구려 고분인 무용총, 쌍영총 벽화에도 나타나 우리 민족의 바지 착용설에 대한 역사적 명맥을 설명해주고 있다. 무지기 치마는 서양의 티어드 스커트(tiered skirt), 즉 층층이치마와 비슷한 형태로 한 단씩 잘게 주름을 잡아 총 3단이 되어 부풀도록 만든 서양의 페티코트(스커트 형태를 잡아주는 버팀대)에 해당하며, 하의를 풍성하게 하는 역할을 했다. 대슘치마는 왕실에서 주로 착용했던 것으로, 12폭의 모시를 재단해 4cm 정도 너비의 창호지를 빳빳하게 하얀 비단에 붙여 치마 밑단 부분이 뻗치도록 만들었다.

3) 머리모양

조선 후기를 배경으로 하는 사극(史劇)을 보면 여러 형태의 여성 머리모양을 볼 수 있다. 궁에서 세자빈이나 왕비인 중전의 결혼식, 왕비나 세자빈이 즉위식 때 하고 나오는 머리모양은 드라마 시청 중 운이 좋으면 드물게 접할 수 있는데, 이를 '대수(大首)'라 한다. 전체가 삼각형 모양으로 맨 위에 화관을 얹고, 그 아래 가발에 봉황잠 같은 큰 비녀를 꽂으며, 가발 주위에 떨잠이나 보석 달린 채를 꽂아 화려하게 장식한 것이다. 그 외에 반가의 부인들이나 왕비, 후궁들이 평소 궁에서 즐겨하던 머리모양은 '어여머리'라 하는데, '어우미'라는 나무로 만든 가체에 머리를 얹는 형태다. 이것이 정조대(1752~1800)에 이르러 가체의 성행으로 폐단이 심해지자 가체 대신 나온 것으로 고대부터 이어온 얹은머리와는 형태가 유사하나 많은 양의 가체나 머리카락 대신 나무틀을 쓴다는 차이점이 있다. 얹은머리는 신분고하를 막론하고 성행하여 양난 이후 사회적인 문제가 심각해지자 가체금지령이 내려지게 된다. 얹은머리 위에 예장 시 사용했던 가체가 성행해 서민의 풍속에까지 영향을 끼쳐 혼인을 못하는 노총각이 늘어나는 등 그 폐해가 심각해 가체금지령을 내리게 된 것이다. 즉 신부에게 머리카락을 사서 가체를 올려주어야만 장가를 갈 수 있었는데, 가체로 사용할 머리카락의 가격이 동량의 금값과 맞먹을 정도였기 때문이다.

이러한 이유 때문에 조선 후기에 들어와서는 기생들을 제외하고는 쪽머리 모양으로 헤어 스타일을 유지하게 된다. 쪽머리와 함께 궁의 여성들이 첩지를 받아 개구리첩지나 봉황첩지를 가르마 위에 하게 된 것이다. 왕비는 봉황첩지를, 그 외는 개구리첩지를 하여 신분을 상징하기도 했으며 화관이나 족두리를 고정시키는 역할을 하기도 했다. 그러므로 첩지장식은 가체금지령 이후에 쪽머리와 함께 등장한 것임을 알 수 있다. 이외에 결혼 전 여성들은 댕기머리와 새앙머리를 했고, 궁의 나인들은 상궁들과 다른 머리모양을 보이고 있다.

3. 프랑스 루이 15세 · 16세 시대 패션 스타일

18세기 유럽 정치는 르네상스 이후 왕권 강화가 지속되어 절대왕정의 절정기를 맞게 되었다. 경제적으로 상공업이 발달하면서 무역과 도시가 번성하게 되자 부르주아 계급의 부상과 함께 서구 자본주의가 절정을 향해 치닫게 된다. 문화는 르네상스 이후 인문주의가 대두되고 중세시대의 신(神) 중심에서 벗어나 인간 중심의 문화를 꽃피우게 된다. 특히, 인간 중심의 사상이 계몽주의로 확산되어 이성의 시대가 전개된다.

프랑스 루이 15세의 재위기간은 1715년부터 1774년이며, 루이 16세는 1774년부터 1792년까지 재위했다. 일반적으로 예술사에서 로코코시대는 루이 15세가 즉위한 1715년부터 프랑스 혁명이 일어난 1789년까지를 일컫는데, 문화적으로 귀족들의 화려함과 사치가 도를 넘어서 역사상 가장 화려하고 낭만적인 시기였다. 로코코(rococo)라는 명칭은 바로 이전 시대였던 바로크 시대처럼 건축양식에서 유래된 것이다. 로코코는 '조개껍질'이라는 뜻으로 조개껍질 형상이 곡선인 것처럼 바로크 양식에 비해 곡선적이고 여성적이며 섬세한 스타일이라는 해석이 일반적이다. 당시 여성복은 상의와 하의가 분리되는 투피스(two-pieces) 형식의 드레스로

'로브(robe)'라고 불렸다.

로코코 복식은 루이 15세의 후궁이었던 퐁파두르(Madame de Pompadour, 1721~1764)가 유행을 이끌었다고 기록되어 있다.* 〈그림 12-6〉는 화가 프랑수아 부쉐가 그린 마담 퐁파두르의 초상화로, 그녀가 평소 즐겨 착용한 로브 아 라 프랑세즈(robe à la française)를 입고 있다. 그녀는 루이 15세의 애첩으로 궁에 들어와 20여 년간 사교계는 물론 정치계까지 휘둘렀으며, 오스트리아 공주였던 마리 앙투아네트와 루이 16세의 결혼도 성사시켰다. 그녀의 후원으로 계몽주의의 한 갈래인 디드로와 달랑베르 등의 백과전서파들이 활발히 활동할 수 있었고, 계몽주의 사상을 지지했다.** 〈그림 12-5〉처럼 로코코 복식***의 여성복 특징은 관능적이고 향락적인 모드여서 섬세한 곡선과 꽃, 리본, 깃털,

〈그림 12-5〉 로코코시대 복식인 로브 아 라 프랑세즈

* 마거릿 크로스랜드, 이상춘 역, 『권력과 욕망』, 랜덤하우스코리아, 2005.

** 김정미, 『역사를 이끈 아름다운 여인들』, 도서출판 눈과 마음, 2005, pp. 330-331.

*** 복식(服飾)과 패션은 흔히 혼용되어 많이 사용된다. 복식은 인체 위에 착용하는 의상과 액세서리, 화장, 머리모양 등 꾸밈새를 총칭해서 말하는 것이고 패션은 일정한 시기 동안 대다수의 사람들에 의해 선택된 스타일을 말하는 것이므로 교집합 영역이 매우 큰 것을 알 수 있다. 국내 패션분야에서 15여 년 전만 해도 '복식'이라 하던 것을 '패션'이라고 대체해 일컫기 시작해 현재는 한 사람의 의상과 액세서리, 화장, 머리모양 등 꾸밈새를 복식이라는 단어 대신 '패션스타일'이라고 부르는 경우가 일반적이다.

레이스 등의 장식과 함께 가슴골이 보이도록 가슴을 깊이 파고 허리를 극단적으로 졸라매어 여성의 신체 곡선미를 강조했다. 당시 왕궁에는 전문 의상 디자이너들이 있어 각각 귀족 부인들이나 왕비들의 취향에 맞춰 새로운 드레스를 선보이곤 했기 때문에 각각의 부인들만의 독특한 스타일이 있었고, 이들의 스타일이 왕궁을 중심으로 유행하게 되어 귀족 부인들의 일반적인 스타일로 정착되곤 했다.

또한, 네이버 지식백과 패션전문자료사전에 로코코 여성 복식의 대표적인 의복이 '뒤 바리 코스튬(Du Barry costume)'으로 등재되어 있는데, 이는 루이 15세의 애인 마담 뒤 바리(Du Barry, 1743~1793)로 대표되는 동시대의 전형적 의상과 장식스타일을 말한다. '로브 볼랑트(robe volante)'라 불리는 드레스를 즐겨 착용한 마담 뒤 바리 부인의 모습을 '뒤 바리 코스튬'이라고 부르게 되었다. 로브 볼랑트는 뒷목 중심에 와토(Watteau) 주름이 있는 로브로, 로브에서 비쳐 보이는 아래 겹침의 스커트와 가는 몸통에 패니어로 부풀린 스커트, 팔꿈치 길이의 소매에 앙가장트(engageante) 장식을 하는 로코코 의장*을 말한다. 화가 와토에 의해 많이 그려져 '와토 가운'이라고 불리기도 한다.

〈그림 12-6〉 로브 아 라 프랑세즈를 착용한 마담 퐁파두르

* 네이버 지식백과, '뒤 바리 코스튬(Du Barry costume)', 패션전문자료사전, 1997. 8. 25 / 한국사전연구사, 2015. 8. 20 검색

위 두 여성이 로코코 여성 패션의 대표적인 양대 스타일이라 할 수 있다. 이 두 스타일은 실루엣부터 차이가 있는데, 퐁파두르는 허리를 졸라맨 스타일로 전형적인 아워글래스 실루엣(hourglass silhouette)* 스타일이다. 이에 비해 뒤 바리의 와토 가운은 당시 임신기간 중 착용 가능한 것으로, 허리를 조이지 않고 허리 뒤 중심선에 주름을 잡아 허리 부분에 여유가 있는 스타일이다.

〈그림 12-7〉은 파니에 코르셋(corset)으로, 스커트를 부풀리기 위한 목적의 스커트 버팀대인 페티코트다. 초기의 파니에는 고래 뼈나 버드나무 가지 두 개로 만든 틀에 빳빳하게 풀을 먹인 천을 층층이 겹친 것으로, 허리 뒤에서 끈으로 묶는 형태였다. 드레스의 앞쪽은 평평했고, 허리는 딱딱한 스토마커가 앞에 달린 코르셋으로 조였으며, 스커트 안에 파니에 양쪽의 틀을 옆으로 벌려 뒤쪽은 부풀리고, 양옆으로 확장해서 가늘고 긴 타원 모양을 만들었다. 영국에서는 '후프드 페티코트(hooped petticoat)'라고 했으나 프랑스어로

〈그림 12-7〉 파니에 코르셋

* 흔히 콜라병 몸매를 강조하는 형태로, 여성의 허리를 코르셋으로 조여 잘록하게 들어가도록 하고 엉덩이는 파니에 같은 버팀대로 부풀려 부피가 커지도록 하는 형태를 말한다. 상체를 타이트하게 하여 풍만한 가슴과 가는 허리선이 돋보이도록 하고 여기에 커다랗게 부풀린 엉덩이까지 그 형태가 흡사 모래시계 같이 생겼다고 해서 붙여진 것이다.

바구니를 뜻하는 '파니에'라고 했다. 초기에는 종(鐘) 모양이었으나 점차 커지면서 1750년경 크기가 큰 원통형 후프가 유행했고, 그 뒤 좀 더 편리한 형태로서 앞뒤의 부풀림이 축소되고 양옆으로 벌어지는 사이드 후프인 파니에 두블르가 등장했다. 〈그림 12-7〉은 그 위에 스토마커를 연결한 것이다. 1770년 파니에의 골조를 접을 수 있는 형태가 나타났다. 이는 귀족들과 소수의 높은 신분의 여성들에게만 허용된 특권이었다. 뚱뚱한 여성이라도 끈으로 꽉 조여서 살을 다른 곳으로 옮기고 커다란 파니에 스커트로 가렸기 때문에 수놓은 드레스를 껍데기 삼아 게처럼 그 안에 쏙 들어가 있으면 가느다란 허리에 가냘픈 체구로 보일 수 있었다.

파니에는 프랑스 루이 16세 말년 베르사유 궁전에서 크게 유행했다. 특히 당시 루이 16세 왕비였던 마리 앙투아네트(Marie Antoinette, 1755～1793) 패션의 영향은 '아 라 모드(a la mode)'라 하여 금세 전 유럽으로 유행하여 퍼져 나갔다. 마리 앙투아네트 왕비는 1774년 루이 16세 즉위식 때 머리에 흰 밀가루를 잔뜩 뿌리고 앞머리를 세워 맨 위에 타조 깃털을 꽂는 푸프(pouf) 헤어스타일로 유행을 선도했다. 〈그림 12-8〉은 흰 밀가루를 뿌린 헤어스타일을 한 마리 앙투아네트다.

〈그림 12-8〉 마리 앙투아네트

파리의 의상 제작자들은 잇따라 유럽 각국의 왕족들에게 고용되었으며, 사치스러운 취향에 따라 각종 보석과 자수가 가득한

〈그림 12-9〉 스토마커와 파니에 스커트를 착용한 공주

드레스를 만들었다. 1750년대에는 양옆으로 3m까지 늘어나면서 현실적인 문제를 일으켰다. 궁정의 여인들은 소파에 함께 앉아 사교적인 대화를 나누는 것이 불가능했고, 늘어난 스커트의 폭에 맞추어 가구를 더 넓게 만들어야 했으며, 문을 통과할 때는 우아하지 못하게 옆으로 걸어야 했다. 〈그림 12-9〉는 당시 어른들의 축소판처럼 옷을 입고 있다. 양옆으로 뻗은 파니에가 매우 넓어 18세기 성숙하지 않은 공주가 스커트 옆 넓이가 긴 것을 알 수 있다. 마리 앙투아네트와 귀족 이런 여인들의 과시적인 스타일은 프랑스 혁명과 함께 막을 내리게 되었다.*

이에 비해 조선 후기 여성복 치마는 안에 파니에 같은 골조물 대신 '무지기 치마'라 하여 겹겹이 덧댄 속치마를 입어서 부풀렸고, 겉에 입는 치마를 12폭으로 재단하여 여러 겹 둘둘 말아 입어 부피를 확장시킨 것으로 프랑스 여성복과는 다른 착장법이었다.

파니에와 함께 로코코 여성복 실루엣을 형성하는 요소 중 하나가 코르셋(corset)이었다. 코르셋은 길고 가는 허리와 가슴을 강조하기 위해 착

* 바바라 콕스 · 캐럴린 샐리 존스 · 데이비드 스태퍼드 · 캐롤라인 스태퍼드, 이상미 역, 『패셔너블 아름답고 기괴한 패션의 역사』, 투플러스북스, 2013. pp. 22-25.

용했는데, 서양에서는 중세 이후 1910년대 현대 여성복이 시작되기 전까지 허리를 조이기 위한 수단이었다. 이는 앞의 파니에처럼 미적인 용도 외에 계급을 구분하는 척도이기도 했다. 부유한 계층이나 귀족 여성들이 하녀의 도움을 받아 코르셋을 졸라맸는데, 이를 착용하고는 노동을 할 수 없었다. 초기의 코르셋은 드레스의 일부였다. 코르셋은 18세기 이후 영국에서 붙여진 이름이며, 프랑스에서는 시대에 따라 명칭이 달랐다. 고딕 시대에는 '코르사주', 르네상스 시대에는 '바스킨' 또는 '코르피케', 17세기 후반에는 '코르발레네', 영국에서는 '스테이즈(stays)'라고 불렀다.* 스테이즈는 빳빳한 재료로 만든 원뿔형의 보디스(bodic: 몸통 모양 뼈대)를 우아한 실크 다마스크 옷감이나 마직물인 린넨으로 감싼 속옷으로, 허리선 아래를 강하게 눌러주는 역할을 했다. 원뿔형의 보디스는 고래 뼈나 나무로 만들어 동작이 불편한 것은 물론이고 호흡에도 지장을 주어 오랜 시간 착용하다가 산소 부족으로 기절하기도 했다.

이러한 코르셋이 서양 여성에게 얼마나 중요한지는 영화 「바람과 함께 사라지다」에서 여주인공 스칼렛 오하라의 유모가 침대 기둥을 잡고 서 있는 스칼렛의 허리를 조이는 장면을 보면 알 수 있다. 또한, 그녀의 대사 중 첫아이를 낳고 허리둘레가 17인치에서 21인치 늘어나 더 이상 아이를 낳지 않겠다고 투덜대는 것을 보더라도 여성의 가는 허리는 700년 가까이 서양 여성들에게 로망이었음을 나타내준다. 이에 대한 극단적인 상황은 16세기 프랑스 여왕이었던 카트린느 드 메디치 때 나타났다. 그녀는 국민의 차림새 하나하나를 지시했는데, 여성의 허리둘레를 33cm(약 13인치)로 만들도록 지시한 것이다. 이를 위해 어깨부터 엉덩이까

* 김영옥 · 안수경 · 조신현, 『서양복식문화의 현대적 이해』, 경춘사, 2009, p. 187.

지 감싸는 철로 된 코르셋을 만들었고, 그 과정에서 갈비뼈도 몇 개 부러졌을 것이다. 갈비뼈가 부러지고 척추에 손상을 입거나 간(肝)의 위치가 엉뚱한 곳으로 바뀔 정도가 아니면 노력한 축에도 끼지 못했다. 이 당시 여성 패션은 고래 뼈와 철, 나무, 가죽과 조이는 끈이 지배하는 세상이었으며, 고무줄은 겁쟁이들이나 쓰는 물건이었다.*

여자아이들의 의복도 어른의 축소판이었으므로 어린 나이부터 코르셋으로 허리를 조이기 시작했다. 임신기간을 제외하면 평생 코르셋으로 허리를 받치고 있으니 주변 근육이 약해질 수밖에 없었다. 그래서 어른이 된 이후에는 허리뼈가 부러질까 봐 잘 때도 코르셋을 느슨하게 할지언정 완전히 풀지 못하는 일이 다반사였다고 한다. 기록에 나오는 가는 허리는 13인치로 나타난 것도 있어 중국의 전족**과 함께 여성의 신체를 왜곡시킨 대표적인 아이템으로 꼽을 수 있다. 19세기에 이르러서는 여성의 허리 조이는 일이 극에 달해 오스트리아 황후 엘리자베스(1837~1898)의 허리 사이즈가 16인치, 즉 41cm였고*** 그녀의 뛰어난 정치적 능력과 상관없이 오늘날 패션계 코르셋의 페티시(fetish)**** 아이콘으로 남아 있다.

빌헬름 뢴트겐(Wilhelm Conrad Rontgen, 1845~1923)이 엑스레이(X-Ray)를 발

---

* 바버라 콕스 외 3인, ibit., pp. 174-175.

** 전족(纏足): 중국의 옛 풍습으로, 여자의 발을 작게 하려고 어린아이 때부터 발가락을 발바닥 안쪽으로 꺾어 피륙으로 감싸 묶어 자라지게 못하게 하던 일 또는 그런 발. 주로 귀족 부인들에게 시행한 행위로, 작은 발이 에로틱하다 하여 그렇게 했다는 설도 있고 여자가 귀하여 도망가지 못하게 하려고 그렇게 했다는 설도 있다. 전족을 했던 여성들은 하인들의 도움을 받아야 걸을 수 있어 신분이 높은 것을 과시하기 위한 것이었다는 설도 있다. 이러한 측면에서 로코코 시대 하이힐과 비슷한 목적이었음을 알 수 있다.

*** 바버라 콕스 외 3인, ibit., p. 176.

**** '물적 숭배'라 정의되며, 특정한 물건이나 신체부분에 집착하고 성적 흥분 대상으로 삼는 것을 말한다.

명*하고 찍은 사진에서 여성의 간(肝)이 정상적인 모양이 아닌 세로로 길게 변형된 모습으로 보이고 위(胃)도 세로로만 길쭉하게 변형된 것을 볼 수 있다. 뢴트겐의 엑스레이가 본격적으로 사용된 시기는 20세기였으나 20세기 초에도 코르셋을 벗어던진 여성 패션 리더들과 달리 여전히 패션 추종자들은 구시대 유물인 코르셋을 고집하고 있었기에 위와 같은 현상이 가능했음을 알 수 있다. 패션계는 항상 리더들에 의해 시작된 새로운 스타일을 그 시대 대표적인 패션으로 기록하지만, 실제로 대다수의 나이 많은 여성들이나 패션 추종자들은 한 세대 전의 패션을 그대로 따르고 있었기에 가능한 일이었다.

〈그림 12-10〉은 각종 코르셋, 〈그림 12-11〉은 스토마커다. 코르셋은

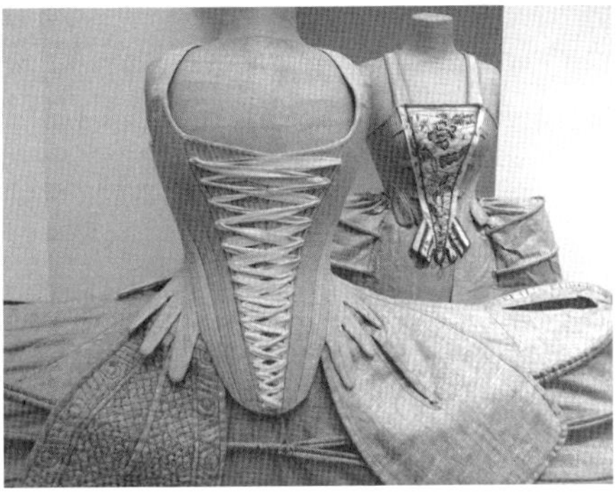

〈그림 12-10〉 1700년대 중 · 후반의 코르셋

〈그림 12-11〉 스토마커

* 1845년 독일(당시 프러시아)에서 태어난 뢴트겐은 50세인 1895년 가을, 음극선에 대한 연구를 본격적으로 시작하여 1903년에 최초의 원자모형을 제안했으며, 음극선 분석과 x선에 의한 기체전리의 연구 등 많은 업적을 남겨 1906년 노벨 물리학상을 받았다.

그림처럼 몸통을 조이도록 설계되었는데, 수가 놓인 실크를 덧씌우거나 장식용 패널이 더해진 스토마커를 맨 위에 덧대어 코르셋과 스토마커가 일체형을 이루기도 했다.

코르셋은 허리를 조이는 동시에 젖가슴 아래를 받쳐주어 위로 올리는 역할을 하게 된다. 이러한 효과는 가슴이 커 보이는 효과를 주게 되는데, 한국적 정서로는 받아들이기 힘들 정도로 드레스의 가슴 부분 노출이 많다. 이러한 현상은 현대까지 지속되어 여성이 최고로 예의를 갖춘 이브닝 드레스는 발은 보이지 않지만 어깨와 가슴골이 노출된 롱 드레스인 것이 이를 말해주고 있다.

가슴골을 효과적으로 연출하기 위해 '스토마커(stomacher)'라는 역삼각형 앞가리개가 르네상스 이후 줄곧 발전해왔는데, 로브와 연결하여 착용했다. 스토마커는 코르셋이었거나 그 앞부분만 장식하여 보이도록 한 것이 대부분으로, 보통 스퀘어 네크라인으로 가슴 노출이 심하게 하고 속옷인 슈미즈의 프릴이나 러플 또는 파틀릿으로 가슴 윗부분을 장식했다. 로브의 아름다움을 강조하는 디테일의 역할을 했으며 로코코 시대에는 화려한 보석, 자수 장식, 꽃 장식, 리본매듭으로 연결되는 에셸(échelle) 스토마커*를 가장 선호했다.

당시 여성복은 파팅게일과 코르셋 같은 속옷으로 인공적인 실루엣을 만들었고, 로브 아 라 프랑세즈와 로브 아 라 폴로네즈를 그 위에 착용했다. 전형적인 아워글래스 실루엣이었다. 〈그림 12-12〉는 마리 앙투아네트가 입은 로브 아 라 폴로네즈(robe à la polonaise)다. 많이 부풀려진 스커트 부분을 커튼 자락처럼 고정시킨 것이 눈에 띈다. 가슴 부분의 스토

* 김영옥 외 3인, op. cit., p. 188.

〈그림 12-12〉 로브 아 라 폴로네즈

〈그림 12-13〉 과대한 머리장식

마커 리본도 꽃모양이며 네크라인 장식, 머리 장식이 화려함을 더해주고 있다.

〈그림 12-13〉은 머리 장식을 하고 있는 풍자적인 그림이다. 루이 13세부터 시작된 남성의 가발 착용이 보편화되면서 18세기 후반인 루이 16세 시기에 이르러서는 여성들도 백발에 갖가지 모양의 틀을 사용해 높이 올렸고 범선, 과일, 꽃, 새장 등 다양한 소재의 조형물로 머리 장식을 했다. 실로 인간의 육체를 부풀리고 조이는 부피의 왜곡이 역사상 가장 심했던 시기이며, 머리 위의 장식이 1m 50cm에 이르러 자신의 키를 하나 더 높이는 지경에까지 이르렀다. 여자들의 머리형은 점점 높아지고 커졌으며, 역사상 가장 거대하고 건축적인 머리형태가 등장했다. 귀족 부인들은 헤어 디자이너들에게 자신만의 독특한 헤어스타일을 주문

했고, 이를 위해 선뜻 거금을 지불했다. 〈그림 12-14〉는 마리 앙투아네트가 프랑스 해군이 영국과의 해전에서 승리한 것을 기념하여 승리로 이끈 범선, 일명 '훌륭한 닭(Belle Poule)'을 머리 위에 얹은 것이다. 〈그림 12-15〉는 과도하게 머리장식을 하고 서 있는 모습이다. 장식을 위한 재료들은 다양했는데 각종 과일과 옥수수 등의 곡물을 얹거나 새장, 꽃들로 장식했다. 부패하기 쉬운 유기물질로 머리장식을 했고 이를 고정하기 위한 것들도 포마드 기름이나 밀가루풀 등이 주된 재료였으므로 비위생적인 것은 말할 나위가 없었다. 비싼 돈을 들여 장식한 것이어서 적어도 한 달 이상 착용하고 있었으므로 더운 여름날에는 악취가 진동했고 이를 가리기 위해 향수를 뿌렸다는 기록이 있다. 이로 인해 향수산업이 발달했다

〈그림 12-14〉 머리에 범선 모양의 화려한 수탉을 얹은 마리 앙투아네트

〈그림 12-15〉 과도한 머리장식을 한 부인

는 후문도 있어 그 실상을 짐작하게 한다. 사정이 이렇다 보니 새장 속의 새가 알을 낳기도 했고 부인들이 잠자리에 든 동안 따뜻한 곳을 찾아 쥐들이 머리장식 틀 안에 들어가 새끼를 낳았다는 기록*을 찾아볼 수 있을 정도였다.

〈그림 12-16〉은 로코코 시대 남성복인 아비 아 라 프랑세즈(habit à la française)를 잘 재현하고 있다. 당시 남성복은 여성복 특징의 영향을 받아서 허리선이 잘록하게 들어가고 허리 아랫부분은 퍼지는 실루엣에 금사로 화려하게 수놓은 장식을 하여 여성적인 이미지를 띠고 있었다.

특히 머리에 밀가루를 뿌려 고착시켜 머리카락이 하얗게 보이도록

〈그림 12-16〉 아비 아 라 프랑세즈를 착용한 남성 귀족

〈그림 12-17〉 머리카락을 하얗게 한 루이16세

* 이민정, 『옷 입은 사람 이야기』, 도서출판 바다, 2013.

연출했는데, 이는 나이 들어 머리카락이 하얗게 센 사람이 세상을 사는 지혜가 많다고 여겼기 때문이라고 한다. 그러므로 일부러 현명하고 지혜로운 사람으로 보이기 위해 돼지기름의 일종인 포마드 기름을 머리카락에 바르고 밀가루를 뿌려 고착시키려 했다. 〈그림 12-17〉은 머리카락을 하얗게 한 루이 16세의 모습이다.

그러나 현재의 합성 고착제만큼 성능이 좋지 못하여 귀족들이 지나간 자리나 앉았던 자리에 밀가루가 떨어져 있는 일이 다반사여서 먹을 빵이 없어 굶주리던 서민의 공분을 사곤 했다고 한다.

이상에서 살펴보았듯이 18세기 후반의 프랑스와 조선의 여성복 스타일의 외형적 조형성이 비슷한 것은 당시를 살았던 사람들의 가치관이 영향을 미쳤다고 판단된다. 프랑스는 중세 기독교 중심의 세계관에서 벗어난 인간 중심의 사상과 문화가 인간 스스로를 과잉장식과 인체 왜곡이라는 극단적인 모양으로 치닫게 했고, 조선은 기독교와 함께 유입된 실학의 영향으로 이전의 성리학의 틀에서 억압되어온 여성들의 자유의지에서 비롯된 움직임 속에서 나타난 현상으로 해석할 수 있다. 서양의 신항로 개척에 따른 기독교 포교 활동이 결국 조선에까지 들어와 사람들의 가치관을 변화시킨 영향임을 간과할 수 없다. 사상적으로 공통적인 것은 자연으로 돌아가 인간의 본성을 회복하라는 루소의 철학이다. 이는 조선시대 도장사상과 유사하며 『구운몽』, 『홍길동전』 등 소설에서도 드러난다. 여기서 과잉장식을 한 여성들은 귀족 부인들과 사대부 여인, 기생임을 다시 한 번 상기해야 한다. 생활노동을 하지 않아도 되는 신분을 과시하려는 욕구 또한 이러한 조형의지로 표현하게 한 중요한 요인이기 때문이다. 다만 거리적으로 교류가 거의 불가능해 보이는 두 지역의 여성들이 머리 과잉장식과 스커트의 거대한 부피, 꼭 끼는 상의 착용으로 외형상 실루엣이 비슷했기에 진정 조선의 패션리더였던 사대부 여인들과 기생들이 파리의 귀족 여성, 즉 '파리지엔느와 통(通)하였는가?'라는 의문을 품지 않을 수 없다. 정확한 사료 분석을 통해 결론 내리기에는 빈약한 자료로 어렵지만 계속 관심을 갖고 연구한다면 그렇다는 대답이 나오지 않을까 기대해본다. 결국 이러한 패션 현상은 정치적인 상황으로 종료되는데, 프랑스 혁명으로 머리 과잉장식과 코르셋, 거대한 부피의 스커트 스타일이 막을 내리고 조선은 복제금지령으로 큰 머리는 쪽진 머리로 변하게 된다.

도움받은 글/더 읽어야 할 글

금기숙, 『조선복식미술』, 열화당, 2005.

김영옥 · 안수경 · 조신현, 『서양복식문화의 현대적 이해』, 경춘사, 2009.

김정미, 『역사를 이끈 아름다운 여인들』, 도서출판 눈과 마음, 2005.

김정환, 『근대로 가는 길 — 조선후기 편』, 도서출판 푸른숲, 1997.

마거릿 크로스랜드, 이상춘 역, 『권력과 욕망』, 랜덤하우스코리아, 2005.

바버라 콕스 · 캐럴린 샐리 존스 · 데이비드 스태퍼드 · 캐롤라인 스태퍼드, 이상미 역(2013), 『패셔너블 아름답고 기괴한 패션의 역사』, 투플러스북스, 2013.

베아트리스 베른 외, 이유리 · 정미나 역, 『패션 의상과 스타일의 모든 것』, 시그마북스, 2013.

이민정, 『옷 입은 사람 이야기』, 도서출판 바다, 2013.

이지은, 『귀족의 은밀한 사생활』, 지안출판사, 2006.

홍나영 · 신혜성 · 이은진, 『동아시아 복식의 역사』, 교문사, 2011.

13
드라마가 담은 조선의 풍속화: 「바람의 화원」

김민옥

1. 드라마 「바람의 화원」 속 두 화가의 이야기

베토벤과 모차르트, 고흐와 고갱, 피카소와 마티스처럼 한 시대를 풍미한 두 천재의 삶은 늘 매력적이다. 드라마 「바람의 화원」은 18세기 조선 회화의 혁신적인 화풍을 이끈 두 천재 화가 단원 김홍도와 혜원 신윤복의 이야기다.

이 드라마는 SBS가 2008년 9월 24일부터 12월 4일까지 20부작으로 방영한 퓨전사극으로, 이정명의 소설 「바람의 화원」을 원작으로 제작되었다. 드라마 방영 당시 10%대의 시청률을 유지하며 완성도 높은 작품이라는 호평을 받았고, 방영과 동시에 일본, 싱가포르, 말레이시아에 판매되었다. 2010년 휴스턴 국제필름페스티벌에서 드라마 부문 은상을 수

상하기도 했다.

단원 김홍도와 혜원 신윤복은 우리에게 너무도 친숙한 화가이며, 두 화가의 작품 또한 익숙하다. 서민의 삶을 단순하고 힘 있는 필치를 통해 해학적으로 그린 김홍도와 조선 여인들의 내밀한 삶을 강렬한 색채를 통해 세련되고 섬세하게 표현한 신윤복은 조선 최고의 풍속화가로 꼽힌다. 그러나 정작 두 화가의 삶에 관해 전해지는 이야기가 많지 않다. 특히, 궁중화원으로 활동하며 당대에 이름을 떨친 김홍도에 비해 신윤복은 '속된 그림을 그려 도화서에서 쫓겨났다'는 안타까운 풍문만이 전해질 뿐 그가 남긴 작품 이외에는 어떠한 기록도 남아 있지 않다.

'혜원 신윤복은 누구일까?', '어떤 삶을 살았던 화가였기에 그는 작품만을 남기고 완벽하게 역사 속으로 사라진 것일까?' 「바람의 화원」은 이러한 의문과 두 천재 화가의 작품에 작가의 상상력을 더해 답한다.

드라마에서 '김홍도(박신양)'는 조선팔도에 그의 그림 한 장을 얻고자 하는 사람이 널렸으며, 그림 값은 상상을 초월한다. 놀기 좋아하고, 어떤 사람과도 잘 어울리며, 농담도 잘하고, 풍채 좋은 호남이나 그림에 있어서는 어떤 순간에도 자존심을 지키는 천재다. 도화서의 생도 '신윤복'을 만나면서 자신이 갖지 못한 재능을 가진 그를 질투함과 동시에 사랑한다. '김홍도'는 점차 '신윤복'에게 빠져들며 사제관계를 넘어선 감정을 느낀다. 그러나 냉철함과 이성적인 판단으로 '신윤복'의 천재성을 지키며 진정한 스승으로 거듭나는 인물로 나온다.

'신윤복(문근영)'은 도화서 화원 중 한 사람인 '서징'의 딸로 태어났으나, '서징'이 의문의 죽음을 당한 후 돌봐줄 사람 없이 홀로 남겨지고 만다. 이때 그녀의 재능을 알아본 화원 '신한평(안석환)'이 가문의 대를 잇기 위해 '윤복'의 성(性)을 숨기고 철저히 화원으로 키운다. 도화서 생도가 된

'윤복'은 늘 파격적인 그림으로 문제를 일으키는데 스승 '김홍도'는 그런 '신윤복'의 재능을 아끼며 그림을 계속 그릴 수 있도록 도와준다.

이 밖에도 드라마에서는 '신윤복'과 로맨스를 이루는 기생 '정향(문채원)', '신윤복'과 '김홍도'의 재능을 아끼는 '정조(배수빈)' 등이 이야기를 이끌어가는 주요 캐릭터로 등장한다. 드라마 「바람의 화원」은 김홍도의 스승이 죽기 전 사도세자의 어진을 그렸으나 그의 작업실에 있던 모든 초상화들이 사라졌고, 이를 추적하는 과정에서 펼쳐지는 인물들 간의 갈등을 개연성 있고 스릴감 넘치는 이야기로 풀어간다. 그 이야기의 중심에 두 화가의 그림이 있다.

드라마 「바람의 화원」은 실제 김홍도와 신윤복의 풍속화에 담긴 인물과 배경, 상황을 모티프로 이야기가 전개된다. 풍속화는 인간의 생활상을 직접 대상으로 삼은 그림으로 한 시대의 시 · 공간을 배경으로 그 속에 살았던 사람들의 모습과 함께 특정한 상황과 사건이 담겨 있다. 그렇기 때문에 풍속화는 영화의 한 장면을 보는 듯 앞뒤 이야기를 궁금하

〈그림 13-1〉 신윤복, 「기다림」(종이에 담채, 75.5×106cm, 개인소장)

〈그림 13-2〉 드라마 「바람의 화원」 1화에서 '윤복'이 야외 그림 수업에서 정순왕후를 그린 것으로 표현된 신윤복의 작품 「기다림」

〈그림 13-3〉「바람의 화원」 1화에서 정순왕후와 정인이 만나는 장면

〈그림 13-4〉「바람의 화원」 1화에서 정인을 떠나보낸 후 정순왕후의 모습

게 하고 호기심을 자극하기에 충분하다. 김홍도와 신윤복의 작품에는 생생한 인물묘사와 리얼한 상황이 포착되어 그림 자체로 충분히 매력적이고 흥미로운 이야기다.

드라마 「바람의 화원」은 신윤복의 「기다림」이라는 작품으로 시작한다. 이 그림은 드라마에서는 '윤복'이 도화서 생도로 야외 그림수업에서 그린 것으로, 그림 속 여인은 '정조'와 정치적 대결구도에 있는 '정순왕후'다. 정순왕후는 15세 때 그녀보다 50세나 많은 영조와 혼인한다. 그녀가 궁에 들어오기 전에 사랑하는 정인(情人)이 있었고 궁에 들어온 이후에도 그 만남이 이어졌는데, '윤복'이 그 모습을 우연히 담아 정순왕후에게 들키고 만다. 이 그림은 10년 전 일어난 정치적 사건의 전모를 밝히게 되는 발단이 되고, '윤복'과 '홍도'가 만나는 계기를 만든다.

정순왕후는 궁궐을 빠져나와 몰래 정인(情人)을 만나는 모습을 어린 생도에게 들켰고, 그 모습이 그림으로 남았다는 사실에 경악한다. 정순왕후는 「그리움」을 속된 그림인 '춘화'라며, 그림을 그린 생도를 찾아내라고 명하고, 그 임무를 '김홍도'가 맡게 된다.

"이게 정녕 생도 녀석의 그림이란 말입니까? 그놈 참 배짱 있고 생각이 발칙하네. 한가운데 떡하니 여인이 중심을 잡고 있는 거 하며, 담장하고 고목이 안정적이면서도 부드러운 움직임을 만들어놓고 있지 않습니까? 그리고 앞을 보지 않고 옆을 보고 있는 여인의 모습은 마치 뭔가 여인의 내면을 생각해보게 하지 않습니까?"

윤복의 「그리움」을 본 '김홍도'의 평가다. 그러나 원로 화원들은 그의 의견에 정색을 표한다.

"자네 지금 제 정신인가? 여인의 발치에 뿌리 박은 고목을 보고도 그런 말이 나오는가. 그리고 여인의 손에 든 것이 무엇인가. 송낙 아닌가. 정분을 맺고 내뺀 중놈이 흘린 송낙을 들고 아낙네가 안절부절 못하는 모습일세. 이 그림은 영락없는 춘화네."

결국, 이 그림으로 '신윤복'은 도화서에서 쫓겨날 위기에 처하게 된다. 「바람의 화원」에서는 실제 신윤복의 작품 15점, 김홍도의 작품 10점이 등장하며 드라마에 절묘하게 녹아내고 있다.* 두 화가의 작품은 드라마에서 사건을 풀어가는 중요한 요소로 사용되기도 하고, 때로는 그림 대결을 통해 김홍도와 신윤복의 작품을 비교해서 볼 수 있도록 연출되기

---

* 드라마 「바람의 화원」에 나오는 신윤복의 작품 「기다림」, 「소년전홍」, 「단오풍정」, 「주사거배」, 「무녀신무」, 「계변가화」, 「청금상련」, 「기방무사」, 「전모를 쓴 여인」, 「상춘야흥」, 「유곽쟁웅」, 「미인도」, 「월하정인」, 「월야밀회」, 「쌍검대무」와 김홍도의 작품 「군선도」, 「송하맹호도」, 「황묘농접도」, 「주막」, 「대장간」, 「빨래터」, 「무동」, 「씨름도」, 「회인암」, 「하화장청」은 별첨하여 제시한다. 또 별첨에는 글에 필요한 참고 그림으로 신윤복의 「연소답청」, 「이부탐춘」과 김홍도의 작품 「포의풍류」, 「벼타작」, 「서당」, 「길쌈」, 「벼타작」도 함께 첨부한다.

도 했다. 특히 드라마 6화에서 정조는 바깥세상을 보고 싶다며 궁궐 밖의 백성의 삶을 그려 오라는 명을 내린다. '동제각화(同題各畵)'라는 에피소드를 통해 신윤복과 김홍도가 조선을 바라보는 시선과 예술관의 차이를 잘 보여준다.

"저 표정, 저 몸짓에 모든 것이 다 들어 있지 않느냐?"

"그렇기 때문에 그들이 어디에 있는지 화폭에 담아야 그들의 마음을 알 수 있는 거 아닙니까?"

"아니, 이놈 참 말귀 못 알아듣네. 그게 아니고, 이것저것 다 없어도 저 건더기만 있으면 모든 것이 다 설명된단 말이다."

"그 건더기도 어떤 국물 속에 있는지에 따라 달라지지 않습니까?"

"내가 지금 국밥 얘기 하냐? 저 표정만으로도 다 된단 말이다."

동제각화를 위해 거리로 나와 사람들을 관찰하던 두 화가의 대사다. 김홍도는 인물의 표정과 몸짓 등 대상 그 자체에 집중하는 반면, 신윤복은 인물을 포함한 배경을 통해 인물이 처한 상황에 집중한다. 실제 김홍도의 작품에는 배경 없이 인물의 동작이나 표정을 통해 조선의 풍경을 담은 작품이 많으며, 신윤복은 인물을 중심으로 시·공간의 배경을 화폭에 고스란히 담아낸 작품이 다수다.

첫 동제각화로 김홍도는 장터의 주막 풍경을 신윤복은 대낮 기생집 앞마당 풍경을 화폭에 담았다. 정조는 두 작품을 보고 다음과 같이 평가한다.

"이제 승부를 가려볼까? 두 그림 모두 생동하는 느낌을 잘 살렸으므로 1통. 단원의 그림 속에는 '국자', '쌈지', '국그릇', '아이의 입'에서 각자 내야 할 소리를 담았으니 단원은 음율을 아는 자다. 그림 속의 소리가 뚝딱뚝딱 살아있어 가히 볼만하니 단원의 그림에 또 1통. 또, 윤복의 그림 속에는 적절하게 배치된 붉은색과 푸른색이 중심을 잡아주니 첫 대결의 선택으로 모자람이 없는 선택이다. 하여 색의 조화로 그림의 생동감을 준 점을 높이사 윤복의 그림에 1통."

드라마에서 '정조'가 평가한 그림은 실제 김홍도의 「주막」, 신윤복의 「주사거배」다.

이처럼 드라마에서는 신윤복과 김홍도의 풍속화가 적절하게 배치되며, 이야기의 모티프로 활용하고 있다. 풍속화에는 인물과 배경, 사건이 담겨 있다. 이러한 요소가 이야기를 구성하는 기본요소이기 때문일 것이

〈그림 13-5〉 김홍도, 「주막」(종이에 채색, 27.0×22.7cm, 국립중앙박물관 소장)

〈그림 13-6〉 「바람의 화원」 6화에서 김홍도가 나무 프레임으로 장터 주막의 주모 얼굴을 유심히 관찰하는 장면

〈그림 13-7〉 신윤복, 「주사거배(酒肆擧盃)」
(종이에 채색, 35.6×28.2cm, 간송미술관 소장)

〈그림 13-8〉 「바람의 화원」 6화에서 신윤복이 나뭇잎 프레임으로 기생집 마당을 보는 장면

다. 작가는 그림 한 장 한 장에 숨은 이야기를 찾아내고 상상하여 「바람의 화원」이라는 드라마로 탄생시킬 수 있었다.

2. 단원의 선에 담긴 조선의 풍경

1) 행복한 천재 화가, 단원의 삶

드라마 「바람의 화원」에서 김홍도는 조선 최고의 화원으로 제자 신윤복을 사랑하는 인물로 그려졌다. 그렇다면 실제 김홍도는 어떤 화가였으며, 작품에 어떤 이야기를 담았을까?

단원(檀園) 김홍도(金弘道, 1745~1806)는 김해(金海) 김씨(金氏)로 평범한 중인(中人) 집안에서 태어났다. 그가 태어나 살았던 시기는 영조 21년(1745)

부터 정조대(1752~1800)를 거쳐 순조 6년(1806)까지다. 이 시대는 대체로 태평했고 나라 살림도 넉넉했으며 병란이 없었던 평화로운 시기였으니 흔히 조선 후기의 문예부흥기라고 일컬어진다. 이러한 시대에 천부적인 재능을 갖고 그림을 그릴 수 있었던 단원 김홍도는 '그림을 그리기 위해 태어난' 화가였다.*

시대마다 무수한 천재들이 있지만 대부분은 자신의 재능을 꽃피우지 못하고 역사 속에 사라져간다. 그에 비해 단원 김홍도는 '젖니를 갈 때부터' 그림을 그렸고, 뛰어난 재능을 알아본 스승을 만나 꽃을 피울 수 있었으며, 임금도 그의 재주와 그림을 사랑했으니 누구보다도 행복한 화가였다.

단원 김홍도는 약 7세부터 20세까지 조선 후기 문인화가인 표암(豹菴) 강세황(姜世晃, 1713~1791)에게 학문과 그림을 배웠다. 표암 강세황은 당대 존경받던 문인으로 시, 서예, 그림을 모두 잘하여 '삼절(三絶)'이라 불렸으며, 예술계에서 차지하는 영향력도 매우 큰 사람이었다. 이런 학문과 예술에 뛰어난 학자에게 사사할 수 있었던 것이 이후 화가로서 크게 이름을 떨칠 수 있는 바탕이 되었다.

표암 강세황은 일찍부터 단원의 천부적인 재능을 발견해 가르쳤으며, 그의 놀라운 솜씨에 기뻐하고 감동했음을 『단원기(檀園記)』에 다음과 같이 전한다.

> 고금의 화가들은 각기 한 가지만 잘하고 여러 가지를 다 잘하지는 못했다. 김 단원은 우리나라 근대에 출생했는데 어릴적부터 그림을 공

---

* 오주석, 『김홍도』, 솔출판사, 2006, 41-60쪽을 참조하여 이 절의 내용을 구성함.

부하여 못하는 것이 없었다. 인물, 산수, 신선, 불화, 꽃과 과일, 새와 벌레, 물고기와 게 등에 이르기까지 모두 묘품에 해당되어 옛 사람과 비교할지라도 그와 대항할 사람이 거의 없었다. 특히 신선과 화조를 잘 하여 그것만 가지고도 한 세대를 울리며 후대에까지 전하기에 충분했다. 또 우리나라 인물과 풍속을 잘 그려내어 공부하는 선비, 시장에 가는 장사꾼, 나그네, 규방, 농부, 누에 치는 여자, 이중으로 된 가옥, 겹으로 난 문, 거친 산, 들의 나무 등에 이르기까지 그 형태를 꼭 닮게 그려서 모양이 틀리는 것이 없으니 옛적에도 이런 솜씨는 없었다.

또한, 표암 강세황은 단원 김홍도를 지칭하여 "무소불능(無所不能)의 신필(神筆)"이라 칭하며 누구보다도 단원의 재능과 작품을 아끼고 사랑했다.

스승의 절대적인 신뢰와 사랑을 받은 단원 김홍도는 10대 말경에 이미 도화서 화원이 되어 궁중의 전문화가로 활동한다. 화원으로서 최고의 영예인 어진화사를 세 번이나 수행했을 정도로 뛰어난 실력을 발휘하며 당대 최고의 화가로 인정받는다. 특히나 정조는 김홍도와 그의 작품에 남다른 애정을 보이며 그림에 관한 모든 일을 관장하도록 했다. 정조의 시문집 『홍재전서(弘齋全書)』에는 이에 대한 기록이 다음과 같이 남아 있다.

김홍도는 그림에 남다른 자로서 그 이름을 안 지가 오래이다. 삼십 년 전에 나의 초상화를 그렸는데, 이로부터 무릇 그림 일에 속한 일은 모두 그에게 책임을 맡겼다.

이처럼 임금까지 인정해주는 최고의 화원 김홍도는 중인의 신분으로 경상북도 안동과 충청북도 연풍 현감 자리까지 오르기도 했다. 단원 김홍도는 그림 솜씨뿐만 아니라 외모와 품성 또한 훌륭했던 것으로 전해진다.

조선 후기 문학가로 유명했던 이용휴(李用休, 1708~1782)는 김홍도의 초상화를 보고 "오늘 김홍도의 초상화를 대하니 옥(玉) 같은 모습, 난초 같은 향기가 들은 것보다 훨씬 낫구나. 마치 온와한 화군자의 모습이로다"라며 품위와 기품 있는 인물로 평하고 있다. 김홍도의 스승 강세황은 "용모가 아름답고 속에 품은 뜻이 밝으니 속세를 초월하여 거리의 어리석은 자들과는 다르다. 성품이 또 음악을 좋아하여 매번 꽃피고 달 밝은 저녁이면 때로 한두 곡을 연주하여 스스로 즐겼다"고 전한다.

단원 김홍도의 작품 「포의풍류」는 현감 자리에서 물러난 이후 자신의 모습을 그린 것으로 추정되는 그림이다. 이 그림에서 고아한 선비의 해맑은 자세를 엿볼 수 있다. 그림에는 문방사우를 비롯하여 서첩과 파초, 불로초, 검표주박 등 그가 평상시 누리던 취향의 단면과 더불어 풍류의 면모를 보여준다.

〈그림 13-9〉 김홍도, 「포의풍류(布衣風流)」(종이에 채색, 27.9 x 37cm, 국립중앙박물관 소장)

2) 서민의 풍류와 해학으로 본 조선

단원 김홍도의 풍속화에는 한국인의 낙천적이고 소박한 웃음과 익살스러운 모습의 해학이 느껴지는 작품이 많다. 서민의 일상생활에서 발견되는 해학의 멋이 가득하고, 여유 있게 미소 지을 수 있게 하는 특성을 지니고 있다. 그림에는 따뜻한 웃음, 익살과 해학, 인간 본성에 대한 긍정과 더불어 밝은 모습이 담겨 있다. 이는 김홍도가 당대인들에게 받은 신뢰와 애정이 그 시대를 바라보는 따뜻한 시선으로 연결되었기 때문일 것이다.

25점의 작품으로 구성된 『단원풍속화첩』에는 일반 서민의 다양한 생활상을 관찰하여 그린 그림들이 들어 있다. 이 화첩에는 씨름, 장기놀이 같은 오락적 놀이, 빨래터, 우물가, 점심, 주막, 편자박기 등 평범한 일상, 서당, 그림감상 등의 교육적 내용, 대장간, 고기잡이, 벼 타작 같은 서민의 생업과 관련된 내용이 담겨 있다. 각 그림은 조선 후기를 사실적으로 담아내며 풍속화가 지녀야 할 기록성과 시대성을 잘 살린 것은 물론 당대 사람들의 모습과 삶의 이야기를 해학적으로 표현한다.*

해학(諧謔)이란 '익살스럽고도 품위가 있는 말이나 행동'으로, 남을 웃기려고 일부러 하는 말이나 몸짓을 의미하는 익살을 통해 웃음을 유발하는 것이다. 그 웃음은 종류에 따라 풍자(satire), 아이러니(irony), 재치(wit), 농담(joke) 등으로 구분할 수 있는데, 모두 삶의 고통과 어려운 문제를 여유 있게 혹은 풍자적으로 승화하는 힘을 갖는다.**

---

* 지순임, 『한국회화의 미』, 미술문화, 2012, 188-194쪽 참조.

** 지순임, 위의 책, 176쪽 참조.

김홍도의 풍속화 속 인물들은 각기 상태와 심리에 따라 재미있고, 익살스럽게 표현되어 보는 사람들로 하여금 웃음 짓게 한다. 즉, 현실을 관조하는 따뜻하고 재치 있는 해학이 담겨 있다.

김홍도의 대표작품으로 꼽히는 「씨름도」는 인물들을 한눈에 볼 수 있게 원형구도로 인물을 배치했는데, 씨름꾼의 상반된 표정을 보여주기 위한 절묘한 구도다. 씨름꾼을 둘러싸고 있는 구경꾼의 다양한 표정과 행동을 통해 승부를 가리는 긴장감을 잘 전달해준다. 씨름을 구경하는 인물마다 개성 있는 캐릭터를 부여하고 있는데, 먼저 중앙 하단의 머리를 땋아 내린 아이의 시선을 따라가 보면 씨름의 승패보다 달달한 엿이 더 관심 있는 듯 씨름꾼이 아닌 엿장수로 이어진다. 아이의 감성과 심리를 잘 포착하고 있다. 그림의 상단 좌측에 보면 신발과 갓을 벗어두고 무릎을 잔뜩 끌어안은 선비는 다음 대결을 기다리는 선수처럼 잔뜩 긴장한 모습이다. 그런가 하면 오른쪽 상단에 모인 구경꾼은 비스듬히 누운 듯

〈그림 13-10〉 김홍도, 「씨름도」(종이에 채색, 27.0×22.7cm, 국립중앙박물관 소장)

〈그림 13-11〉 김홍도, 「서당」(종이에 채색, 26.7×31.6cm, 국립중앙박물관 소장)

편안한 자세로 승패가 나기를 기다리고 있다. 작가의 예리한 관찰이 그대로 화면에 담겼다.

인물의 심리를 표현하는 탁월함은 「서당」이라는 작품에서도 볼 수 있다. 이 작품은 훈장에게 혼이 나고 있는 아이를 중심으로 둥그렇게 둘러앉은 학동(學童)의 다양한 감정을 생생하게 보여주고 있다. 책을 슬그머니 밀어서 보여주려는 아이, 입을 가리고 정답을 알려주는 아이, 그런 모습이 재미있다는 듯 웃음을 잔뜩 머금은 상투 튼 아이, 웃음을 참지 못해 이미 웃고 있어 몸이 흔들리도록 옷이 구불구불하게 표현된 맨 아래 더벅머리 꼬마아이, 이 모든 상황을 다 알고 있는 훈장도 은근히 웃음을 참느라 몸이 약간 흔들리고 있는 모습이다.

추수를 끝내고 농민들이 벼 타작 하는 모습을 그린 「벼 타작」에서도 김홍도만의 해학이 표현된다. 이 그림에서 유독 시선을 끄는 인물이 있다. 일하고 있는 농민들과 떨어져 그림의 우측 상단에 배치된 양반의 모

〈그림 13-12〉 김홍도, 「벼 타작」(종이에 채색, 26.7×31.6cm, 국립중앙박물관 소장)

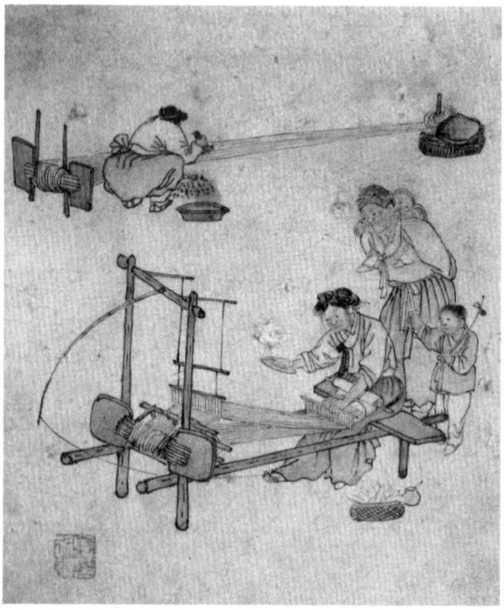

〈그림 13-13〉 김홍도, 「길쌈」(종이에 채색, 26.7×31.6cm, 국립중앙박물관 소장)

습이다. 일꾼들을 관리하고 감독하는 종래의 권위적인 양반이 아니라 삐뚤어지게 쓴 갓, 아무렇게나 벗어놓은 고무신, 팔을 괴고 비스듬히 누운 자유스러운 자세, 그 옆의 술잔을 엎어놓은 술병과 함께 서민과 다를 바 없는 면모의 양반 모습을 재미있게 보여준다. 또 「길쌈」이라는 그림에서는 베틀 위에 앉아 삼베를 짜는 며느리를 못마땅하게 바라보는 시어머니의 표정이 당시 고부관계를 엿보게 한다.

이처럼 『단원풍속화첩』에는 서민의 다양한 삶의 모습을 화면 가득 채워 생생한 인물의 감정을 구수한 유머와 익살로 채워 넣었다. 김홍도의 풍속화에는 비틀고 꼬집는 날카로운 비판적 풍자가 아닌 현실에 애정을 가진 인간애를 보여준다. 김홍도의 작품에서 보여지는 구김 없는 서민의 표정은 우리 민족 특유의 풍속적인 해학성을 느끼기에 충분하다.*

3) 선(線)으로 조선을 찍다

단원 김홍도의 풍속화는 25점으로 구성된 『단원풍속화첩』을 통해 전해진다. 25점의 작품에는 개성 넘치는 인물들로 가득하다. 인물마다 심리상태나 감정을 선의 굵기와 길이, 형태만으로 단순하면서도 독창적인 필치로 표현했다. A4 용지의 크기에 22명의 인물을 그려 넣은 「씨름도」는 씨름판을 배경으로 벌어지는 상황을 바라보는 각 인물의 특징을 선(線)으로 고스란히 담아내고 있다. 「서당」에서도 각 인물의 감정 상태와 심리를 인물이 입고 있는 옷 선을 통해 표현한다. 풍물패 속에서 춤을 추

---

* 윤익영, 「김홍도의 그림세계」, 단원미술제 학술세미나 사이트 자료 참고. http://www.danwon.org

는 무동을 그린 「무동의 춤사위」는 무동의 춤사위에서 느껴지는 율동감과 선의 굵기와 형태를 달리하여 전달하는 천재성을 보인 작품이다.

김홍도는 간결하고도 감각적인 선을 이용하여 조선의 인물과 삶의 모습을 담아냈을 뿐만 아니라 섬세하고 세밀한 선을 이용하여 대상을 더욱 사실적이고 입체적으로 표현하기도 했다. 「송하맹호도」가 대표적이다. 호랑이의 털 하나하나 가는 붓을 이용해 정교하게 그려 마치 바람이 불면 털의 결이 살아 움직일 듯 생동적으로 묘사한 작품이다.

붓 끝에서 흘러나오는 선(線)만으로 대상을 사실적이고 살아있는 듯 생생하게 포착하는 그의 화법은 기존의 화풍에서는 보이지 않았던 새로

〈그림 13-14〉 김홍도, 「무동」(종이에 채색, 27.0×22.7cm, 국립중앙박물관 소장)

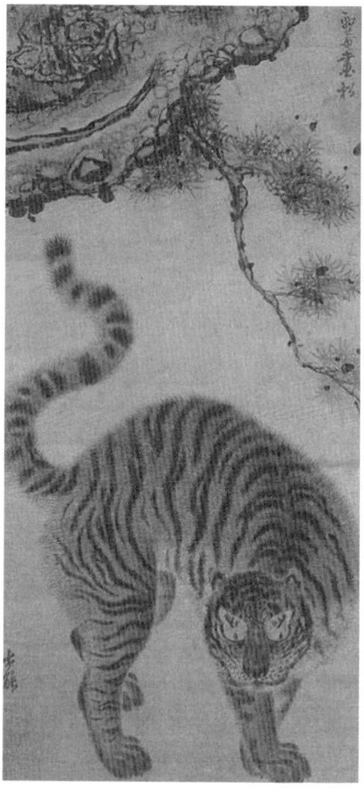

〈그림 13-15〉 김홍도, 「송하맹호도」(비단 · 수묵담채, 90.4×43.8cm, 호암미술관 소장)

운 것이었다. 김홍도의 풍속화에서 보이는 역동적 움직임이나 생생한 현장성은 조선 후기의 사실주의(寫實主義) 회화사상과 관련이 있다.

조선 후기는 실학사상의 영향으로 현실 기반의 실용적이며 합리적인 의식이 커지면서 이상적인 관념으로 현실을 보기보다는 대상을 객관적으로 있는 그대로 받아들이려는 경향이 강했다. 이와 더불어 18세기 서양에서 카메라의 원리인 카메라옵스큐라(camera obscura)가 유입되어 대상을 사실감 있고 입체감 있게 볼 수 있게 되었다. 이에 따라 조선의 화단에도 새로운 변화를 주게 되었다.*

이러한 변화는 공재(恭齋) 윤두서(尹斗緖, 1668~1715)와 관아재(觀我齋) 조영석(趙榮祏, 1686~1761)에 의해 시작된다. 윤두서는 세심한 대상관찰을 통해 '실득(實得) 회화'라는 화풍을 만들어 사진을 보는 듯 대상을 그려냈다. 국보 제240호로 지정된 「윤두서 자화상」은 가는 선을 이용해 수염 한 올 한 올이 살아있는 듯 묘사했으며, 얼굴의 미세한 주름과 얼굴 근육의 느낌까지 입체적으로 담아내는 등 뛰어난 관찰력과 묘사력을 보여주는 공재 윤두서의 대표작이다. 윤두서의 뒤를 이은 조영석은 살아있는 그림을 위해 사람들의 일상과 자연스러운 삶의 모습을 현장 사생(寫生)을 통한 '즉물(卽物) 회화'로 구현한다.

〈그림 13-16〉 윤두서, 「자화상」
(종이에 수묵담채, 28.5×20.5cm, 해남 윤씨 종가 소장)

* 이태호, 『조선후기 회화의 사실정신』, 학고재, 1999, 13쪽 참조.

특히 조영석은 당대인들의 다양한 일상을 사실적으로 담아낸 화가로 산수, 영모, 인물 중심의 화제(畵題)에서 탈피하여 조선의 풍속과 삶을 담아내기 시작했다. 관아재 조영석의 대표적인 작품으로 「채유(採乳)」, 「말 징박기」, 「작두질」, 「절구질」, 「바느질」 등이 있다.

공재 윤두서와 관아재 조영석에 의해 주도된 사실주의적 회화방식은 김홍도에 의해 개성적이고 독창적인 화풍으로 구현된다. 김홍도 회화의 현장감에 충실한 시각적 표현은 마치 일시 정지된 영상을 보는 듯 생동적

〈그림 13-17〉 조영석, 「채유(採乳)」(종이에 수묵, 44.5×28.5cm, 개인 소장)

〈그림 13-18〉 조영석, 「바느질」(종이에 채색, 24.5×23.5cm, 간송미술관 소장)

이다. 플레이 버튼을 누르면 화폭 속의 사람들의 움직임과 소리가 들릴 것 같은 생생함이 김홍도 풍속화의 특징이다.

〈그림 13-19〉 김홍도, 「점심」(종이에 채색, 26.7×31.6cm, 국립중앙박물관 소장)

김홍도의 작품 「점심」은 하던 일을 잠시 멈추고 들녘에 '자유롭게' 앉아 점심을 먹는 풍경이다. 점심을 먹는 일꾼들의 다양한 포즈가 매우 자연스럽고 일꾼들에게서 살짝 돌아앉아 아기에게 젖을 물리고 있는 아낙이나 배고픈 듯 아기를 바라보는 개의 모습에서도 그 상태와 감정을 잘 보여주고 있다. '후루룩후루룩' 국사발 들이키는 소리, '꿀꺽꿀꺽' 막걸리 넘기는 소리, '달그락달그락' 밥그릇 긁는 소리, '냠냠', '쩝쩝' 밥 먹는 소리가 들리는 듯 사실감 있게 표현되어 있다.

단원 김홍도는 당시 사대부들이 추구하던 대상의 느낌이나 이상을 담아내는 방식에서 벗어나 '본 그대로', '있는 그대로'의 삶의 한 장면을 보여주고 있다. 사진작가가 카메라 셔터를 눌러 현장을 찍듯 김홍도는 붓 끝으로 조선을 그려냈다.

3. 혜원의 색에 담긴 조선의 풍경

1) 그림 속에서만 살아있는 혜원의 삶

드라마 「바람의 화원」에서 혜원 신윤복은 여인이었고, 신윤복의 대표 작품 「미인도」는 그녀의 자화상으로 그려진다. 혜원 신윤복은 정말 여인이었을까?

그러나 신윤복이 200여 년 전 조선의 여인으로 살았다는 기록은 어디에도 없다. 그렇다고 여인이 아니었다는 것을 증명할 증거도 충분하

〈그림 13-20〉 신윤복, 「미인도(美人圖)」(비단에 채색, 45.5×114.0cm, 간송미술관 소장)

〈그림 13-21〉 드라마 「바람의 화원」에서 신윤복의 「미인도」는 '윤복'이 자신의 모습을 그리는 자화상으로 그려진다.

지는 않다. 사대부 화가라면 더러 문집이 남아 있고, 때로는 그림에 관한 기록이 남아 있기도 하지만 혜원 신윤복의 자료는 안타깝게도 그가 그린 작품 외에는 특별한 사료가 남아 있지 않다.

혜원(蕙園) 신윤복(申潤福)에 대한 유일한 기록은 화가들의 계보를 밝힌 위창(葦滄) 오세창(吳世昌, 1864~1953)이 펴낸 『근역서화징(槿域書畫徵)』에 나오는 단 두 줄이 전부다.

> 자는 입부(笠父). 호는 혜원(蕙園). 본관은 고령(高靈). 첨사(僉使) 신한평(申漢枰)의 아들. 화원(畫員)으로 벼슬은 첨사(僉使). 풍속화를 잘 그렸다.*

이 기록에 따르면 신윤복의 '자(字)'는 입부(笠父)이고 고령 신(申)씨로 신한평의 아들이며, 화원으로 첨사(僉使)를 지냈으며, 풍속화를 잘 그렸다는 것을 알 수 있다. 이 기록을 토대로 고령 신씨의 계보를 살펴보면, 신윤복은 신말주(申末舟, 1439~미상)의 11대 손으로 아버지 신한평은 당대 유명한 화원이었고, 증조부 신세만(申世漫), 종증조부 신일흥(申日興) 등이 역시 화원을 지냈다는 것을 알 수 있다. 신한평(申漢枰, 1726~미상)은 영조 · 정조 · 순조에 이르기까지 궁중의 화원으로 활동했으며, 초상화와 풍속화에 빼어났다는 평가를 받는 인물이다. 『근역서화징』의 기록과 고령 신씨의 계보를 토대로 본다면 신윤복은 대대로 화원의 집안에서 태어나 그 재능을 물려받았으며 어려서부터 그림을 그리며 자연스럽게 화원으로서

---

* 오세창의 『근역서화징(槿域書畫徵)』은 옛 사서나 문집 등 고문헌을 통해 삼국시대부터 근대까지 우리나라 서화 및 1,117명의 서화가들에 관한 기록들을 발췌하여 시대순으로 엮어놓은 책이다.

자리매김할 수 있었던 것으로 보인다.* 또한 화원으로서 첨사(僉使)의 벼슬을 지냈다는 기록이 있다. 첨사의 벼슬을 지냈다는 것은 병영에 소속되어 지도의 제작이나 「관방도」 등 군사서류 설계 등을 위해 파견된 화원이었을 가능성이 크다.**

그러나 신윤복이 화원으로 활동한 기록은 명확하게 확인되지 않으며, 다만 그가 비속(卑俗)한 그림을 그려 도화서에서 쫓겨났다는 후대의 전언(傳言)이 화원으로서 혜원의 행적으로 전해질 뿐이다. 『근역서화징』을 토대로 혜원 신윤복의 행적을 추적해보지만 여전히 그의 실존은 미스터리다. 이런 혜원 신윤복에 대한 역사학계의 의견을 3가지로 나누어볼 수 있다.***

첫째는 신윤복은 실존 인물이 아니라는 것이다. 신윤복의 족보를 찾아 나섰던 사람들은 신윤복의 가계(家系)와 그의 이름이 적힌 『화사양가보록(畵寫兩家譜錄)』을 찾아 비교하고 그가 신한평의 아들이자 고령 신씨라는 단서를 확인하지만, 결정적으로 고령 신씨 족보에 신윤복의 이름이 없었다. 그 때문에 일부 학자들은 족보로 신원 파악이 어렵다며 신윤복은 실존 인물이 아니라는 주장을 폈다.

둘째는 신한평이 '신윤복'이라는 예명으로 활동했다는 주장이다. 조선 후기 궁중화원으로 김홍도와 함께 어진화사를 수행했을 정도로 활발한 활동을 했지만, 당시 화원으로서 제약을 벗어나 자유로운 창작활동을 위한 위장이었을 것이라는 추측이다. 그에 대한 근거로 신윤복의 작품에서 보이는 채색법이 신한평의 그림에서도 발견된다는 점이다.

* 강명관, 『조선사람들, 혜원의 그림 밖으로 걸어 나오다』, 푸른역사, 2002년, 14쪽 참조.

** 황효순, 「혜원 신윤복 연구」, 성신여자대학교 미술사학과, 박사학위 논문, 2003, 40쪽 참조.

*** 김미소, 위의 논문, 2009, 9-11쪽 참조.

마지막 추론으로 드라마에서처럼 여자라는 것이다. 그가 남긴 그림에는 여성을 그리지 않은 그림이 단 한 장도 없다. 서민층부터 양반층까지 여성은 물론 기생까지 당시 조선 여인을 총망라하고 있다. 더욱이 여성을 묘사하는 데 있어서 자태나 표정뿐만 아니라 짧은 저고리, 가슴 가리개, 치마끈의 매듭, 속옷 매무새 같은 복식이나 장신구의 섬세하고 세밀한 표현은 여성적 시선과 감성이 느껴진다. 그래서 작품을 통해 느껴지는 혜원 신윤복이 여성일 수도 있을 것이라는 추측을 가능하게 한다는 것이다.

혜원 신윤복은 한 시대를 넘어 200여 년이 지난 오늘날까지도 최고의 작품을 그린 화가로 평가받는다. 작품만을 남겨놓고 역사 속으로 사라져버린 신윤복의 삶은 역사학자들조차 추적하기가 쉽지 않아 보인다.

단원 김홍도는 천부적인 재능을 갖고 태어나 화가로서 당대인들의 사랑을 받으며 그의 행적과 작품에 대한 감상의 기록이 곳곳에 남아 있는 반면에 혜원 신윤복이 어떤 화가로 살았는지 아무도 기록하고 있지 않다. 그가 남긴 작품만이 그를 말해주고 있다. 그러나 그렇기 때문에 허구적 상상력을 통해 한 역사 속 인물을 오늘날 우리의 삶 속에서 생생히 살아나게 할 수 있는 것이기도 하다.

2) 여인들의 차가운 시선으로 본 조선

혜원 신윤복의 그림에는 조선 여인들의 내밀한 삶을 강렬한 색채를 통해 세련되고 섬세하게 묘사한다. 조선 여인들의 눈빛과 시선을 통해 기생들과 노니는 선비들에 대한 비판과 세태풍자의 해학성을 잘 보여준다. 그림에 등장한 여인들은 기녀를 비롯하여 의녀, 무녀, 비구니, 과부 등 당시 천민계층에 속해 있거나 소외당한 약자들이다. 신윤복의 시선으로 본 여인들은 세태의 감춰진 풍속을 겉으로 드러내 보이는 풍자적 성격을 띠고 있다.

비슷한 시기에 태어나 그 시대를 살았던 김홍도의 그림과는 사뭇 다르다. 김홍도는 영 · 정조시대의 정치 · 경제적으로 안정화된 세상을 따뜻하게 바라보며 서민의 삶을 순박하고 질박하게 담아냈다. 반면에 신윤복은 그러한 사회 이면의 모순을 비판하며 풍자적이고 차가운 시선으로 당대의 세태를 그려낸다.

조선 후기는 상공업이 발전하면서 경제적으로 풍요롭고 안정을 이룬 시기다. 상인(商人)들 중에는 국제무역을 통해 큰 부를 축적하고 사회에 중요한 세력으로 영향을 미치기도 했다. 이러한 여건은 서울 등지에서 예전과는 다른 도시적 번영과 활기를 누리게 되었고, 향락과 퇴폐로까지 이어지게 되었다. 한편, 실학사상의 영향으로 기존의 규범과 모순을 반성하며 비판적이고 실천적인 움직임이 강했던 시기다. 이러한 시대에 신윤복은 여성의 풍습이나 노골적인 남녀의 애정표현을 대상으로 사회의 이면과 모

〈그림 13-22〉 신윤복, 「월하정인(月下情人)」
(종이에 채색, 35.6×28.2cm, 간송미술관 소장)

〈그림 13-23〉 신윤복, 「월야밀회(月夜密會)」
(종이에 채색, 35.6×28.2cm, 간송미술관 소장)

순을 적나라하고 예리하게 꼬집는다.* 혜원 풍속화의 내용들은 주로 건달과 색주가, 한량과 기녀, 상하의 관계를 넘나드는 연정과 정사를 담고 있는데 이는 겉으로 드러나지 않은 억압된 욕망의 표현이자 시대의 이면을 풍자적으로 보여주려는 그의 의식이 반영된 것이다.

달빛 아래 남녀 간의 은밀한 사랑 이야기를 담은 「월하정인」은 눈썹 모양의 달이 비추고 있는 깊은 밤 담 모퉁이에 한 쌍의 연인이 밀회를 나누는 장면이다. 이들이 어떤 사이이며 어디로 가는지 알 수 없지만, 남의 눈을 피해 만나야 할 관계를 섬세하게 표현했다. 또 다른 작품인 「월야밀회」는 '달밤에 몰래 만나다'라는 제목이 말해주듯 남녀 간의 밀회의 긴장감이 고조된 그림이다. 보름달이 휘영청 밝게 비치는 밤에 골목길 후미진 담벼락 아래에서 남녀가 어우러져 정을 나누고 있다. 그리고 한 여인이 담 모퉁이에 바짝 붙어 이들을 몰래 지켜보고 있다. 이 세 남녀의 미묘한 관계에 대한 해석은 크게 두 가지로 나뉜다. 하나는 남편이 기녀로 추정되는 여자와 외도하는 장면을 부인이 목격하는 것이고,** 다른 하나는 옛 정인을 그리워 못 잊는 여인과 그녀의 정인과의 만남을 성사시키고 그들의 만남을 안타깝게 바라보는 것이다.*** 이러한 그림들은 당시 남녀의 애정관계를 직설적으로 풀면서 유교사회의 숨은 이면을 풍자하는 것이다.

신윤복의 대표작 중 하나인 「단오풍정」은 단옷날 산골짜기에 물놀이 나온 여인들을 바위 뒤에 숨어서 엿보는 젊은 사미승들을 그린 작품

---

* 허동진, 「조선후기 풍속화에 나타난 해학적 표현 연구」, 상명대학교 대학원 미술학과, 석사학위논문, 2010, 38-40쪽 참조.

** 정병모, 『한국의 풍속화』, 한길아트, 2000, 328쪽 참조.

*** 한국민속문화연구소, 『간송문집』 제81호, 풍속인물, 2011, 174쪽 참조.

〈그림 13-24〉 신윤복, 「단오풍정(端吾風情)」(종이에 채색, 35.6×28.2cm, 간송미술관 소장)

〈그림 13-25〉 신윤복, 「이부탐춘(嫠婦耽春)」(종이에 채색, 35.6×28.2cm, 간송미술관 소장)

이다. 이 그림은 신윤복의 풍속화 중 노출이 가장 심하며, 여인의 세계를 가장 리얼하게 표현했다. 목욕하는 여인, 치장하는 여인, 치장을 다 끝내고 그네에 오르는 여인, 젖가슴을 드러내놓고 음식을 내오는 여종 등 봄기운 가득한 날 자유롭고 싶은 여인들의 춘정을 에로틱하게 담아냈다. 또한 몰래 훔쳐보는 승려들은 억눌린 성에 대한 욕구를 드러내는 것으로, 당시의 퇴폐적인 향락을 비틀고 있는 신윤복의 시각이 잘 드러난 작품이다.*

그의 또 다른 작품 「이부탐춘」은 성(性)에 대한 억압된 욕망을 극명하게 보여준다. 남편을 잃은 젊은 과부로 보이는 여인이 소나무 묵은 둥치에 기대어 앉아 짝짓기 하는 강아지를 망연히 바라보고 있다. 과부 옆에 앉아 그 모습을 바라보는 여종이 민망한 듯 과부의 허벅지를 꼬집는 모습이 흥미롭다. 조선시대 사대부 가문의 여인들에게 일부종사(一夫從事)는 숙명이었다. 개가(改嫁)는 상상조차 할 수 없는 일이었으며, 평생 수절

* 허동진, 위의 논문, 2010, 44쪽 참조.

〈그림 13-26〉 신윤복, 「청금상련(聽琴賞蓮)」
(종이에 채색, 35.6×28.2cm, 간송미술관 소장)

〈그림 13-27〉 신윤복, 「상춘야흥(賞春野興)」
(종이에 채색, 35.6×28.2cm, 간송미술관 소장)

하며 살아가야 하는 것이 조선사회의 법도였다. 그러나 그 여인들에게도 뜨거운 욕정이 있으며 외계의 유혹에 흔들릴 수 있음을 은유적이고 상징적으로 담아냈다.

이 밖에도 신윤복은 조선의 양반들이 '도덕군자'인 척하지만 사실은 비루하고 한심한 남정네로 그려낸다. 「주유청강」은 양반이나 젊은 한량들이 여인들과 작은 배 하나를 강에 띄우고 뱃놀이하는 정경을 묘사한 내용이다. 세 쌍의 양반과 기녀, 사공 및 대금을 부는 젊은이까지 모두 여덟 명이다. 세 쌍 중 두 쌍은 포옹을 하거나 물장난을 하면서 풍류를 즐기는데 한 양반은 기녀와 놀지 않고 홀로 서서 다른 사람들을 쳐다보고 있다. 그 모습은 자신은 다른 양반들과 달리 청렴하고 절제력 강한 도덕적인 사람이라는 것을 과시하는 것처럼 보인다. 이와 비슷한 맥락의 그림인 「청금상련」은 연꽃이 피어오르는 연못가에서 기생들과 유흥을 즐기는 양반의 모습을 그리고 있다. 이 그림에 등장하는 사람은 남자가 셋이고 기녀가 셋인데, 「주유청강」에서처럼 황색 도포를 입은 양반 하나가 우두커니 서서 기생을 꼭 끌어 안고 있는 양반을 바라보고 있다. 신윤복은 기품 있는 양반의 체통이 기녀를 앞에 두고는 인간 본연의 모습으로 돌아가는 장면을 풍자적으로 표현하고 있다.*

혜원 신윤복의 풍속화는 무엇보다도 남녀의 애정행각을 다루며, 억압된 성(性)적 욕망을 표현한 에로틱한 성격의 그림이 많다. 또한 양반들과 기생들의 세태를 풍자하며 생생하게 전해주고 있다. 그의 작품은 은폐되었던 인간의 본질적인 면을 회화에 과감하게 나타내어 냉철하고도 서정적으로 묘사하고 있다. 신윤복은 폐쇄적이고 고답적인 사회의 관념과 고지식하고 독선적인 당시 양반의 위선과 불륜을 대담하게 파헤치고 조롱 섞인 풍자를 통해 당대인들의 모습을 리얼하게 보여준다.

그의 예술세계는 구태의연하고 봉건적인 조선시대의 사회 답습에서 탈피하려고 몸부림치던 당시의 사회적 이념을 기반으로 하고 있어 더욱 의미가 있다. 신윤복의 풍속화는 실학사상의 실증적 사고에 바탕을 둔 예술정신, 사실주의에 입각한 치밀한 관찰성이 깔려 있어 그의 그림이 에로틱한 춘화(春畫)적 성격의 그림이면서도 저속하지 않을 수 있었다.

신윤복의 풍속화는 조선 후기 회화의 사실주의 정신의 배경 하에 하나의 이야기 서사구조를 띠면서 더욱 현실적인 묘사와 채색으로 작품에 대한 몰입을 높여주고 있다. 각 작품마다 시간과 공간적 배경을 명확하게 설정하고, 각 인물을 어떠한 사건과 상황에 따라 명확한 캐릭터로 보여주기 때문이다.

---

* 허동진, 위의 논문, 2010, 47쪽 참조.

3) 색(色)으로 조선을 담다

단원 김홍도의 풍속화가 선(線)을 통해 그림 속 인물의 감정과 느낌을 해학적으로 표현했다면, 혜원 신윤복은 색(色)을 통해 인물의 표정을 살리고 심리상태를 담아냈다. 단순한 몇 가지 색이지만 농담의 변화와 색의 대비효과를 통해 시각적 고조를 끌어내는 미적 표현을 보여준다.*

혜원 신윤복의 풍속화는 『여속도첩』과 『혜원전신첩』으로 전해진다. 『여속도첩』은 기녀와 부녀자를 담은 그림 6장으로 구성되어 있으며, 『혜원전신첩』은 향락적인 유흥과 남녀 간의 춘정을 담은 그림으로 총 30장으로 구성되어 있다.

『혜원전신첩』에 수록된 작품 가운데 「월야밀회」는 보름달이 밝게 비추는 야심한 밤에 남녀의 은밀한 만남을 그리고 있다. 이 그림은 회색빛 공간배경에 감색(監色)의 농담 변화와 적색(赤色)과 흰색의 강렬한 색의 배치를 통해 고요하면서도 긴장감 있는 상황을 조화롭게 담아냈다. 그림 속 인물들의 복색에는 쪽(polygonum indigo)이라는 식물에서 얻은 감색(監色)이 사용된다. 검은 전복(戰服)을 입은 사령(使令)에게 안겨 있는 여인의 치마는 검은색과 대비를 이루도록 옅은 감색으로 칠하고, 뒤 여인의 치마는 짙게 표현함으로서 색감의 변화를 꾀하고 있다. 전반적으로 청색과 녹색이 위주가 되나 치마를 묶은 허리끈의 흰색이나 장옷의 적색 고름, 가체에 표현된 흑색 등이 작은 면적이지만 화면에서 유사한 색상들의 관계를 분리시켜 화면 전체의 명쾌한 인상을 유도하는 데 도움을 주고 있다.

단오절에 여인들의 풍속을 그린 「단오풍정」에 나타나는 여인들의

---

* 안진의, 「조선후기 회화에 나타난 색체인식에 관한 연구」, 홍익대학교 디자인공예학과, 박사학위논문, 2010, 96쪽 참조.

청색 치마색도 각각 농담을 달리하여 다양한 쪽빛으로 표현되어 있다. 이 그림에서 무엇보다 시선을 끄는 것은 삼회장저고리를 입고 그네를 다는 여인이다. 홍색치마에 밝은 노란색의 치마저고리로 이뤄진 원색은 고채도의 색상으로 화면 전체의 강조색이 되고 있다. 특히 청·녹색으로 엷게 채색(淡彩)된 배경과는 반대로 따뜻한 느낌의 난색(暖色)계의 선명하고 밝게 채색된 여인의 치마저고리는 봄날의 화사함과 여인들의 감성을 드러내는 포인트다. 붉은색 치마와 노란색의 저고리 외에도 흰색의 속바지와 검은색의 가체는 원색들 간의 강한 시각적 대비를 이루며 작품의 긴장감을 더해준다.*

색채의 극명한 대비를 잘 보여주는 「쌍검대무」는 검무를 감상하는 기방의 유흥 모습을 그리고 있다. 바람에 붉은 치맛자락이 휘날리는 검무녀의 강렬한 생동감을 느낄 수 있는데, 여기에는 강한 청색과 적색의 대비에 의한 시각효과가 강조되고 있다. 또한 검무녀 이외의 인물들은 옅은 남색과 흰색의 복식에 검은 갓을 쓰고 있어 검무를 추고 있는 기녀의 모습이 시각적으로 더욱 명료하게 살아날 수 있도록 한다.

신윤복의 풍속화는 색의 표현이 강렬하고 다채롭다. 신윤복의 회화에 나타나는 색의 종류는 단순한 편이다. 그럼에도 불구하고 다채롭게 느껴지는 것은 같은 색을 농담에 의해 변화 있게 사용하고 있으며, 적색이나 황색 등의 강한 색채를 적절히 배치함으로써 강약의 흐름 변화를 유도하고 있기 때문이다. 적색, 청색, 황색 등의 색을 화면에 적절히 배치하고 농담의 차이를 통해 같은 색을 다른 느낌으로 사용하는 것은 대

---

* 안진의, 위의 논문, 100쪽 참조.

단히 미적이고 작가의 자의적 해석을 통한 주관적인 채색법이다.*

색(色)에는 저마다 감성을 일으키는 속성이 있다. 그래서 '색깔'은 곧 어떠한 느낌의 상징이자 이미지다. 혜원 신윤복은 색이 갖는 특정한 느낌과 감성을 그 시대를 바라보는 자신만의 시선으로 담아내고 있다.

4. 도화서 화원, 창조적 기록자

1) 화원, 그림으로 조선을 기록하다

김홍도와 신윤복은 도화서(圖畵署)라는 관청에 소속되어 그림 그리는 일을 전문으로 했던 화원(畵員)이었다. 조선시대 화원들은 왕이나 나라에 공을 세운 사람들의 초상을 그리는 일부터 국가의 각종 행사를 기록한 의궤(儀軌) 제작, 지도 제작이나 기계류와 건축물의 설계도 등 나라의 주요한 일을 기록하는 일체의 회사(繪事)를 도맡았다. 화원들은 중국이나 일본에 파견되는 사신을 수행하며 외국의 풍물을 그리는 일도 담당했다. 마치 오늘날 사진을 찍어 기록으로 남기는 사진가 같은 역할을 했다고 볼 수 있다. 특히, 의궤나 지도 등의 기록화는 사진을 보듯 조선시대의 사회상을 보여준다.

김홍도가 제작한 것으로 알려진 「원행을묘정리의궤(園行乙卯整理儀軌)」

---

* 안진의, 위의 논문, 101-103쪽 참조.

는 1795년 정조가 자신의 어머니 혜경궁 홍씨를 모시고 수원으로 가던 상황을 기록한 그림이다. 임금의 행차를 백성이 자유롭게 구경하고 행렬 주변에 임시로 장사꾼들이 좌판을 벌이는 모습, 군인들의 직분에 따른 복식과 의장물의 형태, 한강을 건너기 위해 설치된 한강 배다리〔舟橋〕의 구체적인 모습을 살펴볼 수 있다. 이처럼 화원들은 조선시대 궁중 결혼식, 장례식, 잔치 등 국가의 주요 행사가 거행되면 의궤를 제작하여 역사현장으로 고스란히 기록했다.

화원들은 국가적으로 이뤄진 지도 제작에도 크게 공헌했는데, 1872년 전국 460여 군현의 모습을 그린 지도는 각 지역의 산천 풍광을

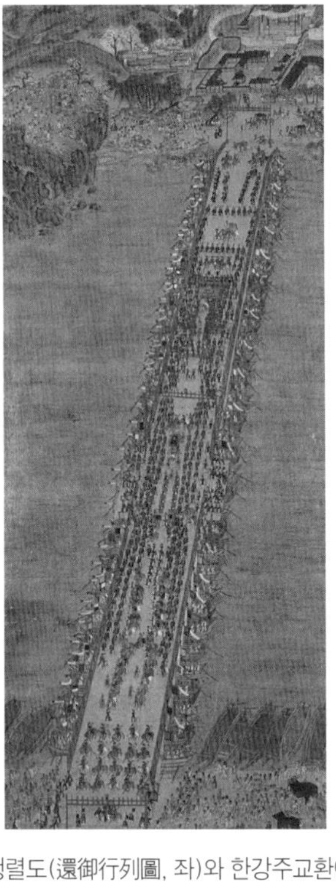

〈그림 13-28〉「원행을묘의궤」에 기록된 환어행렬도(還御行列圖, 좌)와 한강주교환어도(漢江舟橋還御圖, 우)

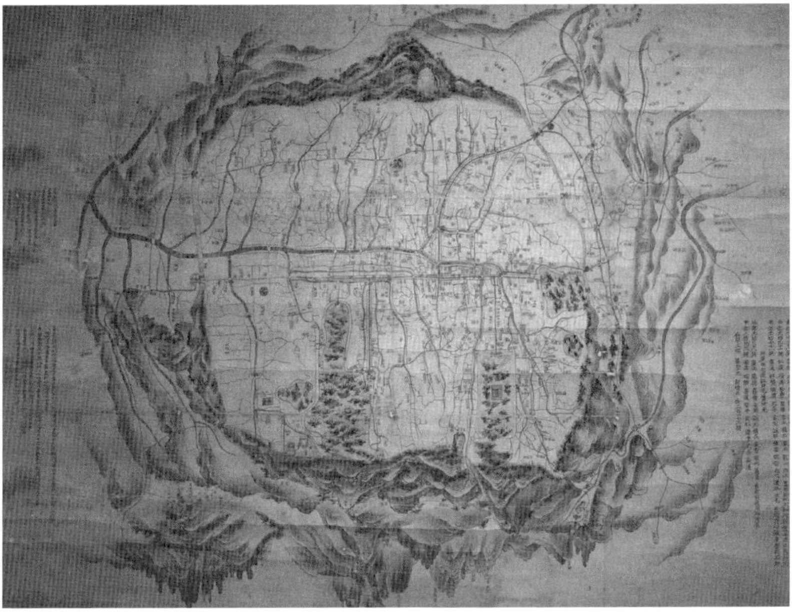

〈그림 13-29〉 18세기 「도성도」

사실적으로 묘사하면서도 각 지역의 특징을 감각적으로 표현하고 있다. 이들 지도에는 딩시의 사회 모습이 영상자료처럼 담겨 있다. 18세기 서울의 모습을 그린 「도성도(都城圖)」는 세련된 진경산수 화풍으로 도성 주변의 산세를 아름답게 그려내 뛰어난 예술작품으로 꼽힌다.*

조선시대에는 당시의 역사적 흔적들을 더욱 생생하게 후대에 전달하려는 목적에서 뛰어난 화원들의 능력을 필요로 했다. 도화서 화원들은 역사적 현장을 창조적으로 기록하는 역사가이자 예술가로서 그 역할을 충실히 수행했다. 화원들의 이러한 노력은 수백 년이 지난 오늘날 더욱 빛을 발하고 있다. 조선시대 화원들이 그린 「조선의궤」는 한국뿐만 아니

* 신병주, 『조선평전』, 글항아리, 2011, 329-338쪽 참조.

라 세계인에게 삶의 영감을 주는 유산이자 인류가 함께 보존해야 할 가치로 인정받아 2007년 세계기록유산으로 등재되었다.

화원들은 의궤나 지도 제작 등 공식적인 그림 활동 외에도 조선 후기 중인계층의 성장과 함께 다양한 문화적 욕구가 확대되면서 문인들의 모임이나 문화 활동을 그린 계회도(契會圖), 순수한 감상을 위한 인물, 산수, 영모, 화훼, 속화 등 여러 분야의 그림을 그리기도 했다. 화원은 왕실과 조정의 절도 있고 규범적인 그림에서부터 사대부 및 양반계층의 다양한 수준 및 기호를 반영하는 그림까지 그린 당대의 최고 화가들이다.

이 밖에도 도화서 화원들은 궁궐의 단청을 칠하는 데도 부분적으로 파견되기도 했으며, 장식적이고 화려한 각종 병풍과 가리개를 제작하기도 하고, 도자기에 문양을 넣기도 했다. 화원들은 초상화 · 기록화 · 감상화 · 삽화 · 지도 등의 제작 및 모사를 비롯하여 도화 재료 수입 및 개발, 각종 토목공사의 채색작업, 황실불사 동원 등 시각예술의 모든 분야에서 활동하며 조선시대 회화사를 크게 발전시킨 것으로 평가된다.

2) 도화서, 조선 회화의 중심

드라마 「바람의 화원」에서는 정조대 도화서 화원들의 다양한 그림 활동과 궁중 직업화가로서의 삶을 잘 담아내고 있다. 신윤복이 생도(生徒)로 그림교육을 받는 내용부터 화원 임용시험을 보는 과정, 임금의 용안을 그리는 어진화사 수행과정 등 도화서 운영과 교육내용 및 화원의 임무와 역할을 잘 다루고 있다.

우리나라에 도화서(圖畵署) 같은 국가의 전문 회화기관을 둔 것은 삼국시대부터다. 신라에는 채전(彩典)이라는 도화기관을 두어 채색(彩色)과 회화(繪畫)에 관한 일을 관장하게 했고, 고려시대에는 송(宋)의 화원제도를 바탕으로 도화원(圖畵院)을 설치했다. 조선시대에는 도화원을 계승 · 발전시켜 도화서를 설치하게 되었다.*

도화서는 국가기관으로 나라의 필요에 의해 설치되었던 만큼 시대에 따라 그 기능도 달라진다. 호국불교적 성격이 강했던 고려시대에는 불화를 그리는 일을 주로 담당했으며, 조선시대에는 주로 유교적 이념에 따른 의식과 절차를 기록하는 그림을 그리게 되었다. 따라서 조선시대 도화서에서는 기록적이고 사실적인 궁중기록화와 유교에서 강조하는 교훈적인 내용의 그림 제작이 주를 이뤘다.**

이러한 도화서의 주요 기능은 도화서의 설립 취지에 맞는 공적 그림을 그릴 화원을 양성하고 교육 · 관리하는 것이 무엇보다 중요했다. 따라서 도화서는 철저한 위계적 직분에 의해 이뤄지는 조직체계를 갖췄다.

조선시대 모든 제도와 체제의 기준이 된 『경국대전(經國大典)』을 보면 도화서는 교육과 문화를 담당하는 부서인 예조(禮曹)에 속해 있었다. 도화서 화원들의 역할은 직급에 따라 분리되어 있었고, 같은 직급의 화원이라도 분야에 따라 다른 활동이 주어졌다.

도화서는 크게 3가지 직급으로 나눠볼 수 있다.***

첫째는 제조(提調) 1명과 별제(別提) 2명으로 구성된 도화서의 대표자다. 기본적으로 제조와 별제는 회화를 잘 아는 사대부로 임명하여 화원

---

* 안휘준, 『한국회화사 연구』, 시공사, 2011, 732-763쪽 참조.

** 김윤희, 「조선시대 도화서의 역할과 교육적 기능 연구」, 경희대학교 교육대학원, 석사학위논문, 2007 / 강관식, 『조선후기 궁중화원 연구』, 돌베개, 2001, 243-274쪽 참조.

*** 김윤희, 위의 논문, 2007, 13-16쪽 참조.

의 관리를 책임지게 했다.

둘째는 녹봉을 받고 궁중의 화가로 그림을 그리는 화원(畵員)이다. 조선 후기에는 화원 수가 30명이었는데, 이들은 국가에서 실시하는 시험을 거쳐 진급하게 되며, 이 시험에 통과하지 못하면 화원으로 수십 년을 그림 그리는 일에 전력했어도 관직을 얻지 못하기도 했다. 화원은 대개 종9품에서 종6품까지의 품직을 받아 활동했다. 그 이상으로 품계가 올라가는 경우는 극히 드물었는데, 어진(御眞) 제작 같이 국가적으로 중요시된 업무를 성공적으로 마치게 되면 공식적으로 포상을 받을 수 있었다. 한편, 조선 후기가 되면 신분제도상의 품직 제한이 완화되면서 김득신(金得臣, 1754~1822)은 종3품 첨사에 제수되었으며, 종2품과 종1품의 품계에까지 오르기도 했다.

셋째는 화원이 되기 위한 시험을 준비하는 '예비화원' 생도(生徒)다. 생도들은 1년마다 예조에서 시행되는 시험을 거쳐 화원으로 선발되었다. 생도를 거쳐 화원이 되는 시기는 대개 10대 후반을 전후한 시기였으며, 화원이 되기까지는 필력과 묘사력을 훈련하는 충분한 시간이 필요했다. 국가기관에 소속되었던 만큼 최고의 전문성을 요구하기 때문에 생도에서 화원으로 양성하는 기간이 꽤나 길었다. 생도에 따라서는 화원이 되지 못한 만학도가 간혹 있었던 것으로 보인다.

3) 화원이 되기 위한 관문, '취재(取才)'

드라마 「바람의 화원」 4화, 5화에서 혜원 신윤복을 비롯한 생도들이 화원이 되기 위한 시험을 치르는 취재(取才)의 내용이 등장한다. 드라마에서의 시험문제로는 경술년 「진연도」를 모사하거나 제시된 시제 '그네: 그네를 굴러 허공 줄에 솟구치니, 바람 머금은 두 소매 흰 활등 같구나. 높이를 다투다 치마 타진 줄 모르니 꽃신 코가 드러나 붉은 두 눈을 수놓네'와 관련한 그림을 그리라는 것으로 시험시간은 24시간이 주어진다. 모든 생도들이 「진연도」를 모사하는데 혜원만이 시제에 맞는 그림을 그린다. 그 그림이 신윤복의 대표 작품 「단오풍정」으로 보여진다.

드라마에서처럼 조선시대 도화서의 화원이 되기 위해서는 예조에서 1년에 한 번 시행하는 시험을 치러야 했다. 조선시대 도화서에서 실시하는 취재는 시기별로 시험과목 및 시험방식에 다소 차이를 보인다.*

조선 전기의 시험과목은 죽(竹), 산수(山水), 인물(人物)·영모(翎毛), 화초(花草)의 4가지로 정해져 있었는데, 이 중 두 과목을 택하여 그리게 했다. 특별한 점은 과목마다 등급을 달리했다는 것인데, 대나무 그림을 1등급, 산수가 2등급, 인물과 영모 그림이 3등급, 화초 그림을 4등급으로 했

화원의 임용시험과목과 채점규정

과목	등급	채점규정	
죽(竹)	1등 과목	통(通)	5분(分)
		약(略)	4분(分)
산수(山水)	2등 과목	통(通)	4분(分)
		약(略)	3분(分)
인물(人物)·영모(翎毛)	3등 과목	통(通)	3분(分)
		약(略)	2분(分)
화초(花草)	4등 과목	통(通)	2분(分)
		약(略)	1분(分)

* 김윤희, 위의 논문, 2007, 16-19쪽의 내용을 참조하여 조선시대 화원의 취재 변화상을 정리함.

다. 점수도 등급에 따라 차이를 두었다. 또 각 과목은 통(通)과 약(略) 두 수준으로 채점되는데 통(通)은 잘 그려진 그림에, 약(略)은 보통 정도의 그림에 매긴다.

이 점수표로 볼 때 대나무와 산수 두 과목을 택하여 시험을 봐서 대나무는 약(略)을, 산수는 통(通)을 받았다면 4+4=8분을 얻게 된다. 반면에 과목의 등수가 낮은 인물이나 영모와 화초의 두 과목을 택하여 모두 통을 받았다면 3+2=5점밖에 받지 못한다. 과목에 따른 점수 차이가 컸으므로 화원 시험을 보는 생도들은 대나무와 산수에 응시하는 경우가 많았다.

대나무나 산수를 중시했던 것은 과목 책정에 있어서 사대부들이 지니고 있던 문인화론(文人畵論)이 크게 작용했음을 말해준다. 한편 3등 과목 중 인물에 응시하는 생도들도 꽤 많았는데, 인물을 잘 그리는 화원은 후에 왕의 초상을 그릴 기회를 가질 수 있었다.

신윤복과 김홍도가 활동하던 조선 후기에는 시험과목과 채점방식에 큰 변화를 보인다. 시험과목은 인물, 산수, 누각, 조충, 영모, 문방, 매죽을 비롯하여 속화 등 8개 과목으로 늘어난다. 또한 과목에 따른 등급도 없어진다. 시험 출제방식은 8과목 중에 두 과목을 지정하여 출제하거나 때로는 화원들마다 각자 그리고 싶은 것을 자유롭게 선택하여 그리도록 출제했다. 지정과목이 출제되는 경우 자신 있는 분야가 출제되면 좋은 성적을 받을 수 있었지만, 취약한 과목이 출제되면 성적이 떨어져 점수 차이가 많이 났다.

정조대(正祖代, 1783~1800)의 경우, 인물, 속화, 영모, 산수, 누각, 문방, 매죽, 초충, 화문의 순서로 출제의 빈도가 높았다. 이 결과를 보면 정조대는 인물과 속화가 압도적으로 많이 출제되었고, 산수를 포함한 나머지 화문은 상대적으로 미미하게 출제되었다.

김홍도와 신윤복이 활동하던 정조대에는 인물과 풍속화가 많이 출제되어 사회와 현실에 관한 내용이 선호되어 자주 그려졌다. 풍속화는 조선 후기 회화계의 가장 중요한 성과 중의 하나일 뿐만 아니라 화원들에게도 자신의 세계관을 펼치는 데 중요한 화제(畵題)였다.

5. 풍속화, 그 속에 숨은 또 다른 이야기

드라마 「바람의 화원」을 통해 조선 후기의 두 화원 단원 김홍도와 혜원 신윤복의 삶과 작품의 특징을 살펴보았다. 동시대에 살았던 두 화가였으나 단원 김홍도는 당대인들에게 큰 사랑을 받았던 행복한 궁중 화가였고, 혜원 신윤복은 저속한 그림을 그려 궁궐에서 쫓겨났다는 안타까운 풍문만 있을 뿐 어떤 삶을 살았는지 뚜렷이 전해지지 않는다. 단원과 혜원의 삶의 행적에 큰 차이를 보이는 것처럼 두 화가의 작품에 담긴 조선의 풍경 또한 다른 면모를 지닌다. 단원 김홍도는 단순하면서도 힘 있는 필치를 통해 서민의 삶을 따뜻한 웃음과 해학으로, 혜원 신윤복은 색의 농담과 대비를 통해 조선 남녀의 춘정을 은유적이고 풍자적으로 담았다.

그러나 시대를 해학적으로 바라본 단원이나 풍자적으로 바라본 혜원은 모두 조선 후기에 유행한 사실주의적인 회화사조와 함께 이 땅의 아름다움과 그 속에 살던 사람들의 여러 생활 모습을 직접 회화의 대상으로 삼았다. 그리고 독창적인 화법을 통해 대상을 생생하게 그리고 있다는 공통점을 갖는다. 두 화가의 풍속화는 인간의 삶에 애정을 쏟고 화가의 정신과 표현방식의 조화를 이뤄 인간 생활의 진실한 모습을 드러냈기에 더욱 가치 있다고 평가된다. 그래서 단원과 혜원의 풍속화에 등장하는 조선의 풍경과 인물은 그 시대를 읽게 해주고 또 상상하게 한다.

조선 후기의 풍속화는 현실적이고 시대성을 가진 안목으로 현실의식과 주체의식이 담겨 있다. 공재 윤두서나 관아재 조영석으로부터 시작된 풍속화는 김득신, 김홍도, 신윤복에 이르러 꽃을 피웠다. 조선 후기의 풍속화는 단순히 사람들의 풍속을 담는 것에 그치지 않고 등장인물의 성별, 나이, 신분에 걸맞은 자세나 표정을 정확히 잡아내어 조선 특유의 삶과 멋을 보여주는 한국인의 감성과 정서를 형상화하는 표현형식을 완성해냈다고 평가된다.

김홍도의 풍속화는 조선 후기의 농민이나 수공업자 등 서민의 생활단면을 소재로 한 것이 많으며, 조선적 정취와 정감을 느끼게 한다. 그의 그림에 그려진 얼굴은 둥글넓적한 순수한 한국인이며, 상투를 틀고 흰 바지와 저고리를 입은 서민이다. 신윤복의 풍속화는 애정 또는 춘의(春意)를 주제로 그렸다. 한량과 기녀가 주인공으로 등장하는 그림에서는 색정적이면서도 낭만적이며 도시적이다. 신윤복의 인물들은 얼굴이 갸름하고 눈은 꼬리가 치켜 올라가 있으며 유연하고 세련된 선들로 표현되어 있다. 모두 조선의 풍경이며 그 시대를 담은 이야기다.

풍속화란 이름 그대로 '풍속(風俗)'을 그린 그림을 말한다. '풍속'이란 "옛적부터 사회에 행해 온 의식주, 그 밖의 모든 생활에 관한 습관"을 뜻한다. 즉 인간이 살아가는 모든 생활이며 그것을 대상으로 삼은 그림이 풍속화다. 그래서 한 폭의 풍속화에는 그 시대를 살았던 인물이 있고, 시 · 공간적 배경이 있으며, 특정한 상황이나 사건이 담겨진 하나의 이야기를 담고 있다.

드라마 「바람의 화원」이 탄생하게 될 수 있었던 것도 김홍도와 신윤복 그림 속 이야기를 토대로 작가의 상상력이 결합된 것이다. 두 화가의 풍속화에는 여전히 다 보여주지 않은 숨겨진 이야기가 있는 듯하다.

마지막으로 「바람의 화원」에서 단원 김홍도가 혜원 신윤복에게 그림을 가르치며 남긴 명대사를 통해 200여 년 전 살았던 두 화원의 삶과 작품에 대한 이야기를 마친다.

> "그림을 그린다는 것은 보이는 것으로 보이지 않는 것을 그리는 것이다. 보이는 게 보이는 게 아니고 안 보이는 것이 안 보이는 게 아니다."

도움받은 글/더 읽어야 할 글

강관식, 『조선후기 궁중화원 연구』, 돌베개, 2001.
강명관, 『조선사람들, 혜원의 그림 밖으로 걸어 나오다』, 푸른역사, 2002.
안휘준, 『한국회화사 연구』, 시공사, 2011.
오세창, 『국역 근역서화징』, 시공사, 1998.
오주석, 『김홍도』, 솔출판사, 2006.
이태호, 『조선후기 회화의 사실정신』, 학고재, 1999.
정병모, 『한국의 풍속화』, 한길아트, 2000.
한국민속문화연구소, 『간송문집』, 「풍속인물」, 제81호, 2011.

저자 소개

이기상 한국외국어대 철학과 명예교수
saemom@chol.com

저서로는 『하이데거의 존재와 현상』, 『콘텐츠와 문화철학』, 『글로벌 생명학』, 『소통과 공감의 문화콘텐츠학』 외 다수가 있고, 역서로는 『존재와 시간』(M. Heidegger), 『형이상학의 근본 개념들』(M. Heidegger) 등이 있다. 블로그는 blog.naver.com/saiculture이다.

심승구 한국체육대 교양교직과정부 교수
ssk1392@knsu.ac.kr

『놀이로 본 조선』(돌베개, 2016), 『인간과 자연, 기술과의 상호창조론』(『인문콘텐츠』 27, 2015). 역사학을 바탕으로 다양한 아날로그와 디지털 콘텐츠를 만드는데 관심이 있다.

이상빈 포스텍 인문사회학부 교수
malraux21@hanmail.net

저서로는 『아우슈비츠 이후 예술은 어디로 가야 하는가』, 역서로는 『나폴레옹의 학자들』과 『르몽드 20세기사』등이 있다. 20세기를 관통하는 주제들을 다룬 문학 · 영화 · 역사 관련 담론들을 서로 교차시키는 방식을 통해 파편화된 시대를 영위하는 인간의 존재 의미 확보에 주력하고 있다.

양승권 대구대 기초교육대학 교수
shadowysg@naver.com

저서로는 『[인문고전 깊이 읽기] 장자-너는 자연 그대로 아름답다』, 『노장철학과 니체의 니힐리즘』, 『군더더기를 뺀 첫 번째 철학』(공저), 『고전과 현대문화』(공저), 『동아시아 근대성에 관한 물음들』(공저), 『노자 문화콘텐츠를 만나다』(공저) 등이 있다. 주요 관심분야는 동양철학과 메타심리학의 연계, 인문학과 과학의 융합, 동아시아 3국의 문화 비교 등이다.

저자 소개

문병호 전 연세대 HK 교수
bhmond@hanmail.net

『아도르노의 사회이론과 예술이론』 등 사회, 예술, 문화, 독일 문학, 기술에 관한 저서와 논문이 다수 있으며, 『사회학 논문집 I』 등 아도르노의 저작 5권을 한국어로 옮겼다. 현재는 폭력과 광기에 관한 연구 및 집필에 집중하고 있다.

조관연 부산대 HK 교수
ethnocho@hanmail.net

저서로는 『영상인류학 이론과 방법론』, 『시각콘텐츠 들여다보기』, 『세계의 시장을 가다』(공저) 등이 있다. 영상과 문화 그리고 지역에 대해 관심을 가지고 연구하고 있다.

전윤경 성결대 교수
0509atom@hanmail.net

저서로는 『영상과 시나리오』, 『애니메이션의 이해』, 『애니메이션 사랑을 탐하다』가 있으며, 학제 간 창의적이고 융합적인 분야의 장르별 스토리의 변형에 대한 관심을 가지고 연구 중이다.

안효성 한국외국어대 강사
choundo@hanmail.net

저서로는 『소통학: 학문, 문화, 응용』(공저), 『신화와 콘텐츠』(공저), 논문으로는 「정조 탕평책의 공공성과 공론정치의 좌표」 등이 있다. 조선의 임금 정조와 독일의 철학자 한나 아렌트를 중심으로 한 동서교차적 정치 · 사회철학과 문화철학 연구에 주력하고 있다.

김진택 포스텍 창의IT융합공학과 교수
jintaek@postech.ac.kr

철학과 매체미학을 공부했다. 몸과 이미지를 중심 주제로 하여 뉴미디어아트, 트랜스휴먼, 인문기술융합교육 분야를 연구하고 교육하는 데 애쓰고 있다. 소비적으로 대체되는 인문학보다는 스스로 성찰하고 실천하는 태도를 훈련하는 '성찰과 실천학'으로서의 인문학을 고민하고 있고, 이러한 인문학 기반의 'Design Thinking'을 통해 창의적으로 궁리하고 구체적으로 실천하는 일을 '따로 또 같이' 하고 있다.

석향란 세종대 강사
(石香兰) amor_lan@live.com

초등학생 때 주간신문에 4컷 만화로 데뷔하여 2년간 연재. 15세 때 단행본 만화책『댄스부의 다섯 천사』 출간. 2016년에『똑똑한 한국사 1』 출간. 현재 판화, 서양화, 삽화 등 다양한 작품 활동을 하고 있고, 이론과 실기를 겸비하고자 이론 연구와 작가활동을 겸하고 있다.

신홍주 한국체육대 강사
imeene@naver.com

저서로는『그림자 소묘』(새만화책, 2004), 역서로는『밤은 친구처럼』(존 마스든 저, 솔, 2011) 등이 있다. 만화에서 그림과 문자가 어우러져 삶의 무늬를 담아내는 방식에 관심이 있으며, 최근에는 VR 매체의 스토리텔링을 연구 중이다.

저자 소개

이영재 한양대학교 주얼리패션디자인학과 교수
YJL@hanyang.ac.kr

A&HCI급 저널 ARTS of ASIA에 한국복식의 미학적 특성에 관한 논문을 3편 실었으며, 국내 연구재단등재지에 50여 편의 패션디자인과 미학에 관한 논문을 발표했다. 저서로는 「패션드레이핑기초」(한양대학교 출판부, 2015)가 있으며 한국복식의 아름다움을 현대 패션디자인에 적용하는 연구에 집중하고 있다.

김민옥 한국국학진흥원 전임연구원
mokim@koreastudy.or.kr

전통 기록 자료에서 스토리텔링 소재를 발굴하고 다양한 문화콘텐츠로 창작하고 활용하는 데 관심이 있다. 현재 조선시대 일기류 자료를 활용한 이야기 소재 개발 사업(스토리테마파크story.ugyo.net)을 진행하고 있다.